国家社会科学基金"资源型城市可持续农业与农村发展协调机制与制度创新研究"(16XGL015)资助

西北大学哲学社会科学繁荣发展计划优秀学术著作出版基金资助

西北大学"双一流"建设项目资助

Sponsored by First-class Universities and Academic Programs of Northwest University

资源型城市SARD协调机制与制度创新

刘晓琼　芮旸　赵新正 ◎ 著

COORDINATION MECHANISM AND
INSTITUTIONAL INNOVATION OF
SARD IN RESOURCE-BASED REGIONS

中国社会科学出版社

图书在版编目（CIP）数据

资源型城市 SARD 协调机制与制度创新 / 刘晓琼等著 . —北京：中国社会科学出版社，2024.3
ISBN 978 - 7 - 5227 - 2835 - 3

Ⅰ. ①资… Ⅱ. ①刘… Ⅲ. ①城市土地—土地利用—可持续性发展—研究—中国②城市土地—土地利用—土地政策—研究—中国　Ⅳ. ①F299.2

中国国家版本馆 CIP 数据核字（2023）第 246445 号

出 版 人	赵剑英
责任编辑	张　林
特约编辑	肖春华
责任校对	季　静
责任印制	戴　宽

出　　版	中国社会科学出版社
社　　址	北京鼓楼西大街甲 158 号
邮　　编	100720
网　　址	http://www.csspw.cn
发 行 部	010 - 84083685
门 市 部	010 - 84029450
经　　销	新华书店及其他书店

印　　刷	北京明恒达印务有限公司
装　　订	廊坊市广阳区广增装订厂
版　　次	2024 年 3 月第 1 版
印　　次	2024 年 3 月第 1 次印刷

开　　本	710×1000　1/16
印　　张	17.75
插　　页	2
字　　数	284 千字
定　　价	99.00 元

凡购买中国社会科学出版社图书，如有质量问题请与本社营销中心联系调换
电话：010 - 84083683
版权所有　侵权必究

前　言

我国现有333个地级市，按照国务院发布的《全国资源型城市可持续发展规划（2013—2020年）》，地级资源型城市数量占比高达37.5%，这些城市在新中国70余年飞速发展，以及建设新中国独立工业体系、加快我国城市化进程方面作出了支撑性的贡献。但是，长期以来，受"国内剥夺式资源开发"模式的影响，资源型城市付出了沉重的资源环境代价，多数资源型城市已成为我国生态环境、经济社会问题频出的"问题区域"。而资源型城市乡村地区作为资源开发的直接作用阵地，在粗放式资源开发直接或间接影响下，绝大多数矿区乡村及其周围地区成为了"问题区域"的焦点区域，其生态环境问题、"三农"问题（农业、农村、农民问题）等更是成为资源型城市农业农村发展的焦点问题和推进该类城市农业与农村可持续发展（Sustainable Agriculture and Rural Development，以下简称SARD）的"卡脖子"问题。

据此，本书立足于目前我国资源型城市实际情况，采用定量和定性相结合的研究方法，综合市域尺度资源型城市和矿区村庄村域尺度SARD量化分析结果，基于新内源式发展理论和行动者网络理论的耦合视角探析了我国资源型城市SARD的协调机制，并结合定量分析和定性分析中现存的问题，面向问题导向探究助推我国资源型城市SARD的制度创新与设计，以期在统筹国内资源型城市粗放式资源开发与环境保护协调发展方面积累经验，并希望在拓展资源型城市矿区乡村可持续发展理论和实证研究的同时，推进资源型城市SARD研究的综合化。综合来看，本书研究特色如下。

第一，综合相关研究，结合资源型城市乡村地区实际，界定了"矿区乡村""矿区村庄"概念，开展了"矿区村庄"分类。

第二，借鉴了国外相关组织和学者们的研究成果，引入能够促成研究区乡村生态、经济社会可持续发展的 SARD 理念。SARD 发展理念是农业可持续发展（Sustainable Agriculture Development，以下简称 SAD）和农村可持续发展（Sustainable Rural Development，以下简称 SRD）的有机结合，其肇始于 20 世纪 80 年代美国、法国、德国、日本等发达国家倡导的可持续农业、环保型农业、综合农业、环境保护与可持续农业等促成农业与农村可持续发展的发展理念。

第三，沿袭了定量分析和定性分析相结合的研究方法。在量化研究方面，初次分空间尺度构建了市域尺度，以及村域尺度的资源型城市 SARD 测评指标体系并测评了其发展现状和其障碍因子；在定性研究方面，梳理了粗放式资源开发期及其过渡期资源开发对资源型城市 SARD 的影响机制，并基于定性分析结果和粗放式资源开发对资源型城市 SARD 的影响机制分析结果，提出我国资源型城市不宜偏好规模效应、集中连片推进大规模农业，而应因地制宜推进特色农业、生态农业、有机农业、基塘农业等体现"在地性"理念的农业产业化发展模式，随后秉承 SARD 理念，耦合新内源式理论和行动者网络理论探究了资源型城市 SARD 协调机制，并研讨和设计了面向问题导向的资源型城市 SARD 制度创新。

综上所述，本书可供从事农业地理与规划、乡村地理与规划，以及区域经济学、区域可持续发展等领域的教学、科研工作的专研人员参阅；也可以作为人文地理学、区域经济学等相关学科研究生的专业参考书籍。

作　者

2023 年 3 月 10 日

目　　录

第一章　绪论 ……………………………………………………………（1）

　第一节　研究背景与缘起 ………………………………………………（1）
　　一　研究背景 …………………………………………………………（1）
　　二　研究缘起 …………………………………………………………（2）
　第二节　研究目的与意义 ………………………………………………（4）
　　一　研究目的 …………………………………………………………（4）
　　二　研究意义 …………………………………………………………（4）
　第三节　文献综述 ………………………………………………………（5）
　　一　可持续农业与农村发展研究进展 ………………………………（5）
　　二　资源型城市可持续发展研究进展 ………………………………（22）
　　三　资源型城市可持续农业与农村发展研究进展 …………………（23）
　　四　研究述评 …………………………………………………………（25）
　第四节　科学问题与研究内容 …………………………………………（27）
　　一　科学问题的提出 …………………………………………………（27）
　　二　研究思路与研究内容 ……………………………………………（27）
　第五节　研究方法与技术路线 …………………………………………（28）
　　一　研究方法 …………………………………………………………（28）
　　二　技术路线 …………………………………………………………（29）
　第六节　可能的创新点 …………………………………………………（30）
　　一　研究特色方面 ……………………………………………………（30）
　　二　研究思路方面 ……………………………………………………（31）

第二章 基本概念与理论基础 …… (32)

第一节 基本概念 …… (32)
一 资源型城市 …… (32)
二 可持续农业与农村发展 …… (33)
三 矿区乡村 …… (35)
四 乡村空间 …… (44)

第二节 主要理论 …… (46)
一 可持续发展理论 …… (46)
二 多功能农业与多功能乡村理论 …… (47)
三 新内源式发展理论 …… (49)
四 行动者网络理论 …… (52)

第三章 资源型城市 SARD 特征和水平的综合分析 …… (55)

第一节 我国资源型城市 SARD 特征的定性分析 …… (56)
一 资源型城市 SARD 的基本特征 …… (56)
二 资源型城市资源开发效应分析 …… (57)

第二节 全国资源型城市 SARD 水平的动态评价 …… (63)
一 研究对象概况 …… (63)
二 研究样本和数据来源 …… (64)
三 结果与分析 …… (76)
四 讨论 …… (105)

第三节 案例城市矿区乡村 SARD 水平比较分析 …… (106)
一 案例城市选取与概况 …… (106)
二 数据来源与研究方法 …… (108)
三 结果与分析 …… (112)
四 讨论 …… (136)

第四节 本章小结 …… (137)

第四章 资源型城市 SARD 协调机制的构建与实践 …… (139)

第一节 资源型城市 SARD 协调机制的理论构建 …… (140)
一 基于 NEDT 的资源型城市 SARD 系统分析 …… (140)

二　基于 ANT 的资源型城市 SARD 过程分析 …………… (152)

　　三　基于 NEDT-ANT 耦合的资源型城市 SARD 协调

　　　　机制设计 ……………………………………………… (166)

第二节　资源型城市 SARD 协调机制的实现路径 ………… (170)

　　一　基于"和谐共生"理念修复矿山生态环境 …………… (171)

　　二　基于"在地性"理念振兴乡村特色产业 ……………… (175)

　　三　基于"以人为本"理念提升乡村人居环境 …………… (180)

　　四　基于"一体化"理念均等化配置乡村设施 …………… (183)

　　五　基于"三治融合"理念完善乡村治理体系 …………… (186)

第三节　本章小结 ……………………………………………… (188)

第五章　资源型城市 SARD 制度创新与设计 ……………… (190)

第一节　资源型城市农业制度创新 …………………………… (191)

　　一　多功能农业发展制度 ……………………………………… (192)

　　二　社区支持农业发展制度 …………………………………… (194)

　　三　农药化肥减量替代长效保障制度 ………………………… (196)

　　四　农业重点项目名录式专项监管考核制度 ………………… (197)

　　五　地票流转与交易制度 ……………………………………… (198)

　　六　农村集体经营性建设用地入市制度 ……………………… (200)

第二节　资源型城市农村制度创新 …………………………… (201)

　　一　矿区乡村生态环境监测与修复整治制度 ………………… (201)

　　二　行政体系权责改良制度 …………………………………… (203)

　　三　村干部选拔任用与考核制度 ……………………………… (204)

　　四　乡村人才下乡激励制度 …………………………………… (206)

　　五　乡村"合作社型企业"制度 ……………………………… (207)

　　六　"资源产业反哺农业"式乡村振兴基金融资与

　　　　管理制度 ……………………………………………… (208)

　　七　乡村基础设施融资与运维制度 …………………………… (211)

第三节　本章小结 ……………………………………………… (212)

第六章 结论与展望 …………………………………………（214）
第一节 主要结论 …………………………………………（214）
第二节 存在不足与展望 …………………………………（216）

主要参考文献 ………………………………………………（219）

附 录 ………………………………………………………（246）

第一章

绪　　论

第一节　研究背景与缘起

一　研究背景

1991年4月，FAO在荷兰农业与环境国际会议上发布的《关于可持续农业与农村发展的登博斯宣言和行动纲领》中首次提出了可持续农业与农村发展（Sustainable Agriculture and Rural Development，以下简称SARD）的概念、定义、评价指标和战略目标[1]。1992年，联合国环境与发展大会提出的《21世纪议程》中亦将SARD视为可持续发展的根本保证和优先领域，写入了议程的第14章。综合"登博斯宣言"和《21世纪议程》的相关内容可知，SARD是以"三农"问题（农业、农村和农民问题）所涉及"三生空间"问题（生产空间、生活空间和生态空间）为研究主题，以农业、农村发展的公平性、持续性、共同性为基本原则，要求实现农业与农村发展多重效益，赋予"三农"同等发展机会的先进理念[2-4]。综上可知，SARD的贯彻实施可有效解决农业发展问题、农产品消费问题和乡村贫困问题[5-6]，其发展方式可能因地因时而异[7]。不同国家和地区对SARD的理解和认知不尽相同，但其发展要旨相同，皆认为SARD的核心要义是借助可持续的农业发展方式，提升乡村生计韧性，保持生态环境的可持续，建构可持续的乡村社区[8-9]。

在我国，快速城镇化和工业化进程的推进导致乡村地区农地弃耕抛荒，"空心村"等"乡村病"现象日趋加剧，并由此引发了农业衰退和农村衰落。据此，从中共十六届五中全会提出的"建设社会主义新农村重大历史任务"，到中共十八大报告提出的"城乡一体化战略"，再到中共十九大报告提出的"乡村振兴战略",皆旨在全面振兴乡村,促进城乡融合发展。比较来看,西方国家提出的 SARD 理念目标与我国乡村振兴战略不谋而合。因此,SARD 理念可为我国"乡村病"的消除、乡村振兴战略的落地,提供一定的理论支撑和路径保障。从我国农业政策发展的实践历程来看,自 1991 年 11 月第一次中国可持续农业工作会后,原农业部等三部委基于国内不同农业类型区,选建了 29 个 SARD 示范县。经过 20 多年的探索,2017 年 12 月,原农业部又联合多部委确立了 40 个国家农业可持续发展试验示范区。

20 世纪 80 年代之前,大庆、淮北、玉门、鸡西、鹤岗、双鸭山等资源型城市在国家直接投资控制和扶持下,对新中国工业体系建设、国民经济发展、容纳就业、城镇化推进等方面做出了巨大的贡献。改革开放以来,特别是 2008 年国际金融危机以来,随着国家经济体制改革的推进和投资重点的变化,以及生态环境问题的日趋加剧,资源型城市尤其是资源型城市乡村的 SARD 面临极为严峻的形势。欧美学界相继提出以多功能农业理论、多功能乡村理论、行动者网络理论重构乡村"三生空间",促成乡村复兴和发展。自 2017 年"中央一号文件"提出"发展集循环农业、创意农业、农事体验于一体的田园综合体,通过农业综合开发、农村综合改革转移支付等渠道开展试点示范"以来,资源型城市借鉴江苏无锡田园综合体成功案例——"田园东方",积极发展了浙江湖州市鲁家村"田园综合体"模式、云南保山市金鸡乡 11 个村(社区)的"万亩生态观光农业园"、河北唐山市西山等 12 个村的"迁西花乡果巷"、山西临汾市近郊 9 村的"近郊创意休闲农业田园综合体"、山东临沂市石旺庄村等 5 个村的"朱家林田园综合体"等资源型城市 SARD 推进案例。

由上可知,虽然国内 SARD 的理论和实践一直在持续推进,但是,具体针对国内老工业基地、迫切需要转型的资源枯竭型城市面临突出生态环境问题、严重而典型经济社会发展问题、推进乡村振兴的压力下的 SARD 理论和实践仍待强化。

二 研究缘起

20 世纪 90 年代中期,温铁军提出"人地关系高度紧张""城乡二元的经济社会结构"是中国"三农"发展面临的两项基本矛盾的议题，揭开了探索"三农"问题的序幕[10]。我国"十五规划"指出"三农"问题是关系改革开放和现代化建设全局的重大问题。2000年，我国民间"三农"问题研究者李昌平致信中央，反映当地"三农"问题，由此引发了中央层面对"三农"问题的高度关注。21世纪以来，每年的"中央一号文件"基本上都要聚焦"三农"，已连续20次强调要将"三农"问题作为全党工作的重中之重，并于2023年释放了加快建设农业强国这一信号。目前国内农业问题主要包括产业化水平不高、市场竞争力不足、综合生产能力低下、农业技术装备落后、农产品质量问题等；农村问题集中体现为国内广大乡村地区基础设施与公共服务设施落后、土地流转困难、社会保障不足、生态环境恶化等；农民问题主要体现为农村组织化程度偏低、劳动力素质普遍不高、收入水平偏低、缺乏权益保障等。新时期以来，以吴传钧、曾尊固、蔡运龙、刘彦随、王鹏飞为代表的学者相继关注农业与农村问题，吴传钧首次建构SARD评价指标体系评价了中国不同地区农业农村发展水平，并提出了相应的优化策略[11]；刘彦随提出"三农"问题体现为农业生产要素高速非农化、农村社会主体过快老弱化、村庄建设用地日益空废化、农村水土环境严重污损化和乡村贫困片区深度贫困化[12]。2017年10月党的十九大提出了乡村振兴战略，强调改变以往外源依赖型建设模式，充分挖掘内生力量振兴乡村。国家"十四五规划"将优先发展农业、农村，全面推进乡村振兴作为主要目标任务之一。

具体到国内资源型城市，由于该类城市兼具一般城市的属性和资源开发基地的属性，其发展事关国家资源安全、经济安全、生态环境安全和社会安全，一直是国内剥夺式资源供应链条上的"弱势群体"和资源环境问题的直接"受害者"。资源型城市也由此成了"区域问题"导向下的"问题区域"，城市特别是矿区生态环境遭到破坏或污染、社会发展环境相对封闭、经济结构单一，转型中的资源枯竭型城市、衰退老工业基地则成为最典型的"问题区域"[13]。而资源型城市的乡村地区，特别是受资源开发直接影响的乡村及其周围地区则是资源型城市"三农"问题、生态环境问题、矿乡矛盾最多发和最突出的区域，也由此成为我国SARD研究和乡村振兴的难点区和重点区。据此，因地制宜探讨资源型城市

SARD 对探究破解我国特殊类型的"区域问题"和"问题区域"，对全面乡村振兴进程的推进具有极为重要的科学意义和实践价值。

第二节　研究目的与意义

一　研究目的

对国内绝大多数资源型城市而言，资源经济是城市经济社会的重要支撑，其产业结构常常因资源开发模式呈较明显的单一化特征，生态环境问题因之较为显著。《全国重要生态系统保护和修复重大工程总体规划（2021—2035 年）》指出，国内多数资源型城市位于全国重要生态系统保护和修复重大工程范围内，即多数位于生态环境脆弱区，由此导致资源型城市乡村地区的生态环境问题较非资源型城市的更为突出。相较资源型城市中的森工城市、冶金城市，横亘于矿业城市脆弱生态环境之上的粗放式矿产开发引致的生态环境及经济社会问题更为突出。因此，为促成资源型城市特别是矿业城市 SARD，本书研究目标如下。

第一，基于"矿农复合区""矿粮复合区""资源型农村"等相关概念，界定"矿区乡村"概念，以期充实资源型城市乡村研究基础，丰富资源型城市"三农"问题的理论研究。

第二，在定量认知我国资源型城市及案例城市矿区乡村 SARD 水平及障碍因素的基础上，基于新内源式发展理论（New-Endogenous Development Theory，以下简称 NEDT）和行动者网络理论（Actor-Network Theory，以下简称 ANT）耦合视角，设计资源型城市 SARD 的协调机制及其实现路径，并基于问题导向探究可能推进资源型城市 SARD 进程的制度创新，以期拓展、开掘资源型城市研究和 SARD 研究的内容和深度，为资源型城市可持续发展的政府决策和政策创新提供科学依据。

二　研究意义

资源型城市是我国基础能源和重要原材料的供应地，其资源开发在我国国民经济发展中占据重要地位，为新中国独立完整工业体系的建设、国民经济的发展做出了历史性的贡献。由于内外部因素叠加，我国资源型城市资源开发与经济社会发展之间的不协调现象突出，这一问题也反映在农业领域和乡村地区。据此,本书在可持续发展理论、新内源式发展理论、行动者网络理论等理论的指导下,探究了乡村振兴背景下我国资源型城市 SARD 的协调机制和可能的制度创新。研究成果有助于丰富资源型城市和 SARD 的理论研究,并可为资源型城市 SARD 的实践提供科学参考,具有一定的理论价值和现实意义。

这个概念是作者首次提出并界定的,故此处用了"提出"一词。

(一) 理论意义

书中提出的"矿区乡村"概念以及资源型城市 SARD 协调机制和制度创新的探究,可为资源型城市 SARD 的研究提供概念工具和理论依据,并在一定程度上拓展和深化了资源型城市的研究成果,丰富和完善了区域可持续发展的理论研究。

(二) 现实意义

基于新内源式发展理论和行动者网络理论耦合视角构建的资源型城市 SARD 协调机制及提出的可能制度创新,响应了国家乡村振兴战略及地方实践的需求,具有重要的现实意义。此外,本书还可为我国资源型城市 SARD 的政府实践提供参考,并能为国内统筹资源型城市资源开发与经济社会发展的探索积累经验。

第三节 文献综述

一 可持续农业与农村发展研究进展

(一) 国外研究进展

近年来,多位学者选用 CiteSpace 软件关注了不同的乡村研究主题,主要包括中国乡村旅游研究、西方乡村地理学研究、中国乡村地理学研究等。比较来看,基于可视化分析的 SARD 综述性研究亟待跟进。据此,本书选用 CiteSpace 文献计量软件,开展了自 20 世纪 90 年代以来 SARD 研究文献的计量分析,以明晰的文献知识图谱结构展现 SARD 研究热点及其演变,并在沿用传统文献分析法分析重点文献的基础上,评述了 SARD 研究进展。鉴于 SARD 最早是由发达国家发起并倡导的,因此,在梳理国外 SARD 研究进展与趋势的同时,合并梳理自新农村建设任务开展以来国内学者在国外期刊的发文情况。与此同时,借助 Citespace 软件梳理基于

CNKI 的相关农业与农村可持续发展主题的发文情况（新闻、会议通知等信息）。

CiteSpace 软件借助视觉思维可视化体现某一专题领域关键和前沿的信息，在梳理可持续农业与农村发展专题研究热点、研究脉络、演进历程等方面有着举足轻重的作用[14]。本书选用 CiteSpace5.6.R5 辅助开展 SARD 文献计量分析。首先，在 Web of Science 网站核心合集数据库中，基于高级检索功能，以"sustainable agricultural development"，或含"sustainable agriculture"并含"sustainable rural development"，或含"sustainable countryside development"，或含"sustainable village development"为主题词进行检索，检索时段为 1990—2020 年，语种选"English"，文献类型选"article"，共得文献 1960 篇；其次，基于上述检索结果，实施统计分析，以了解 SARD 研究历年刊文量、发文学科等基本情况；最后，基于 CiteSpace5.6.R5 软件开展 SARD 研究文献共被引分析、关键词共现分析，可视化地呈现自 20 世纪 90 年代以来 SARD 研究的研究热点、演进历程。运行软件时，时间参数区中，分析时间跨度为 1990—2020 年，时间切片为 1a，连线强度选 Cosine，剪切方法（Pruning）选取寻径功能（Pathfinder），其他网络配置功能区中的参数默认系统选定设置，软件运行时间为 2020 年 5 月 26 日。

1. 发文量及其国别与学科分布

自 1991 年 SARD 概念提出以来，以其为研究主题的发文量呈持续增长趋势，但 2006 年前增长缓慢，2006—2014 年间增速加快，2015 年以来，相关文献数量迅速增长（见图 1—1）。从发文国别来看，中国以 286 篇居 139 个发文国家的榜首，占比为 14.6%。尤其是自 2005 年 10 月，党的十六届五中全会提出建设社会主义新农村的重大历史任务后，国内学者紧跟政策导向，在《Land Use Policy》《Journal of Rural Studies》《Sustainability》《Renewable Sustainable Energy Reviews》等期刊上发表了大量基于土地利用视角的 SARD 实证研究成果。从发文国别来看，美国发文量与中国相当（总发文量为 276 篇，占比为 14.08%），其后依次为英国（178 篇）、印度（133 篇）、意大利（131 篇）、荷兰（122 篇）、德国（114 篇）、澳大利亚（99 篇）、西班牙（80 篇）、加拿大（69 篇）。上述 10 个国家发文量占比达 75.92%。

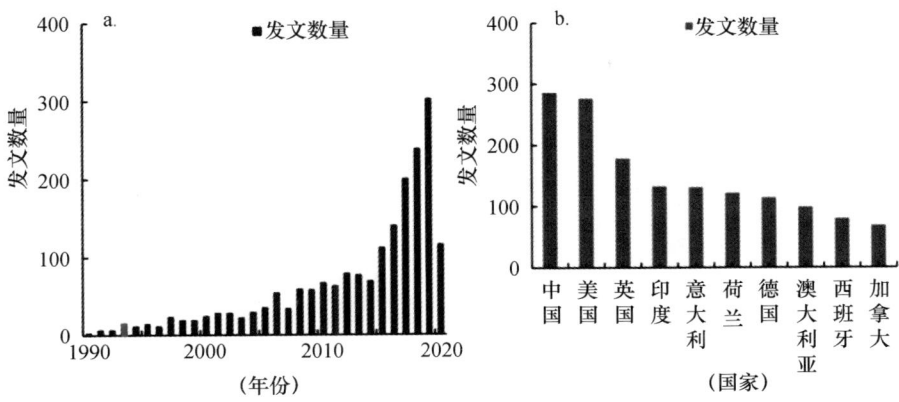

图1—1 1990—2020年农业与农村可持续发展（SARD）
发文数量及发文量居前十的国家

从 SARD 文献的学科类别来看，发文量居前六的学科依次为环境科学和生态学（800篇）、农学（446篇）、科学技术及其他主题（343篇）、地理学（185篇）、企业经济学（183篇）、公共管理学（116篇）（见图1—2）。工程学等其他学科视角的发文量均低于100篇。值得注意的是，各学科的发文量统计多有交叉，说明 SARD 研究常基于多学科视角展开，具有跨学科协同的特点。

2. 文献作者及发文机构合作网络

作者合作网络图谱显示（见图1—3），意大利国家农业研究委员会的 Salvati 发文量最多（7篇）；发文量3~4篇的学者有英国伍尔弗汉普顿大学的 Subedi、Fullen，意大利国际地中海高级农业研究中心的 Palmisano、罗马阿皮安扎大学的 Carlucci、巴里大学的 Roma，德国法兰克福大学的 Knickel，中国科学院地理科学与资源研究所的刘彦随、周扬、王永生，中国科学院生态环境研究中心的郑华以及中国社会科学院的王静。由此可知，SARD 研究中作者间的关系多表现为地理邻近性驱动下各机构内的合作网络，如意大利国家农业研究委员会的 Salvati 与 Carlucci，英国伍尔弗汉普顿大学的 Subedi 和 Fullen，中国科学院地理科学与资源研究所的刘彦随与龙花楼、周扬、王永生等；此外，亦有国内科研机构之间或其与国外机构之间因项目形成的跨境合作网络，如中国科学院生态环境研究

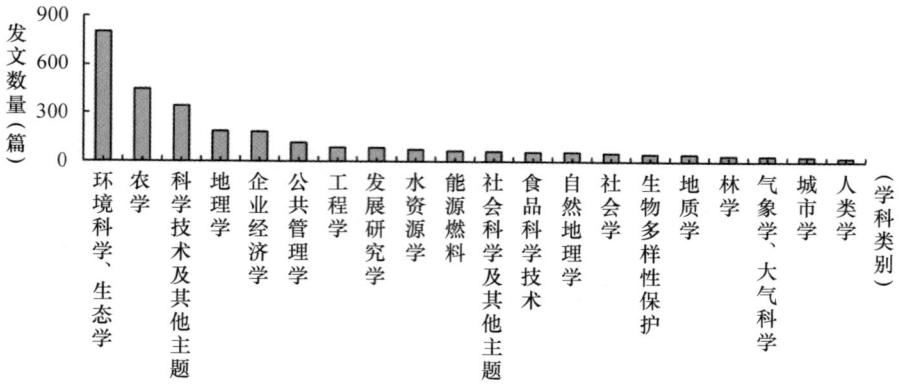

图1—2 1990—2020年农业与农村可持续发展（SARD）
研究发文量位居前20的学科

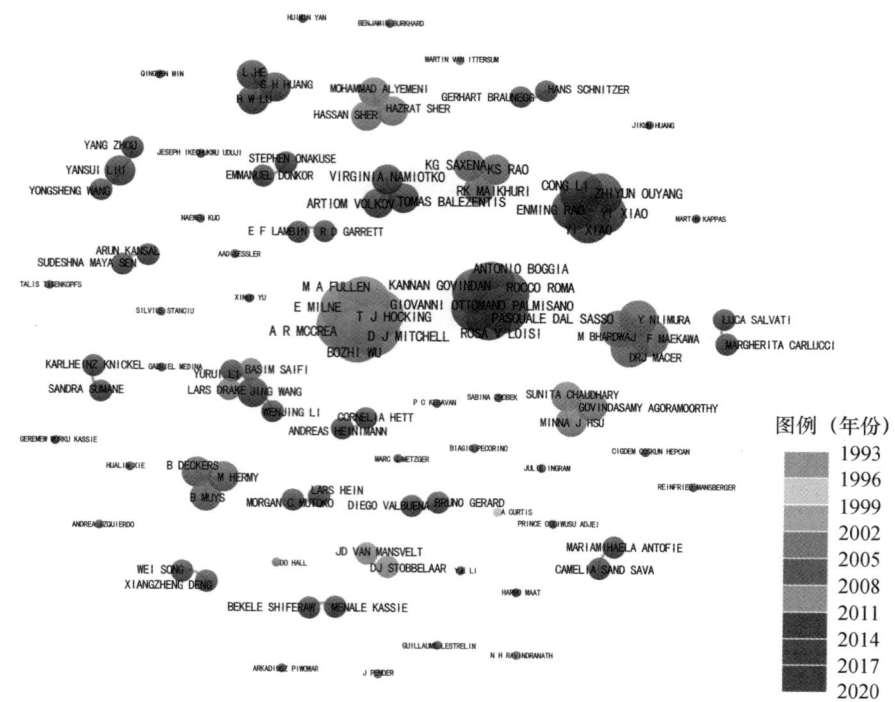

图1—3 1990—2020年农业与农村可持续发展（SARD）
研究作者合作网络图谱

注：因 SARD 研究的作者合作较为分散，故本书将 CiteSpace 分析结果导入 VOSviewer 软件中，绘制了可视化效果更清晰的作者合作网络图谱。

中心的欧阳志云、肖燚与西安交通大学李聪等人的合作,英国伍尔弗汉普顿大学的 Subedi、Fullen 与云南农业大学吴伯志之间的合作等。

研究机构合作网络图谱分析结果显示,中国科学院(+中国科学院大学)位居发文量之首(108 篇),其他发文量≥10 篇的研究机构依次为荷兰瓦赫宁根大学(43 篇)、中国农业大学(24 篇)、北京师范大学(18 篇)、德国洪堡大学(12 篇)、美国康奈尔大学(12 篇)、德国莱布尼兹中心农业景观研究所(10 篇)、英国利兹大学(10 篇)(见图 1—4)。

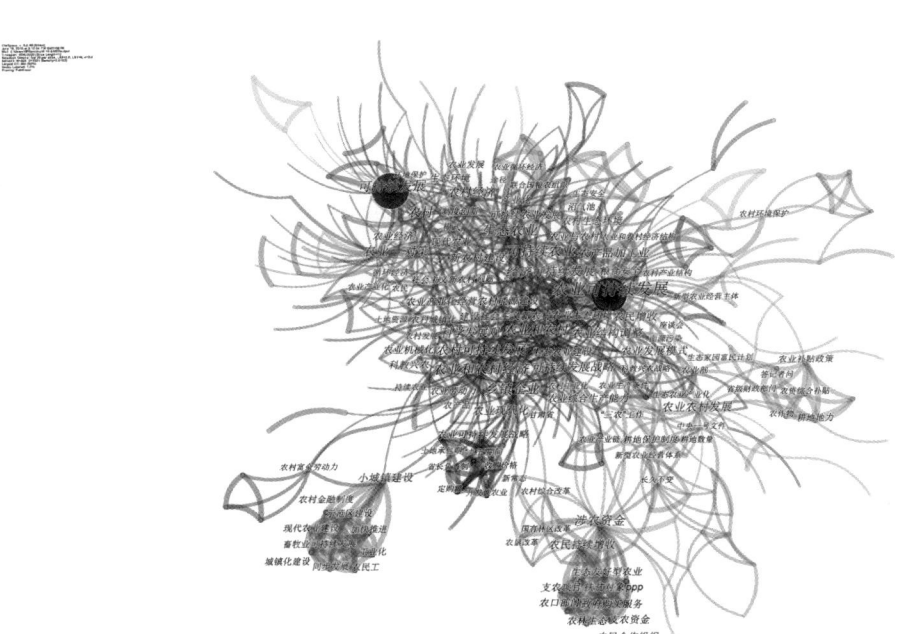

图 1—4　1990—2020 年农业与农村可持续发展(SARD)研究作者合作及机构合作网络图谱

3. 文献共被引分析

文献共被引分析(Co-citation analysis)可揭示文献被引的数量特征及其规律,基于 CiteSpace 的共被引分析结果显示(见图 1—5),近 30 年来的 SARD 研究可分为以下两个方面。

第一,SARD 理论与方法研究。包括可持续的集约型发展(sustainable intensification);创新网络(innovation network)分析,如可持续农业学习与创新网络（Innovation Networks for Sustainable Agriculture，LINSA）；生态系统服务价值、方法等研究，如地中海农业生态系统（mediterranean agroecosystem）；可持续生计框架下的农户生计（livelihood diversification），特别是城市乡村移民（internal migration）生计；农户行为研究（farmer behavior）等。

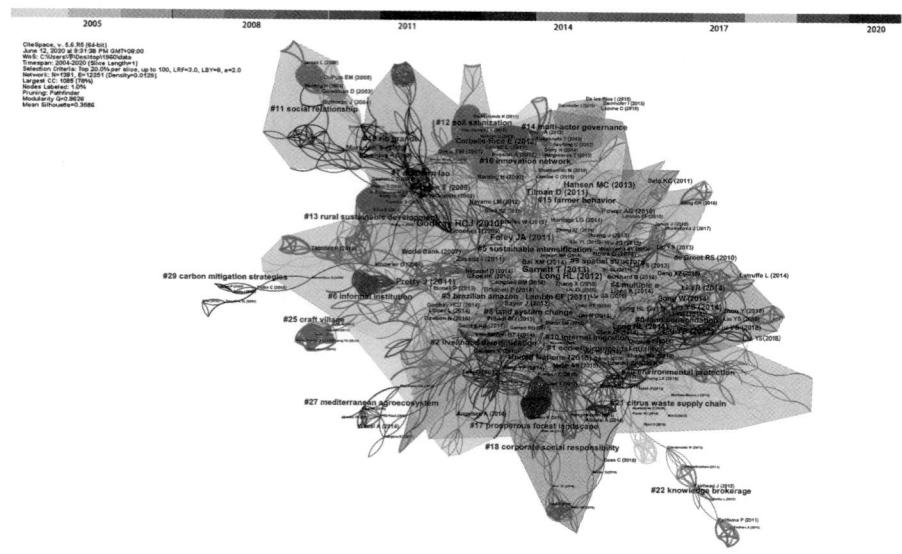

图1—5 1990—2020年农业与农村可持续发展（SARD）共被引知识图谱

第二，多元视角下的 SARD 实证性研究。包括 LUCC 视角下的 SARD 研究，涉及土地整治（land consolidation）、土地制度变革（land system change）、空间结构（spatial structure）；生态系统多重属性研究（multiple）及其与乡村景观规划、设计、管理的整合性研究（prosperous forest landscape）等；环境治理视角下的 SARD 研究，如巴西亚马逊平原森林砍伐（brazilian amazon deforestation）、环境保护（environmental protection）、生态环境质量（eco-environmental quality）、碳减排策略（carbon mitigation strategies）、土壤盐渍化（soil salinization）；多功能农业（multifunctional agriculture，以下简称 MFA）视角下的 SARD 研究；知识经纪（knowledge brokerage）视角下的 SARD 研究；制度创新（informal institution）视角下的 SARD 研究；多主体治理（multi-actor governance）视角、社会关系网络（social relationship）视角，以及企业合作等视角（corporate social responsibility）下的 SARD 研究；气候变化（climate change）视角下的 SARD 研究；工艺村（craft village）研究等。

4. 研究热点与阶段划分

①研究热点。关键词是对论文研究内容的高度凝练，文献计量分析中可借助关键词共现网络分析展现拟研究领域的研究热点和发展趋向[14]。1990—2020 年 SARD 研究领域关键词共现网络分析结果显示（见图 1—6），出现频次≥90 次的关键词依次为农业（agriculture，305 次）、可持续发展（sustainable development，219 次）、乡村发展（rural development，188 次）、管理（management，186 次）、可持续性（sustainability，168 次）、影响（impact，154 次）、政策（policy + agricultural policy，158 次）、系统（system，142 次）、气候变化（climate change + drought + climate，113 次）、保护（conservation，110 次）、中国（China，110 次）、食品安全（food security，92 次）。此外，出现频次较高的关键词还有土地整治、农户生计、贫困、生物多样性、生态系统服务、景观、非洲、区域、适应、城市化、策略、弹性、社区、脆弱性、挑战、管治、效率、创新、发展中国家等。关键词出现频次≥10 次的文献占比为 77.87%，出现频次介于 10—50 次的文献占比为 35.27%。可见，SARD 文献关键词的中心度低，多元化现象明显。

CiteSpace 中的突变检测（Burst detection）可用于探测研究时段内某一关键词突现或兴起的情况，继而可据此分析某一研究领域研究主题的演进历程[14]。近 30 年来 SARD 文献关键词突现强度显示（见表 1—1），关键词突现的阶段性特征极为明显。自 SARD 概念提出至 2007 年之前其研究的政策导向性和学科多元化特征并不显著，2008 年后上述特征开始凸显，2017 年以来粮食安全（food security）、迁移（migration）、城市化（urbanization）、转型（transformation）、女性（women）、效率（efficiency）、管治（governance）、创新（innovation）等关键词成为 SARD 研究的新热点。此外，从关键词突现持续时长来看，农业系统、森林砍伐、巴西、可持续农业、保护、生物性燃料、网络、多样性、可持续乡村发展、国家等关键词位居 SARD 研究文献的前十。

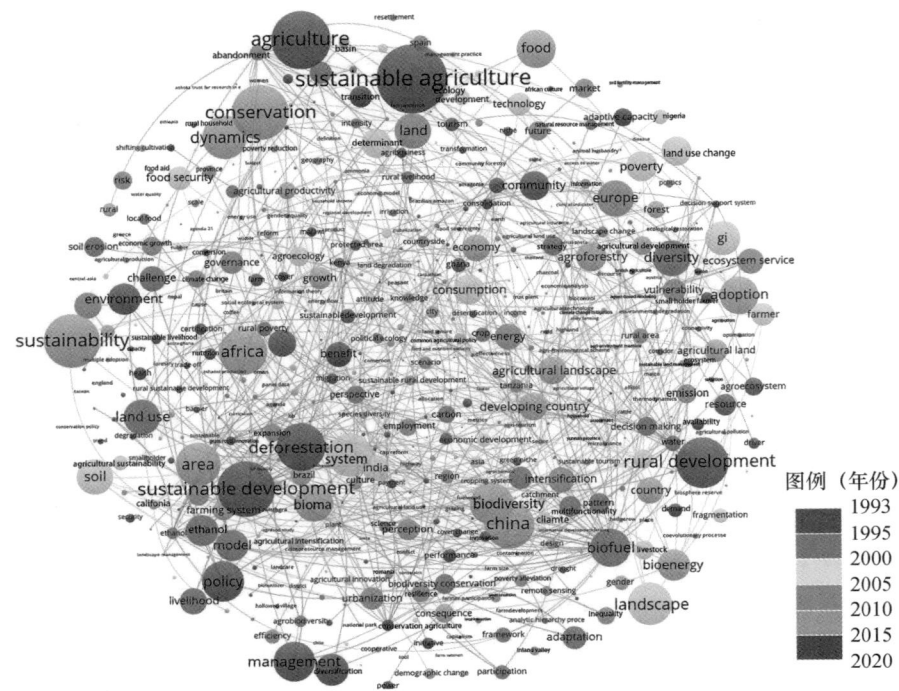

图 1—6　1990—2020 年农业与农村可持续发展（SARD）关键词共现知识图谱

注：SARD 关键词较为分散，故本书将 CiteSpace 分析结果导入 VOSviewer 软件中，绘制了可视化效果更清晰的关键词共现知识图谱（出现频次≥1 次），节点大小表示关键词出现频次，节点颜色表征关键词首现年份。

表 1—1　可持续发展（SARD）文献排序位居前 28 的突现关键词（按突现强度排序）

关键词	突现度	开始年份	终止年份	1990—2020 年
Sustainable agriculture	12.3218	1997	2011	
Food security	7.7526	2016	2017	
Farming system	5.3930	1997	2012	
Urbanization	5.2271	2018	2020	
India	5.1289	2008	2010	

续表

关键词	突现度	开始年份	终止年份	1990—2020 年
Tanzania	4.8697	2014	2017	
Rural development	4.8502	2007	2012	
Biofuel	4.5228	2008	2012	
Bioenergy	4.4860	2008	2013	
Energy	4.2610	2011	2015	
Transformation	4.2147	2018	2020	
Future	4.1720	2014	2016	
Deforestation	4.1513	1992	2006	
Ethanol	4.0077	2009	2014	
Women	3.9604	2018	2020	
Agriculture	3.9277	2002	2007	
China	3.8890	2009	2012	
Europe	3.7539	2015	2017	
Efficiency	3.7216	2018	2020	
Country	3.7195	2014	2018	
Sustainable rural Development	3.7138	2012	2016	
Conservation	3.6437	1996	2008	
Brazil	3.6271	1997	2010	
Govemance	3.5852	2018	2020	
Innovation	3.5585	2018	2020	
Diversity	3.5218	2005	2009	
Migration	3.4755	2017	2020	
network	3.4697	2012	2017	

注：—表征关键词突现强度未发生显著变化的年份；■表征关键词突现强度显著增加的年份。

②阶段划分。经比对分析图 1—1a、图 1—4、图 1—5、表 1—1，并结合相关文献梳理，可将 SARD 研究演进历程划分为如下三个阶段（见表 1—2）。

阶段 I（1990—1996 年）：SARD 研究的起步期。该阶段研究的政策导向性不明显，涉及学科的交叉和融合不够；SAD 与 SRD 研究各自为营，尚未耦合形成主题明确的 SARD 研究；总发文量并不多，但研究主题的集中度高，主要围绕农业、可持续发展、农村发展、管理、持续性、政策、保护、中国等主题开展研究。此外，地方和性别等主题词的出现，表明SARD研究于20世纪90年代末期出现了文化转向。

表1—2　农业与农村可持续发展（SARD）研究主题演变与阶段划分

研究阶段（年份）	研究热点	代表人物	SARD研究特征
1990—1996	可持续农业、农业系统、巴西、管理、性别、政策、保护、生物多样性、农林复合业、景观等	吴传钧、祖田修、刘巽浩、陈厚基、Pagiola S、Walker D H、Harp A、Sachs C、Daniels T L、Melicze k H等	SAD和SRD研究的耦合研究开始起步
1997—2007	乡村发展、农业系统、巴西、森林砍伐、多样性、气候变化、生态系统服务、适应性、框架、农业、多样性、策略、恢复力、脆弱性、挑战、土地	吴传钧、曾尊固、蔡运龙、刘彦随、王鹏飞、Marsden T、Knowler D、Geels FW、DuPuis EM、Guthman J、Goodman D、Carney D等	SAD和SRD的耦合研究日趋增多
2008年至今	食品安全、农业系统、生物燃料、生物能源、能源、未来、乙醇、印度、坦桑尼亚、欧盟、中国、效率、可持续乡村发展、移民、城市化、转型、女性、效率、管治、创新	Godfray HCJ、Pretty J、Foley JA、刘彦随、龙花楼、Garnett T、Hansen MC、Tilman D、李裕瑞、Corbelle-Rico E、Marsden T、Lambin EF、Seto KC、周扬、王永生等	SAD和SRD的耦合研究日趋深化

阶段Ⅱ（1997—2007年）：SARD研究的成长期。彼时受亚洲金融危机的影响，学者们对可持续农业的关注度骤增，研究主题的多元化特征更趋明显，交叉研究逐渐增多，SAD研究体系日趋完整，且其与SRD的融合性研究日渐增多。在该阶段，学者们更为关注粮食安全、土地利用及其变化、农户生计、贫困、景观、农户、技术、经济、生物多样性等主题；研究尺度开始从全球、国家、区域层面下沉到微观的农场和农户

层面。此外，1998年以来的退耕还林、西部大开发等政策的持续推进，进一步推进了中国的SARD的耦合研究，农业产业化经营、乡村劳动力转移以及农村可持续发展等相关研究陆续开展。

阶段Ⅲ（2008年至今）：SARD研究的成熟期。研究视角的多元化特征及学科的交叉融合更趋明显，多重胁迫下的SARD及其应对策略研究涌现；学者们开始聚焦气候变化、生态系统服务、策略、恢复力、脆弱性、挑战等主题开展SARD研究，SARD领域的研究者数量和相关成果不断增多，SARD发文量2015年破百、2017年破二百；2017年以来，管治（governance）、创新（innovation）、质量（quality）、福利（benefit）、移民（migration）、效率（efficiency）等成为SARD研究的热点词汇。

近30年来国外SARD研究特征可归纳为六方面（见图1—7）。

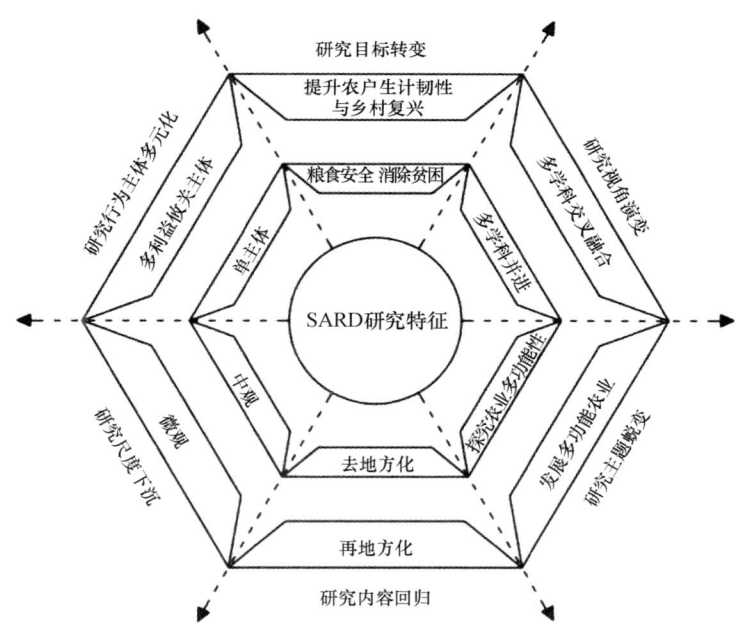

图1—7　1990—2020年SARD研究特征

1. 研究目标转向农户生计韧性提升与乡村复兴

在持续关注后发国家粮食安全、消除贫困[15-19]等基本生计战略的同时，受后生产主义以及多功能理论的影响，SARD的研究开始强调人类健康[19]、营养均衡[20]、MFA[21]、乡村繁荣与农户福祉[22]、农业与农村恢复力[23-24]、乡村振兴[25-27]等更高层次的目标。通过政策制定与优化[28]，提升农户生计的韧性和可持续性[29-31]，推动乡村旅游业发展[32-33]、乡村地方重组[34-35]、乡村重构[36-38]，成为实现上述目标的重要途径。

2. 研究视角突出多学科交叉融合

最初 SARD 研究多基于地理学、农学、社会学、经济学、景观学等单一学科视角，探究农业与农村发展现状及存在问题，提出相应的优化策略[39-40]。20 世纪 90 年代中后期以来，随着乡村非农产业的发展，乡村重建理念的兴起，加之受到经济地理学文化、制度转向等的影响，SARD 研究的学科交叉融合特征日趋明显，农业生态学[41]、文化地理学[42]、生态经济学[43-44]、经济地理学[45]、社会生态学[46]等视角的研究均已展开。此外，集成多学科理论和方法对特定议题的探讨也日益增多，如 SARD 中种族、阶级和职业构成的影响[47]、社会资本引入与非洲地区的 SARD[48]、欧盟共同农业政策（Common Agricultural Policy，以下简称 CAP）的效应[49]等。

3. 研究主题聚焦农业多功能性

随着 SARD 研究的深入，农业方面除农产品供给等生产功能以外的其他功能也得到了关注，1993 年 MFA 概念首次出现在欧洲理事会官方文件中。农业多功能性（multi-functionality of agriculture）的发挥受到发达国家政府和学者们的重视，MFA 理论及与之相关的政策由此兴起。MFA 认为应在积极拓展农业生产功能的同时，充分发挥其在平衡生态、改良景观、传承文化、涵养水源、维持生物多样性和提供休闲娱乐，以及与之相关的乡村就业、增收等方面的多元化功能[50-51]。可见，MFA 是提升农业竞争力、助推 SARD 的重要基石。据此，学者们从不同学科视角出发，探究了 MFA 的概念[52-54]；开展了基于 MFA 的西欧 SARD 范式构建[55]、澳大利亚乡村转型动力机制研究[56]，以及其环境效应与减贫效应[57-58]、与乡村繁荣的关系[21]等方面的研究。概而言之，MFA 在加快农业转型[51,59]、提升乡村经济发展弹性、增强农户生计韧性、促进农业与农村可持续发展方面发挥了重要作用。

4. 研究内容趋向关注"再地方化"

SARD 研究中的"再地方化"是指尽可能摒除"去地方化"的农业发展模式，借助 MFA 理念审视地方文化、传统技术创新性回归的作用[60]。

"再地方化"旨在通过因地制宜挖掘并重塑地方传统,力求促成其与现代科学技术的互补[61],在实现传统创新的同时,促进农业与农村的可持续发展。相关研究包括:宗教信仰与可持续农业[61],欧盟国家农耕制度和传统文化知识的创新回归与SARD[62],地方知识与撒哈拉以南后发国家SARD发展潜力的提升[63],基于地方文化传统的小农经营模式与SARD[64],欧盟国家CAP影响下传统耕作制度、传统的工艺活动的回归与SARD[62],基于福祉视角的乡村景观改造、地方文化保护与SARD[65],农户福祉视角下乡村文化价值与SARD[66],以及社会正义框架下乡村文化价值与SARD等。

5. 研究尺度下沉至农场层面

2000年以来,西方学者们开始认识到农场是贯彻SARD发展理念最基本的场所和最微观的单元[22,67]。文献分析结果表明,农场尺度的SARD研究包含两个方面。

第一,SARD影响因素分析及评价。如欧盟国家农场多样化农业活动及其退出策略的空间影响因素分析[68],农户创新决策采纳的影响因素分析[69];CAP政策下农场发展水平评价与土地可持续利用研究[70],欧盟国家森林农场地理覆盖、社会生态价值与可持续性评价[71],基于范围经济的农户和农场多样化决策有效性评价[72]等。

第二,SARD政策效应分析。除大量关于MFA、欧盟CPA等政策影响的分析外,研究还涉及水资源和农业政策的时空效应[73]、有机农场的社会和生态效应[74]、林场养护管理和政策的影响[75]、巴尔干半岛农民应对乡村发展政策的情景对比[76]等。

6. 研究方式强调参与式发展

SARD涉及农户、合作社、企业、政府、科研人员等多利益攸关方(multi-stakeholder),因而应看作是更广泛领域的公众参与式发展。美国学者对农业发展方式选择[77]的研究,较早涉及多元利益主体。随后,可持续农业参与式发展[78]、热带农业生产中的外源性力量及社区参与[79]、可持续农业推广与教育[80]、公众参与下美国乡村发展基金使用及其监管等研究陆续开展。欧盟国家的学者关注CAP影响下的农户经济社会网络与SARD[72]、多利益主体参与下的农林业政策制定[81]和有机农场与粮食生产创新网络构建[82]、南欧边缘区移民对地方政策制定及可持续发展的影响[83]。中国学者则开展了村域多利益主体与乡村复兴[84]、社会工作者参与的合作社建设与 SARD[85]等研究。相关研究还涉及多利益主体参与下的乡村社区恢复力、繁荣和福祉、知识和创新、治理等[22,24]。此外，由于乡村社区的发展有赖多主体的协同治理。因此，行动者网络理论视角的 SARD 研究[86]也得到了学者们的关注。

（二）国内研究进展的计量分析

国内有关 SARD 文献的检索是以"可持续农业发展"或含"可持续农业"，并含"可持续农村发展"，或含"可持续村庄发展""可持续乡村"为主题词，在 CNKI 上开展 2000—2020 年的相关检索，删除新闻报道等文献后，共获取文献 1874 篇，文献中居于前 20 的高频关键词出现频次、中心度及其首现年份如表 1—3 所示。

表 1—3　2000—2020 年 CNKI 检索中居于前 20 的 SARD 高频关键词

序号	关键词	出现频次	中心度	首现年份
1	可持续发展	543	0.15	1996
2	农业可持续发展	483	0.49	1996
3	农业	145	0.11	1996
4	农村经济	108	0.09	1999
5	农业和农村经济	105	0.14	1996
6	生态农业	101	0.17	1996
7	农村	78	0.1	2001
8	乡镇企业	62	0.18	1996
9	对策	58	0.09	1999
10	新农村建设	53	0.06	2006
11	可持续农业	52	0.15	1997
12	农村可持续发展	51	0.15	1997
13	农业农村发展	42	0.19	2014
14	经济可持续发展	37	0.05	1996
15	农业和农村	36	0.13	1996
16	农业经济	33	0.05	2007
17	循环经济	26	0.02	2005
18	科学发展观	25	0.05	2004
19	模式	25	0.04	1999
20	农产品加工业	25	0.07	2000

据表 1—3 可知，与发达国家相比，进入 21 世纪我国农业发展处于由传统农业向现代农业的转型期，农业发展程度以及农村社会经济发展水平均落后于发达国家。考虑到我国农村人口众多，农村地域广阔的国情，国内学者以研究农村可持续发展的视角，从国内农村的特殊情况开展了相关的研究。总体而言，国内有关农村可持续发展研究从 20 世纪 90 年代起步，起初多关注可持续的农业与农村发展的理论研究，自蔡运龙从宏观上对中国可持续农业态势[87]做了全面分析之后，不同区域层次的实证研究纷纷展开。1996 年以来，国内学者聚焦 SARD 主题产出了丰硕的论著，既对国外前沿文献、跟进国内相关政策开展了理论探讨，也是对国内 SARD 实践进行了研讨和反思。

总体来看，20 世纪末期以来，可持续发展理念率先应用于农业生产发展（含可持续农业、农村经济、农田水利设施建设、农村土地复垦等）、生态环境保护等领域，随后为应对国内乡村发展颓势提出了基于生产、生活、生态主题的可持续发展对策。此外，乡村与城镇（含城镇化、城市化）的发展冲突成为学者们研究的重要内容之一。党的十六届五中全会为国内乡村发展指明了生产、生活、生态、文明、治理五个层面的前进方向。与此同时，中央及相关部委发布 20 余个推进乡村旅游业发展的文件，为随后我国进入大乡村旅游时代奠定了坚实的基础。党的十九大更是将乡村振兴上升为我国发展的重大战略部署，指出"四化同步"之中农业发展明显处于劣势，应以休闲农业等形式进一步丰富农村地区的生产功能，充分发挥乡村生产动能，加快推进乡村农产品加工工业。

近 20 年 CNKI 上有关 SARD 的关键词共现分析结果显示（见图 1—8），国内学界 SARD 研究多关注乡村经济发展和生态建设主题，特别是乡村经济发展主题，对农业可持续、农产品加工、农业产业化等关键词的聚焦度较高，而对快速城镇化和工业化背景下剧烈变动的乡村社会问题的关注则相对不足，且耦合新内源式发展理论和行动者网络理论全面研讨农业与农村可持续发展的相关文献并不多见。经梳理国内相关文献，可将国内 SARD 研究划分为三个阶段。

第一，社会主义新农村建设阶段（2005—2011 年）：此阶段以新农村建设任务为主导，乡村建设的主要实践集中于乡村基础环境整治，重点解决村庄生活垃圾和废水、工农业废弃物、坑塘沟渠污染等问题。

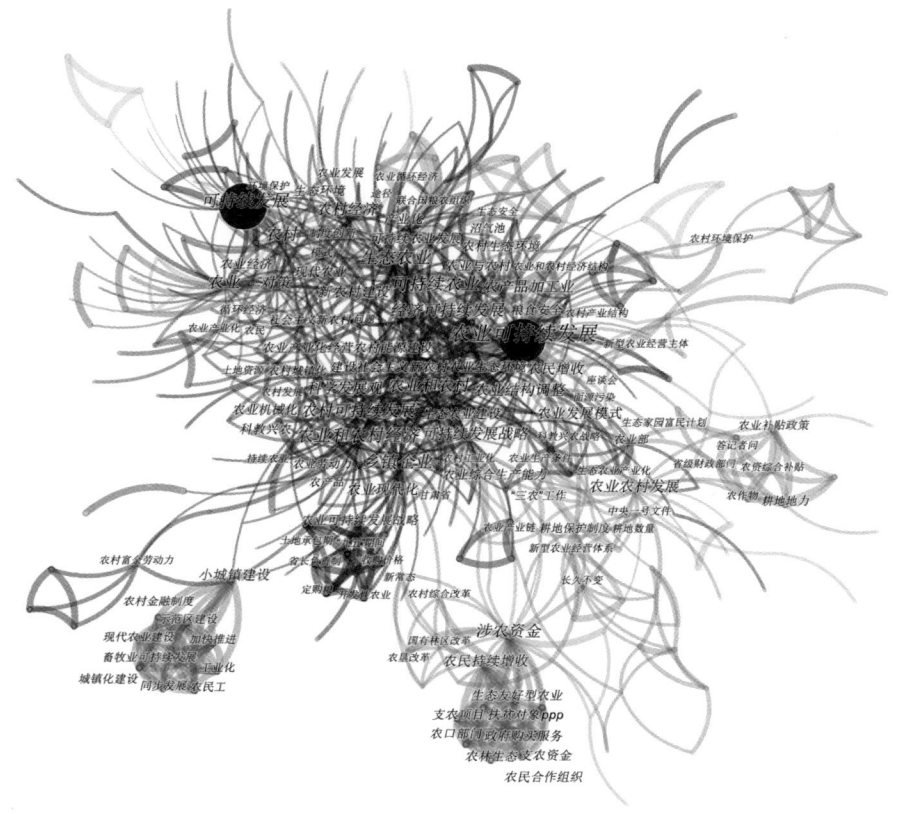

图 1—8　2000—2020 年 CNKI 中 SARD 关键词共现分析

第二，美丽乡村建设阶段（2014—2017 年）：以美丽乡村建设为导向，完善乡村基础设施和公共服务设施、绿地系统、道路交通体系，注重各地历史文化和建筑风貌保护等。

第三，乡村振兴阶段（2018 年至今）：党的十九大提出，将乡村振兴战略作为全党和全国工作的重中之重，从构建宏观格局、实现农业现代化、壮大乡村产业、实现生态宜居、繁荣乡村文化、健全治理体系、保障基础设施建设与公共服务设施供给、城乡融合发展等方面提出全面振兴乡村的战略构想。乡村振兴战略理念与 SARD 主要思想完全一致，可以认为，乡村振兴战略是 SARD 中国化的最新成果，乡村振兴战略的实施可以实现乡村建设模式由点到面全面推进，涵盖宏观至微观层面的多重尺度，覆盖乡村"三生空间"和"三生功能"。

总体来看，国内学者围绕 SARD 开展了深入的理论思考和实证分析，定性描述或定量刻画了乡村地区的生产要素、生态环境、生计水平、生活空间等的可持续性，或后向追溯成因或前向探究对策，形成了丰硕的农业与农村研究成果；与此同时，国内各级政府、民众与社会组织也在长期的乡村建设中形成了宝贵的实践经验，为我国欠发达地区 SARD 提供了借鉴。但综观国内相关研究，学界 SARD 的研究多数是贴近 SARD 研究，以"三农"为主题的相关研究，直接聚焦 SARD 理念开展的研究并不多见。因此，国内政学两界仍需持续倡导 SARD 理念，以求推进全球乡村复兴。与此同时，也希望相关研究裨益于国内美丽乡村建设和乡村振兴进程。

综上可知，SARD 研究系统性、综合性强，其研究需融合多学科知识，基于多时空尺度、多元化研究视角，耦合 SAD、SRD 两大研究领域，缔结乡村地域系统人、地、业、财多类要素，针对性集成定性、定量方法开展系统性研究，其研究体系详见图 1—9。

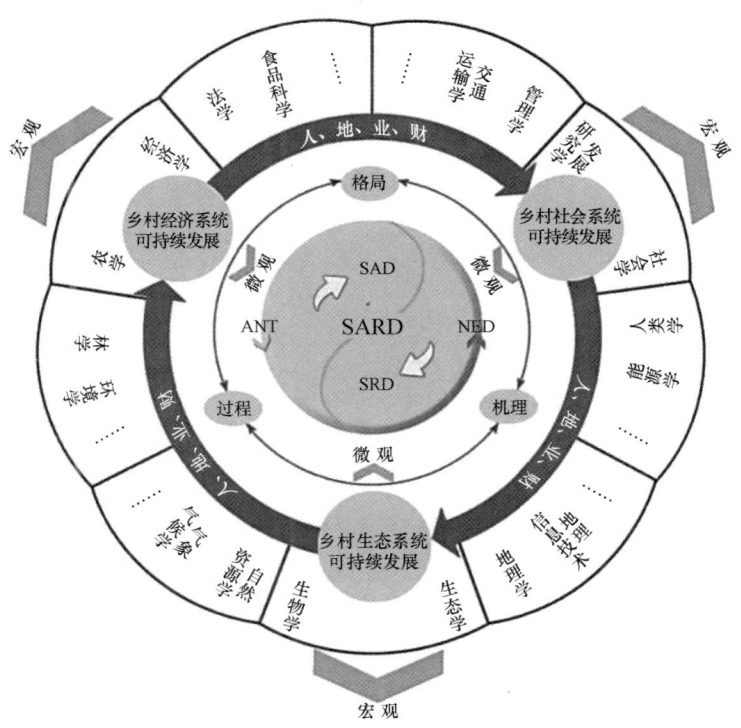

图 1—9 SARD 研究体系

二 资源型城市可持续发展研究进展

工业革命以来，随着资源采掘行业的兴盛，美国、加拿大、德国、法国、澳大利亚、日本等发达国家的资源型城镇或大中型工矿城市相继崛起。20世纪初期以来，受资源枯竭、国际竞争加剧等因素的影响，这些城市先后面临城市转型发展问题。自20世纪20年代起，英国、加拿大学者相继展开了资源型城市发展研究，他们借助依附理论、国际化理论、区域发展理论探讨资源城市资源开发过程中出现的经济学、社会学问题[88]，并开始关注矿业开发与地方发展之间的关系[89-90]。20世纪70年代，国外学者开始了基于问题导向的资源型城市发展的理论和实证研讨，如划分加拿大煤炭型城镇发展阶段并论述其阶段性特征[91]，研讨资源型城镇的社会学、心理学问题等[92-93]。20世纪70年代末期以来，随着发达国家经济结构的调整，学者们又开始关注国家经济转型下资源型城市的转型研究[94-95]，有学者认为应该重点关注其转型过程中的产业发展思路和转型策略[96-97]。进入21世纪以来，随着经济活动全球化以及可持续发展理念的进一步推进，国外学者开始认为，资源型城市可持续发展应该充分发挥其竞争优势而非陷入资源的比较优势陷阱[98]，自此学者开始重点关注资源开发、地区发展以及环境保护多方协调的理论与实证研究，促成资源型城市可持续发展的社区参与和社区建设[99-100]、居民福祉[101]等，社会学方面的研究也得到了进一步的关注，资源型城市研究正式进入了可持续发展研究阶段。

自20世纪90年代中期起，随着我国社会主义市场经济体制的进一步完善，多元经济主体并存下资源开发模式的兴起，资源型城市资源过度消耗、市场价格波动、资源开采成本增加等原因导致"资源诅咒"现象频发，且"四矿问题"（矿产开发中的"矿业、矿山、矿工、矿城"问题）成为困扰我国资源型城市及其经济转型发展的难点问题，资源型经济发展转型、城市功能转型也因之成为政学两界关注的焦点。2001年国家"十五"规划纲要明确指出要"积极稳妥地关闭资源枯竭的矿山，因地制宜地促进以资源开采为主的城市和大矿区发展接续产业和替代产业，研究探索矿山开发的新模式"。2002年党的十六大报告再次明确提出要加快资源枯竭型城市转型问题，地方政府由此开始重视资源型城市的转型问题。从学界发展动态来看，自 20 世纪 90 年代末期起，国内经济学、管理学、城乡规划、生态学、地理学者们纷纷就资源型城市转型障碍与对策、多视角下资源型城市产业转型、资源型城市转型模式、资源型城市转型理论与案例分析、资源型城市空间重组与优化、资源型城市影响因素及可持续评价、资源型城市生态修复、资源型城市高质量发展等主题展开了深入研究，资源型城市转型与可持续发展便由此成为学界研究热点。综观相关研究，20 世纪初期学者多关注资源型城市产业发展与城市转型方面的研究；2011 年以来，在国家"十二五"规划纲要"坚持以人为本、全面协调可持续的科学发展观"的引领下，政界提倡资源型城市的可持续发展，学者们则开始针对性地探究转型十余年来我国资源型城市经济社会、生态环境全面协调的可持续发展问题；党的十九届六中全会强调要实现"创新成为第一动力、协调成为内生特点、绿色成为普遍形态、开放成为必由之路、共享成为根本目的的高质量发展"，进一步明确了我国资源型城市发展方向及资源型城市高质量发展的研究方向。

三 资源型城市可持续农业与农村发展研究进展

20 世纪 50 年代以来，受国际市场资源产品竞争压力增大、资源枯竭等因素的影响，发达国家资源型城镇或工矿城市纷纷面临转型发展问题。学者们基于各自学科视角关注欧美国家矿区乡村的 SARD，其主要研究包括：资源型城市乡村地区资源依赖与社会福利[101]、女性权利与心理健康问题[102-103]、矿企社会责任（Corporate Social Responsibility，以下简称CSR）履行与地方可持续发展[104-105]、矿产开发项目的社区偏好[106]、乡村发展参与式规划[107]、矿区乡村地方合作项目规模的作用、影响以及多利益攸关方特别是地方参与者诉求的解决[108]、环境正义视角下矿产开发与土地利用冲突及开放式情境下该类冲突在法律与地方性乡村关系构建中的作用[109]、社区居民作为利益相关者对拟建矿业公司的期望及其影响因素[110]等。

20 世纪 50 年代以来是众多发展中国家城镇化和工业化的快速推进期，在此期间粗放式资源开发模式导致了资源型城市乡村地区不同程度的水气土污染、土地塌陷、地下水位下降等生态环境问题，并引发了不同程度的矿乡矛盾，导致资源型城市乡村地区生态环境恶劣化、社会机理脆弱化、经济发展不可持续化。20世纪90年代以来，众多发展中国家学者先后聚焦粗放式资源开发下矿区乡村SARD议题发文，其间的研究热点包括：矿区乡村生态环境问题及其优化措施[111]、矿产开发引发冲突的类型及其负外部性[112]、手工小规模采矿（Artisanal Small-scale Mining，以下简称ASM）与乡村社会阶层变动[113]以及ASM模式中女性采矿土地使用权获取与其财务自主权[114]、矿产开发与农户生计与粮食安全[115]、矿区乡村矿产开发与农业发展协同下的SARD路径探究[116-117]、资源丰饶与区域经济发展关系的探究（并认为矿区乡村发展在一定程度上存在被"剥夺"现象，需加大卫生、教育、卫生和粮食安全领域的财政倾斜，以改善本地居民生活条件）[118]、南美安第斯山脉国家资源开发链条剥夺下的乡村贫困问题及其建议（认为需变革国家利益至上式资源开发，实施促进矿区乡村发展的社会政策）[119]、矿区乡村居民点规划与土地复垦[120]、在地性土地利用规划与乡村生物多样性保护和农户可持续生计[121]、全球化视角下地方矿产开发特别是小规模矿业开发与乡村经济社会转型[122]、矿区地质旅游开发与乡村可持续发展[123]、矿产开发及管理制度对自然资源、生态系统产品与服务的负面影响[124]、地方性政策制定与乡村可持续发展[125]、矿产开发对非洲乡村贫困与粮食安全的影响以及相应政策优化的迫切性[126]、中非地区乡村电气化的政策与制度分析[127]、SAD优化措施特别是相关政策制定的重要性[128]等。

  国内早期聚焦资源型城市SARD的研究多直接论及矿区土地复垦与生态重建，具体针对矿区乡村发展的相关研究并不多见。20世纪90年代以来，随着矿产开发负外部性的不断加剧，学者们开始关注国内矿区乡村的可持续发展问题。经梳理矿区资源开发与可持续农业农村发展相关研究后，发现目前对矿区农村的研究多以促成矿区SARD为主线展开，并以山西、陕西、江苏、山东、河南、安徽等地矿区为例，聚焦这些地区矿区村庄规划及不同地质条件下矿区居民点整理模式优选、矿区土地复垦与农村发展下的土地复垦与矿区新农村建设、土地复垦模式及其经营管理模式、复垦土地利用结构优化、农村矿产资源开发中利益分配机制重构研究、矿乡矛盾及对策研究、矿区农村经济生态系统重建模式、矿区乡村人居环境影响因素分析与优化对策、多利益攸关主体参与下的乡村治理、矿村共建机制、矿产开发与生态补偿和环境治理、矿产开发与权力运作系统、矿产开发与农户可持续生计、矿区乡村可持续发展制度创新等。

具体涉及国内资源型城市 SARD 协调机制和制度创新方面的研究中，关注矿区乡村 SARD 协调机制的研究包括矿企社会责任履行[129]、融入式矿业社区发展[130]、矿区治理与现代农业发展[131]、复垦区"三生空间"优化[132]、矿区村庄内生式发展建议[133]、矿区乡村治理机制[134]、土地利用冲突与"三生空间"优化[135]、农户生计脆弱性提升策略[136]、田园综合体建设与矿区乡村 SARD[137]、采煤沉陷区再利用适宜性评价及规划策略[138]、资源型城市生态安全格局构建[139]、资源枯竭区乡村振兴路径[140]、矿村共建机制[141]、矿产资源开发的利益分配机制优化[142]、资源开发利益分配与分享机制[143]、矿区乡村治理机制[144]等；聚焦矿区乡村制度创新的研究包括山西省矿区 SARD 创新（煤炭资源整合与有偿使用制度、产业转型发展制度、"以煤补农"制度创新）[145]、矿权制度改革与乡村治理[146]、失地农民基本生活保障制度[147]等。总体来看，聚焦矿区乡村 SARD 协调机制的相关研究多旨在建议整合矿区资源开展生态修复、产业发展、规划建设、矿乡协同发展等，关注矿区乡村 SARD 制度创新的研究多基于资源型地区土地使用制度创新、生态补偿制度创新、企业制度创新、社会保障制度创新、产学研制度创新、村民自治制度创新、集体产权制度创新等视角展开。聚焦本书典型案例区——榆林市神府煤田地区的 SARD 协调机制包括乡村振兴战略推动、土地整治、乡村人居环境整治、文化旅游发展、农业特色产业拉动等；涉及其 SARD 制度创新的主要内容包括集体产权制度改革制度、农村金融制度、村民自治制度、户籍制度、人居环境建设管理制度等。

四 研究述评

综上可知，近 30 年来国外 SARD 研究特征主要表现为研究目标转向农户生计韧性提升与乡村复兴、研究视角突出多学科交叉融合、研究主题聚焦农业多功能性、研究内容趋向关注"再地方化"、研究尺度下沉至农场层面、研究方式强调参与式发展等方面。国内 SARD 研究多围绕"三农"问题、"三生空间"主题展开，直接聚焦 SARD 理念的理论研究相对不多。此外，针对资源型城市 SARD 研究多是贴近 SARD 主题的相关研究，直接聚焦SARD理念开展的相关研究相对不足。鉴于《登博斯宣言》所提出的SARD理念强调乡村发展的公平性、持续性和共同性原则，特别是其中的持续性原则是促成乡村经济社会、生态系统良性循环的关键。故建议国内政学两界继续倡导SARD理念，助推我国资源型城市SARD进程。

相较广大发展中国家，发达国家更早面临资源型城市乡村SARD问题。因此，在推进资源型城市SARD进程中，发达国家先于发展中国家采取转型发展措施，且其在矿区乡村地区的财力、人力和物力等的投入更是优于发展中国家。具体表现在，欧美包括亚洲日本等发达国家通过充分发挥政府主导作用及时建立矿区乡村社区赔偿基金和专项保险机制、出台财政支援政策、引进培育替代性产业、因地制宜开展各类"自下而上"式的发展政策和乡村规划、加大矿区乡村基础设施建设等举措，较好地推进了资源型城市的SARD，如美国伯明翰市红山公园等。比较来看，广大发展中国家资源型城市SARD议题主要基于资源开发下，特别是粗放式资源开发下乡村生态环境保护与治理、乡村经济发展、乡村贫困问题等，具体落实到资源型城市SARD协调机制和制度创新研究来看，学者们倾向于结合现状优化资源开发的制度和体制设计，实行倾向性的财政政策等。而发达国家则更关注矿区乡村发展中的地方参与与认同，即在推进资源型城市SARD过程中，发达国家更偏向于采取"自下而上"和"自上而下"双结合式的发展模式，而且尤为注重前者在地方发展的重要作用，而发展中国家囿于国力及社会发展水平更偏向于采取"自上而下"式的调控模式，在SARD协调机制和制度建议方面尤是如此。

相较资源型城市可持续发展研究，国内资源型城市SARD研究数量较少，且多数SARD研究是基于SAD或SRD单方面视角展开的。此外，由于国内资源型城市乡村SARD协调机制与制度创新研究所涉及的学科众多、研究视角多元，故涉及其的研究基本以学位论文为主，且多面向问题导向探究促成矿区乡村SARD的优化措施，而基于新内源式发展视角开展矿区乡村SARD的研究并不多见，基于NEDT-ANT耦合视角探究矿区乡村SARD协调机制和制度的协同研究亦有待跟进。

第四节 科学问题与研究内容

一 科学问题的提出

矿业城市是资源型城市的组成主体，也是生态环境问题和经济社会问题相对突出的城市类型，"有水快流"式的矿产开发方式以及由此引发的快速城镇化和工业化是导致其乡村地区"矿乡矛盾"不断、农业衰退、农村衰落的根本原因，也成为阻碍资源型城市全面推进农业与农村可持续发展的主要因素。鉴于此，本书确定研究的主要科学问题如下：一是资源型城市和矿区乡村等核心概念的明晰和界定；二是全国资源型城市及典型案例城市矿区乡村 SARD 水平及其障碍因子的测度和分析；三是定量分析和定性分析结合下的资源型城市 SARD 协调机制构建，以及基于资源型城市 SARD 问题导向的制度创新。

二 研究思路与研究内容

（一）研究思路

项目研究坚持以理论与实践相结合、定量测度与定性分析相结合、问题导向和因地制宜相结合的原则，聚焦我国资源型城市农业衰退和乡村衰落问题，展开多学科综合研究：首先，借鉴相关研究成果科学界定"矿区乡村"概念、识别矿区乡村类型及其面临的主要矛盾；测度和分析 2008—2019 年我国 119 个地级资源型城市及案例城市（陕西榆林）矿区乡村的 SARD 水平及其障碍因子；其次，综合运用新内源式发展理论和行动者网络理论，结合田野调查成果，构建资源型城市 SARD 的协调机制并提出其实现路径；最后，从农业和农村可持续发展两个维度，探究资源型城市 SARD 制度创新。本书研究思路如图 1—10 所示。

（二）研究内容

本书主要研究内容分为四部分。

第一部分为研究背景，包含第一章和第二章。第一章为绪论，概括阐述了研究背景、目的与意义、文献综述、研究方案与研究特色等；第二章梳理了与资源型城市 SARD 相关的概念和主要理论。

第二部分为定量分析，包含第三章。第三章测度了 2008—2019 年我

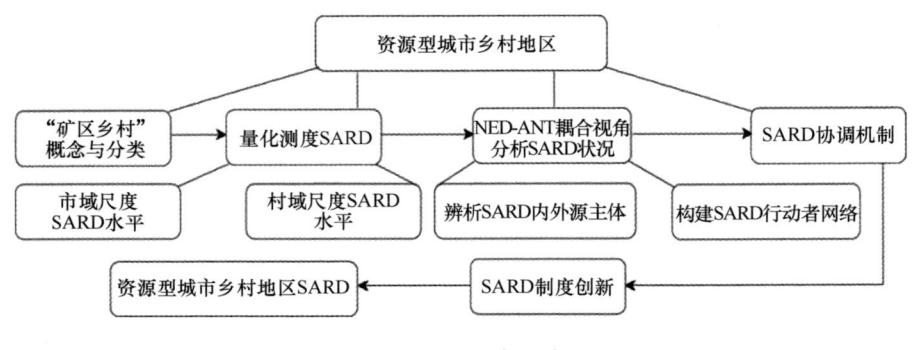

图 1—10　研究思路

国 119 个资源型城市的 SARD 水平，并运用障碍度模型辨析其障碍因子；随后以案例城市——陕西榆林神府煤田的典型矿区村庄为实证研究区域，甄选村庄内包含国有重点、国有地方、乡镇煤矿的多类典型村庄，借助 DPSIR 概念模型测度了资源型城市矿区乡村 SARD 的水平及其障碍因素。

第三部分为定性分析，包含第四章和第五章。第四章分别基于 NEDT 和 ANT，对资源型城市 SARD 进行了系统性分析和过程性分析，并在分析两大理论耦合性的基础上，构建了资源型城市可持续农业与农村发展的协调机制；第五章结合资源型城市乡村地区外源性胁迫交织、内源行动者内生动力极度不足的实际，研讨了有望促成农业与农村可持续发展的制度创新。

第四部分为结论与展望，包含第六章，总结了本书主要研究结论，阐述了研究的不足，展望了未来研究重点和方向。

第五节　研究方法与技术路线

一　研究方法

（一）文献分析法

通过精读国内外 SARD、资源型城市转型发展与可持续发展、资源型城市协调机制与制度创新研究等方面的学术论文、学术著作以及部分历史文献资料，细致地梳理资源型城市 SARD 研究动态，在掌握相关研究的动态演变历史与学科前沿的基础上，总结既有研究的经验启示及其尚需补充之处，深度解读新内源式发展理论和行动者网络理论内涵及其实证研究，以期为破解资源型城市及典型案例区 SARD "窘境"提供思路。

（二）半结构式访谈和观察法

通过与山西大同市、忻州市、运城市，陕西榆林市等市、县部分农业农村局主管领导、县镇分管农业的领导，以及典型案例区——神府煤田所在神木、府谷县—镇—村三级干部的半结构式访谈，来获取多元主体对我国资源型城市 SARD 面临窘境的看法及个人建议；通过观察与访谈典型案例区——神府煤田典型村庄农户，了解其真实诉求及村庄层面 SARD 面临的困境，为后期研究资源型城市 SARD 协调机制建构与制度创新提供参考。

（三）定量分析

纵向层面运用 2008—2019 年资源型城市农业、农村统计数据构建评价指标体系，量化评价了我国资源型城市 SARD 变化特征以及制约资源型城市 SARD 的障碍因子；横向层面使用 2020 年入户调研数据借助 DPSIR 概念模型建构指标体系，测度了案例区典型村庄 SARD 及其障碍因子。调研过程所获取相关数据借助 Stata、Spss、Excel、Matlab 等软件辅助分析。

（四）定性分析法

书中借助新内源式理论、行动者网络理论、DPSIR 概念模型定性揭示了我国资源型城市不同尺度下的 SARD 现状表征及存在问题。即在中观层面建构地级资源型城市 SARD 指标体系，分析 SARD 水平及其障碍因子；在微观层面借助 DPSIR 概念模型建构典型案例区——神府煤田典型村庄 SARD 动因、影响机制、反馈调节的全过程，随后应用新内源式发展理论分类讨论 SARD 本地参与者和外源性助推力在乡村发展中的作用机制与强弱，并依靠行动者网络理论进一步串联与优化利益攸关方耦合作用，以期探寻资源型城市多主体参与、内外源动力相结合的 SARD 路径。

二　技术路线

书中综合文献综述方法、入户访谈方法、系统分析方法、统计分析方法、专家咨询法、头脑风暴法等方法，在量化测度市域层面以及典型村域层面 SARD 水平及其障碍因子等的基础上，基于新内源式理论、行动者网络理论耦合视角定性剖析资源型城市乡村地区 SARD 内外源行动者及其行动者网络，本书技术路线详见图1—11。

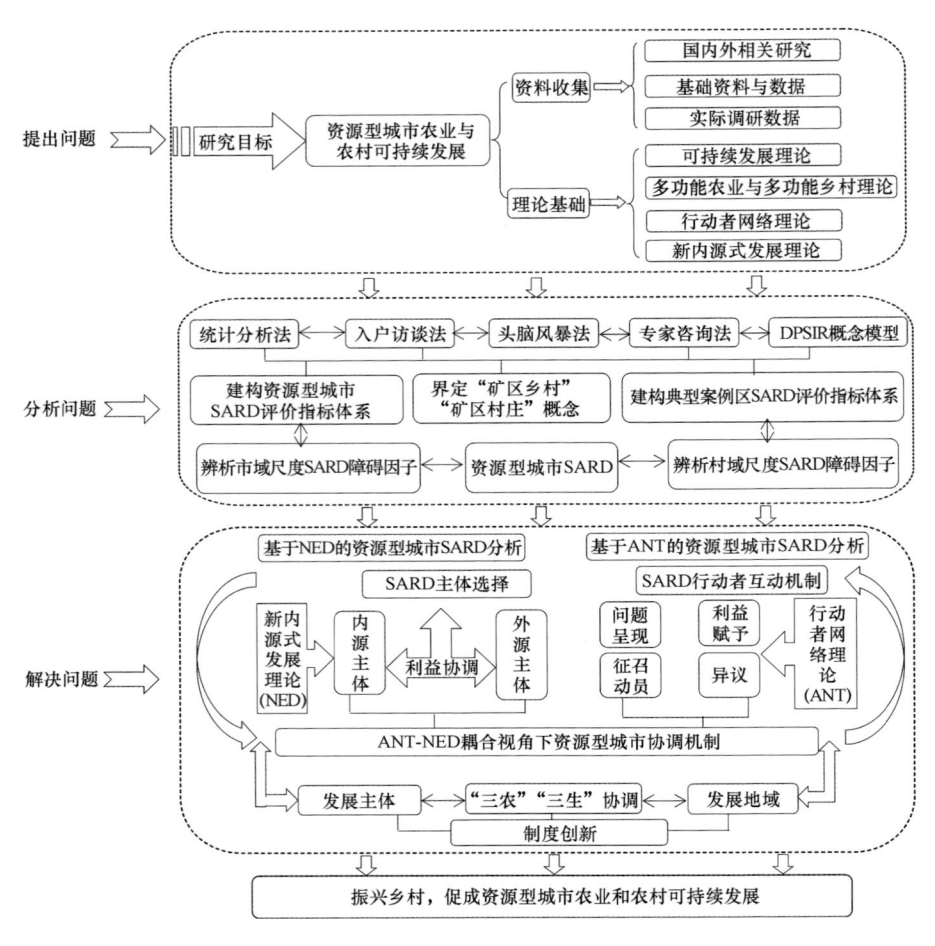

图1—11　技术路线

第六节　可能的创新点

一　研究特色方面

首先，基于"矿农复合区""矿粮复合区""资源型农村"等概念，立足资源型城市乡村地区实际，界定了"矿区乡村""矿区村庄"概念并深入研讨了"矿区乡村"类型、发展阶段、矿乡矛盾及其诱因。

其次，既有的可持续农业与农村发展评价多以省域、市域、县域尺度为主，书中首次尝试性建构了资源型城市市域尺度以及村域尺度的 SARD 评价指标体系，可在全面测评资源型城市 SARD 水平的同时，将资源型城市 SARD 评价细化至微观村域层面。

二 研究思路方面

书中遵循量化分析方法与定性分析方法相结合的思路，先定量测度资源型城市、典型案例区 SARD 现状及其障碍因子，继而基于新内源式理论和行动者网络理论定性辨析影响城市尺度及村域尺度 SARD 的行动主体及其作用机制，并创新性地基于新内源式理论和行动者网络理论耦合视角探究了可望促成矿区乡村 SARD 的协调机制，以及面向问题导向的、贴合研究区"三农""三生空间"实际状况的、可能的制度创新。

第二章

基本概念与理论基础

第一节 基本概念

一 资源型城市

在我国，绝大多数资源型城市是伴随新中国大规模工业化进程发展或兴建起来的特殊型城市[148]，对新中国国民经济发展、新中国工业体系建设乃至国家安全做出了突出贡献。学界多从资源型城市的职能分类、资源型产业占比、资源型产业从业人数、城市经济发展的依赖性等视角出发，将资源型城市界定为：因自然资源采掘兴起或发展起来的特殊类型的城市，资源型产业支持整个城市发展，资源产业及资源采掘业和加工工业成为城市的主导产业或支柱产业，资源型产业产值和资源型产业劳动力人口占比较高。综观国内各类资源型城市可知，资源型城市资源开发对象本质上都属于不可再生资源，其资源指向性鲜明[149]、国有经济占主体[150]、城市发展对资源产业的路径依赖明显[151-152]、城市经济具有一定的脆弱性[153]、城市经济效益的递减性和二元化功能属性突出[154]、城市发展具有一定的阶段性[155]、城市产业转型任务艰巨[156]，且其转型发展一般伴随有较为棘手的生态环境及社会问题[157]。

从开发对象来看，资源型城市概念较矿业城市宽泛，包含煤炭城市、石油城市、森工城市、金属和非金属城市等类，即包括矿业城市、森工城市、冶金类城市等类，其中矿业城市是资源型城市的组成主体[108]。因具体视角的差异，政学两界对资源型城市的分类不尽相同。如为分类引导资源型城市科学发展，国务院将其划分为成长型、成熟型、衰退型和再生型四类，并按资源型城市的行政级别，将其分为地级城市、县级城市（包含县级市、自治县、林区）、市辖区（包含开发区和管理区）三类；学界则多按资源类型、城市职能、优势职能、突出职能、产业类型、发展阶段、形成原因、区位分布等依据，开展资源型城市分类。

从开发类型来看，矿产和森林是与资源、环境关系最密切的资源[108]，加之在资源型城市中矿业开发对生态环境的影响程度相对较大、破坏程度较为严重。故自本章起书中未做特殊说明的地方，所提到的资源型城市都是代指狭义上的矿业城市，资源型企业也都代指矿山企业，书中也因此重点界定了矿农复合区、矿区乡村、矿区村庄等概念。

二 可持续农业与农村发展

（一）SARD 概念及由来

1991 年 FAO 发布的《登博斯宣言》（以下简称《宣言》）中首次提出了 SARD 理念，《宣言》认为 SARD 是实现可持续农业发展（Sustainable Agriculture Development，以下简称 SAD）和可持续农村（Sustainable Rural Development，以下简称 SRD）高度耦合的发展方式，其可在自然资源管理、环境保护、消除贫困，乃至推进农业和乡村可持续发展方面发挥至关重要的效用。

依据 SAD 和 SRD 主旨、《宣言》的主题思想，以及 21 世纪议程中相关章节的内容，SARD 是指以"三农"问题（农业、农村和农民问题）"三生空间"问题（"生产空间、生活空间和生态空间"问题）为研究主题，借助可持续的农业发展方式，提升乡村生计韧性，保持生态环境的可持续，建构可持续的乡村社区，力求实现农业与农村发展多重效益的发展理念[2,4,158]。SARD 的贯彻实施可有效解决农业发展问题、农产品消费问题和乡村贫困问题，其发展方式常因地因时而异[7]。不同国家和地区对 SARD 的理解和认知不尽相同，但其发展要旨完全相同，皆认为 SARD 的核心要义是借助可持续的农业发展方式，提升乡村生计韧性，保持生态环境的可持续，建构可持续的乡村社区（见图 2—1）。

（二）SARD 与乡村振兴战略

党的十九大报告中提出的"乡村振兴"20 字方针再次重申了"三

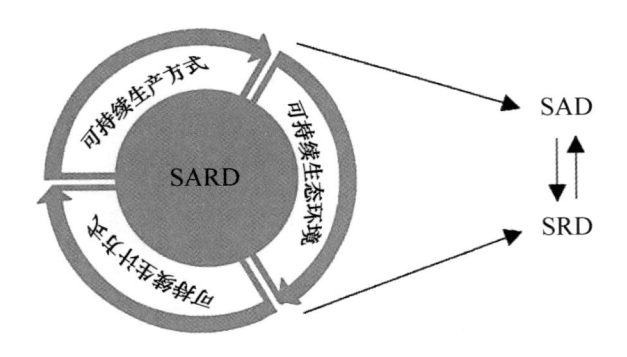

图 2—1　SARD 概念关系

农"问题是关乎民生和国计之根本问题，也是全党和全国工作的重中之重。从 SARD 的要旨来看，其力求实现的可持续农业发展方式、可持续乡村社区的建设、农业与农村生活和生态环境的永续性、农户韧性生计等的可持续发展理念，与党的十九大报告提出的"乡村振兴战略"要求的指导思想、战略目标完全一致。

由此可见，乡村振兴作为 21 世纪可持续农业与农村发展中国化的最新成果，其所提出的"生态宜居、产业兴旺、生活富裕、乡风文明、治理有效"方针是结合中国国情、涵盖乡村可持续发展各个维度的行动指南。两者之间的对应关系如图 2—2 所示。

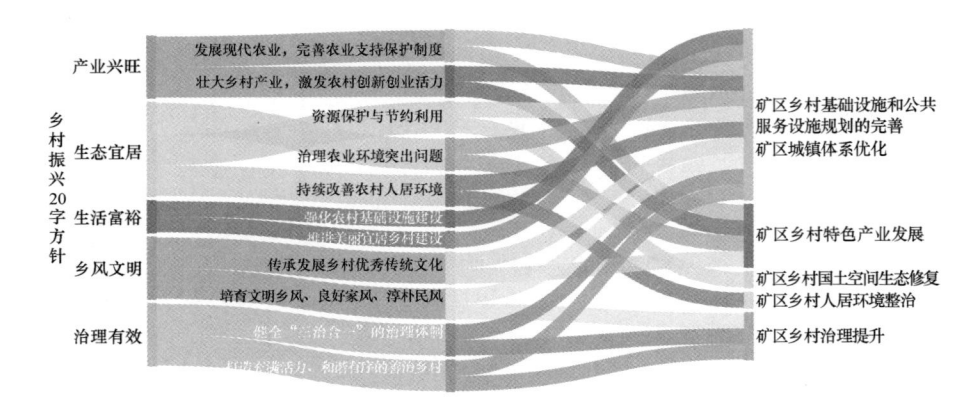

图 2—2　SARD 与乡村振兴

三 矿区乡村

（一）相关概念辨析

目前，"矿区乡村"这一概念尚无明确定义，相近的概念有"资源型农村""矿粮复合区""矿农复合区"等。"资源型农村"即"资源型地区农村"[159]，与"资源型城市"相对应，特指某类资源丰富，村集体及村民收入主要来源于该类资源开发的农村地区[160]，是以村界为空间边界的乡村地区。按资源类型划分，资源型农村可以分为矿产资源型农村和非矿产资源型农村。

"矿粮复合区"则是"矿产与粮食复合主产区"的简称，是粮食主产省和矿产开发主产省的复合区，兼具粮食生产和矿产资源开发双重功能；其以省界为空间边界，包含该复合区所在的城市和农村两类地区。以煤炭型矿粮复合区为例，该类区域就是粮食主产省和煤炭主产省的复合区[161]。

矿农复合区的概念最早是由蒲春玲等人在探究塔里木盆地矿产资源开发利用及其补偿调控机制[162-163]时提出的，指"以地下矿产资源开发与地面加工、地上农业生产及农业生物资源利用为主要产业发展形式的经济区域，也可称作矿农积聚区、矿农叠加区与矿农利用区"。由此可知，矿农复合区属农牧业土地利用与矿业开发用地交织带，属农牧业、水资源、矿产开发交错区。与之相近的概念"矿—农—城复合区"是由曹银贵等人结合资源型城镇发展与转型提出的，认为该区是集矿产开发、农业生产于一体，区内矿业开发推动资源型城镇的发展、转型和生态恢复重建，是一个依存煤炭开发形成的社会、经济、政治生命共同体[164]。比较来看，"矿农复合区"概念的界定偏重土地利用类型、产业发展模式[165]，区域范围不仅限于乡村地区，一般以区内各类土地利用类型的边界作为其空间边界，其结构示意如图2—3所示；"矿—农—城复合区"概念的界定则侧重资源型城镇的发展与转型中矿业与农业发展、城乡融合发展、城镇生态修复，并以资源型城镇边界作为其空间边界。总体来看，"矿农复合区"是资源型城市SARD的难点和重点区域，而矿区乡村又是该区域实现SARD、助推资源型城市可持续发展的关键区域。因此，极有必要结合矿农复合区等概念，界定"矿区乡村"概念。

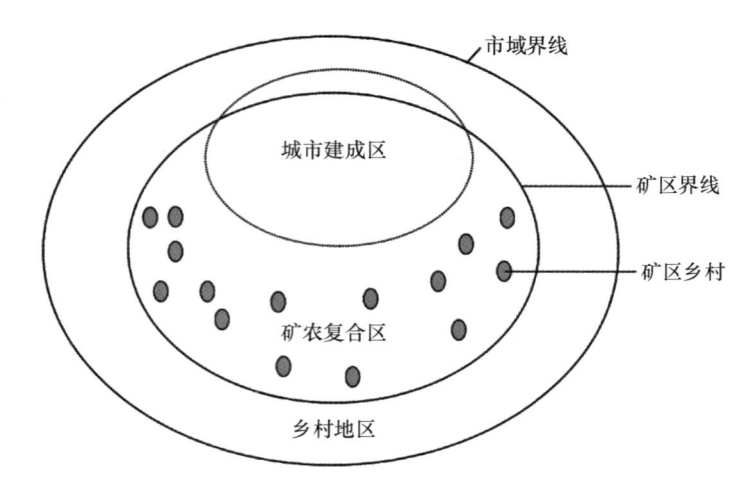

图 2—3　矿农复合区示意

（二）矿区乡村概念界定

综上所述，结合我国资源型城市乡村及神府煤田典型案例村实际特征，可将"矿区乡村"定义为：位于矿产开发分布区范围内，由多个行政边界清晰的村庄组成的乡村地区，其"三生空间"受矿产开发直接或间接影响较大，是一个"三农"问题（"农业、农村、农民"问题）"四矿"问题（"矿业、矿山、矿工、矿城"问题）伴生的典型乡村地区。考虑到时下的农村地区产业结构不再是单一的农业产业，农村人口就业结构也随之发生了很大的变化[166]，因此将矿产资源分布区范围内的村庄统称为"矿区乡村"。此外，从归属来看，矿区乡村属于"矿粮复合区"和"矿农复合区"中的乡村地区，属资源型农村地区中的矿产资源型农村。矿区乡村所包含的村庄即为矿区村庄，按村内有无煤矿开采，可将矿区村庄分为受矿产开发直接影响型村庄和受矿产开发间接影响型村庄。

（三）矿区乡村类型识别

资源型城市地区受矿产开发直接影响的矿区乡村内工农业活动交织，非农就业和产值占比较高，多数农户直接或间接参加煤矿开采活动，村集体和农户家庭有数量不一的分红和采矿补贴。在矿产开发高比较效益的挤压下，农业会受到一定程度的弱化。此外，受"有水快流式"矿产开发模式的负面影响以及矿产开发利益分配不均等问题的影响，村内存在不同程度的地表植被破坏、水土流失、环境污染、地质灾害等生态环境问题，地方政府—矿企—农户三方关系相对紧张。反之，在未受矿产开发直接影响的矿区乡村内，非农产值占比相对较低，只有部分农户就近在其他矿区村庄从事矿产开发及与之相关的服务业等行业，煤矿开采极少惠及村内农户，所以矿产开发的环境扰动相对较小，村内农业及相关产业极少受到其挤出效应的影响，地方政府—矿企—农户三方关系也就较缓和。具体而言，可按如下几方面开展矿区乡村的村庄分类。

1. 依据分布位置分类

成为矿区乡村的首要前提是村庄必须位于矿产开发影响区范围内，因矿产资源空间分布的不均衡性和各地区开采条件的差异性，矿产开发点有密有疏。储量大、开采难度低、交通便利的区域便成为矿产开发密集区。该类区域作为矿产开发核心区，极易成为原料指向性工业的选址点，后续成为资源型城镇的可能性较大。而那些矿产禀赋条件相对处于劣势的区域，矿产开发点一般呈散点状分布在核心区外围。据此，可按分布位置可将矿区村庄划分为核心型村庄、外围型村庄（见图2—4）。

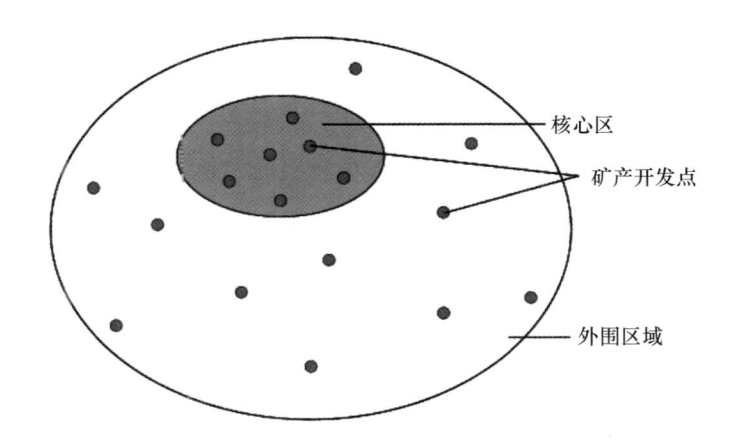

图2—4 矿区村庄的区位类型

核心型村庄及其特征：毗邻或地处矿产资源开采核心区，与核心区存在频繁的人流、物流、信息流交换，就业、消费、文化等方面受其影响较大。相较于外围型村庄，其交通条件优越、村民思想较为开放、村庄未来发展潜力好。

外围型村庄及其特征：远离矿产资源开采核心区，受矿产开发扰动较小，村内仍保留传统的农村生产生活方式，自然环境相对优良。受对外交通、通信等基础设施制约，村庄经济发展落后、村民思想相对保守。

2. 依据矿产开发点位置分类

虽然矿区村庄内矿产开发点数量众多，但矿区村庄的总数仍然少于矿产开发区内行政村数量，村内有无矿产开发点由此成为评判其是否受矿产开发直接影响的评判标准。对矿区村庄而言，距离矿产开发点愈近的村庄，愈容易受到矿产开发负外部性的影响。据此，可将矿区村庄划分为矿产开发直接影响型村庄、矿产开发间接影响型村庄、传统农业型村庄（见图2—5）。

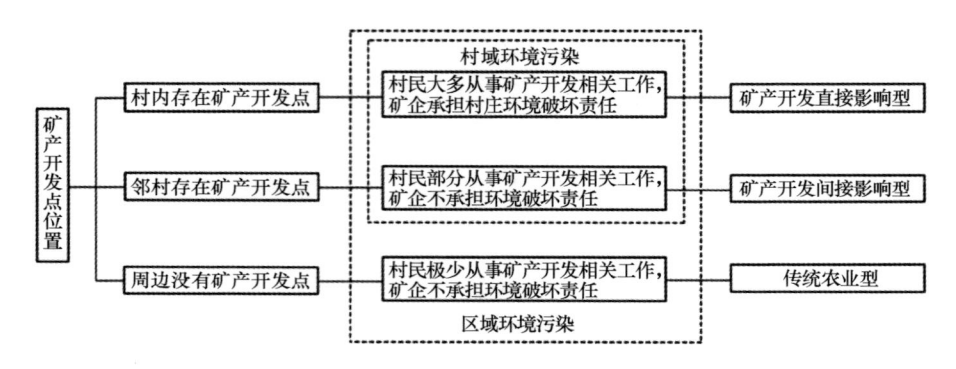

图2—5 矿区村庄分类

第一，矿产开发直接影响型村庄：村内有矿产开发点，多数村民生产、生活活动与矿产开发密切相关，村民作为矿区从业人员或相关行业从业人员直接或间接地参与矿产开发，其获得的矿产开发直接或间接收益相对较高，其受矿产开发负外部性的影响也较大。

第二，矿产开发间接影响型村庄：村庄边界或邻村有矿产开发点，村民以兼业或务农为主，只有少数村民参与矿产开发相关工作。这类村庄的村民从矿产开发中获益较少，也未能获得污染费、征地费等开矿补偿，受采矿权与土地所有权冲突的影响以及维权较为困难等多因素的影响，此类村庄也承受了矿产开发中诸多的负外部性，矿企矛盾在此类地区更易激化。

第三，传统农业型村庄：此类村庄周边区域无矿产开发点，村民多外出务工或从事传统种植、养殖业。但身处矿产开发区范围内，受到物价上涨、水污染、空气污染等负面影响在所难免。

3. 依据自然人文资源禀赋分类

村庄自然人文资源禀赋是指在其发展过程中可以利用的各种自然人文资源优势的总和，通常表现为农村发展可以利用的自然资源、历史人文资源等。受矿产开发经济效益递减的影响，矿产开发直接影响型村庄的经济极易随矿产资源的枯竭而衰退，对此类村庄而言，及时挖掘村内自然人文资源禀赋，适时开展村庄产业转型是解决矿区村庄可持续发展窘境的有效方式。按村庄自然人文资源禀赋类型，可以将矿区村庄划分为：文化旅游型村庄、特色农业型村庄、资源匮乏型村庄。

第一，文化旅游型村庄：村内有一定的历史文化资源，如民俗、民艺、历史、名人等，或拥有特色乡村聚落空间资源如独特的建筑形体、街巷肌理、院落构成等。这类村庄发展乡村旅游的可塑性较强，是矿区乡村中具有 SARD 核心竞争力的村庄类型。

第二，特色农业型村庄：村内光热水气土等自然条件独特，拥有一定数量可供耕作的土地，具有发展特色种养业、生态产业等的优势，是矿区乡村中具有 SARD 潜在竞争力的村庄类型。

第三，资源匮乏型村庄：村内除矿产资源外，无其他特色资源，这类村庄若不因地制宜发展新的产业，就会在自组织的状态下渐趋衰败，是矿区乡村中 SARD 后继乏力的村庄类型和资源型城市乡村地区 SARD 的典型问题区域。

（四）矿区乡村发展阶段

矿区乡村因为拥有矿产开发这一特殊驱动力，所以其演进过程也因此有别于传统农村[167]。矿产资源作为不可再生资源，其开采活动必定会面临资源枯竭的问题，对于单方面依赖矿产开发发展的村庄而言，村庄发展必定伴随矿产开发依次经历成长、兴盛、衰败、复兴的过程。那么矿产开发是从哪些方面影响农村发展，其阶段性特征如何？在各阶段矿产开发又是如何影响村民空间行为的？本节依据现有研究成果及调研资料，将矿区乡村的发展划分为四个阶段：自然发展阶段、单一化经营阶段、多方并存阶段、规范化经营阶段。由于资源型城市矿产资源储量差异较大、部分城市低储量矿区乡村仅能经历部分阶段。因此，本章所述发展阶段特征仅适用于储量较大的矿区，如表2—1所示。

表2—1　　　　　　　矿区乡村发展阶段及其特征

矿区乡村发展阶段	采矿业经营主体	村庄发展特征	村庄生态环境特征
自然发展阶段	村集体或少数村民为主	采矿收益一般，村民以纯农型生计为主，村庄发展同传统农业型村庄无明显差异	小规模人工开采对生态环境的影响较小
单一化经营阶段	国营矿山企业为主	采矿业开始影响村庄发展。矿产开发占用村庄土地，矿企外地招工行为导致鲜有村民进入矿厂务工，农户生计仍以纯农型生计为主。矿产开发对村庄经济社会发展的影响较小	生态破坏、环境污染在采矿点周边呈点状分布，面状生态破坏和环境污染尚不显著
多方并存阶段	国营矿山企业、乡镇矿、私营矿、小规模矿等多种权属采矿并存	矿产开发深刻地改变了乡村发展轨迹。多数采矿核心区的村民从事采矿相关行业，农业生产逐渐衰退，村庄由传统型农业村庄转变为典型的矿区村庄。农户生计以兼业型为主	随着采矿点的增加，环境破坏与污染由点状、条带状扩散至面状，区域水土气污染问题逐渐加剧
规范化经营阶段	以大型矿山企业为主	规模化矿产开发导致矿产开发从业农户锐减，矿产开发负外部性的累计对地方农业生产条件的破坏较大，替代生计的缺失和农业衰退导致多数矿区乡村陷入不可持续的困境。农户生计以外出务工型非农生计为主	虽然矿产开发的规范化迫使矿山企业正视其所造成的环境污染问题，但该阶段矿产开发带来的环境污染依然存在并有加剧趋势，矿区乡村生态环境问题并未因环境污染防治资金注入而彻底改善

1. 自然发展阶段（1949—1952年）

社会主义三大改造完成前，该地区同国内大部分农村地区一样，早期的矿区乡村鲜有规模化矿产开发，村民主要从事自给自足的小农经济，仅有极少数露天矿产被发现，以村民或村集体的人工采掘为主。开采所得多以自用为主，矿产资源开发尚未成为影响乡村发展轨迹的重要变量。

2. 单一化经营阶段（1953—1991年）

三大改造完成后，由于矿产资源开发在国民经济发展中占据着重要地位，我国社会主义工业化进入大建设、大发展阶段，矿产需求量迅速攀升。随着矿山资源的大规模勘探、开发，大量国营矿山企业成立，矿产资源开发逐渐成为改变乡村发展轨迹的重要驱动力。该阶段矿区乡村发展的主要外界扰动为国营矿山企业的开发活动对村庄原有格局的冲击。具体表现为：矿产开发点占用了村内大量土地资源，却没有对村庄给予适当补偿；国营矿山企业发展更倾向于企业办社会型的封闭型发展模式，矿企多在外地招工，对当地的就业拉动力极低；少数原有的村民或村集体的矿产开发活动因矿产所有权的转移而停止；国营矿山企业粗放式矿产开发对乡村产生了一定程度的环境污染。虽然这一阶段已经出现矿产开发利益分配不均的现象，但是，由于利益方为国营矿山企业，村庄本着为国家建设做贡献的理念，地方政府—矿企—农户矛盾尚未完全激化。加之，当时矿产开发技术相对落后，矿企开采规模较小，对当地生态环境影响尚不显著。整体来看，这一阶段仅为矿产开发的起始阶段，村民仍以纯农型生计为主，矿产开发的负外部性尚未完全显现，村民生产生活活动受矿产资源开发的影响程度也相对较低。

3. 多方并存阶段（1992—2004年）

自1992年确立建立社会主义市场经济体制目标以来，国家经济体制由社会主义计划经济体制转为社会主义市场经济体制，中国矿业发展也进入了社会主义市场经济体制的轨道。该经济体制下，矿业经济所有制结构由计划经济时期单一的公有制为主，转变为全民、集体、股份、民营、个体、中外合资、外资等多种所有制成分并存与共同发展的新格局[168]。

彼时市场准入机制的放开降低了小规模矿产开发的门槛，国营矿、乡镇矿、私营矿、小规模矿等多种权属一拥而上，矿区乡村矿产开发规模不断扩大。快速的矿产开发对矿区乡村村民思想的影响逐渐明显,矿区乡村内是否紧抓矿业开发机遇,成为当时村庄能人和普通村民共同思考的问题。这时矿产开发的低门槛促使村内部分能人借助寻租效应利用自身社会关系,采取各种方式集资购买设备参与矿产开发,成为最早的一批私人矿主。普通村民或通过进入采矿企业务工的形式直接参与矿产开发,或通过出租房屋、开办餐馆等形式间接参与矿产开发。大规模粗放式矿产开发在带来显著经济效益的同时,受环境监管制度不完善以及治理成本高等因素的影响,粗放式资源开发对矿区乡村生态环境的负外部性日趋明显。具体表现为:矿企污水不经处理直接排放,污染当地地表水资源;地下采矿工程对矿区乡村地下水流系统产生影响,直接导致地下水位下降、土地塌陷等地质灾害;露天矿产开发占用大量耕地,开采废料、扬尘等直接污染周边土地;重金属元素扩散至周边区域,通过富集于农作物、家禽等途径间接到达人体引发各类疾病。加之受采矿收益分配不均、本地农户参照依赖下维权意识增强等多重因素的影响,地方政府—矿企—农户三方矛盾逐渐加剧。相较单一化经营阶段,该期村民普遍能够从矿产开发中获益,大量本地就业岗位的出现和非农收入比较收益高的挤出效应导致矿区乡村劳动力大量转移至第二、第三产业,外出务工村民纷纷返乡参与矿业开发及相关工作,"离土不离乡、进厂不进城"成为这一时期的真实写照。但是,由于此时村内生产资料掌握在少数人手中,村内贫富差距急剧拉大,在村民共同受益的核心型矿区村庄此类矛盾尚不明显,但在仅有部分村民参与矿产开发的外围型矿区村庄中则极为明显。

4. 规范化经营阶段(2005 年至今)

唯 GDP 论影响下,多方并存阶段的矿产开发呈现明显"多、散、小"的局势[169]。粗放式矿产开发下矿产开发布局不合理、产业集中度低等问题开始凸显,矿产资源开发利用率低,环境污染、安全事故等问题频发,矿产资源可持续发展与生态环境保护问题日益紧迫。2005 年国务院发布《国务院关于全面整顿和规范矿产资源开发秩序的通知》,推动国内矿产开发进入集约化、规模化时代,大量不符合最低开发标准的小规模矿企被勒令关停并转。受较高准入门槛的阻隔,该时期矿区乡村矿产开发热潮受到一定程度遏制,仅有少数开采量较大且已完成资本积累的大型矿山企业继续从事矿产开发。此时，矿产开发带来的经济效益已无法抵消其之前"有水快流"开发模式下造成并逐渐放大的社会、生态环境问题，加之农户维权意识和环保意识的增强，矿区乡村多年来积累的"地方政府—矿企—农户"矛盾特别是"矿企—农户"矛盾不断激化。

（五）矿区乡村主要矛盾

如前文所述，随着矿产开发规模的进一步扩大，以及资源开发负外部性效应累积性爆发引致的土地塌陷、农田废弃、生态环境破坏等生态环境问题的加剧，使矿区乡村地区"地方政府—矿企—农户"矛盾不断激化。矿乡矛盾主要表现形式包括：矿企—地方政府冲突、矿企—农户冲突、矿企—地方政府—农户冲突等。

第一，矿企—地方政府冲突的诱因在于双方发展目标的非一致性，前者以利润最大化为目标，后者以地方经济社会生态协调发展为目标，由此导致矿企特别是"国家剥夺链条"下中央矿企上缴利税的非本地性、极低资源开发补偿费率等行为与当地政府地方保护主义情节之间的冲突，即资源开发效益归国家和上级政府所有，生态破坏、环境污染则由地方政府和本地农户埋单。

第二，矿企—农户冲突的主要诱因在于双方就土地使用权行使、利益分配、资源开发负外部性承担等方面的矛盾。矿区乡村土地的地上使用权由农户行使、地下资源开采则由矿企行使，矿企利己主义导向下立体型资源开发模式引发的负外部性则由农户承担，而农户由此获得补偿极低且不足以弥补其所承担负外部性的经济价值，由此导致矿企—农户冲突不断，煤炭型村庄尤甚。

第三，矿企—地方政府—农户冲突的主要诱因在于三方就资源开发补偿标准，政企职责不明确，以及矿区乡村生态环境治理责任承担者的非一致性。本地农户和地方政府认为资源开发补偿标准应随着资源价值提升及其开发过程中造成的负外部性问题的加剧而等比例增加，矿企则认为已按国定标准补偿，不愿再提高补偿标准；矿区乡村生态环境治理责任承担方面，本地农户认为应该由矿企和地方政府共同承担，矿企认为缴纳资源开发补偿费后此类责任应由地方政府承担，而地方政府因财力有限和治理难度过大等原因只能进行有限的生态环境修复和整治。

上述矛盾冲突中,"矿企—农户"的冲突最为突出,其主要表现形式:首先,因大型矿企采矿技术水平高,其对矿区村庄的用工需求较少,加之小型民营矿企以及以矿企采矿废弃物为原料的乡村企业经营成本增加下因关停释放的劳动力不断增加,矿区乡村直接参与矿产开发的人数锐减,大量乡村矿业工人失业。在这种情况下,受"靠山吃山靠水吃水"传统观念的影响,村民开始抵触大型矿企资源开发,导致矿企—农户矛盾突出。部分资源型城市甚至出现村民封堵矿企以及村民与矿企之间的武力冲突[170],县—镇两级政府作为矿产开发引发生态环境问题的直接处理者与矿产资源之争的协调者,为维护地方中小企业利益,甚至默许村民封堵国营矿企。此类矿乡冲突事件最终多以矿企增加搬迁安置费用或增加塌陷补偿而告终,笔者在神府煤田矿区乡村调研时,曾数次目睹村民封堵国营矿企的事件。其次,由于地下采矿权与地上土地使用权的分离,导致矿产资源开发过程中矿企与地方、村民利益分配不均,继而引发"矿企—农户"争端。由于现行体制下资源产业开发生态环境补偿费率较低,大型矿企皆为国营企业,矿产资源地税收偏离导致其资源税并不在属地征收。此时若矿企以工补农或矿村互助力度不足,而村民因采矿塌陷、地裂缝等地质灾害导致生产生活无法维系,或因搬迁进城缺乏务工技能导致生活困难时,常常会聚众增讨补偿,从而引发矿乡冲突。

可见,国家、矿山企业、发达地区、地方政府、本地农户等多利益攸关各自目标的非一致性、国营矿企为主的粗放式资源开发模式、村民参照依赖下维权意识和环保意识的增强、不同权属矿企差异化的企农关系处理方式,以及地下资源与地上土地使用权的分离引发的利益分配不均和生态环境修复整治责任承担的争执是导致"矿企—农户"冲突的主要诱因。

四 乡村空间

乡村空间是城乡融合发展的基础,也是承载乡村地区生态、农业生产乃至农民生活的空间地域系统,即乡村地域系统。因学科背景以及研究需要的不同,国内外学者对乡村空间的认知和划分不尽相同。

如：按照物质层面、非物质层面将乡村空间划分为物质空间、社会空间、文化空间；按研究尺度将乡村空间划分为宏观层面、中观层面、微观层面三类空间；按主导功能视角将乡村空间划分为生产空间、生活空间和生态空间（"三生空间"，随后还可以根据空间功能进行细分）。

本书基于农业与农村可持续发展视角探究资源型城市 SARD，故仍基于乡村空间主导功能视角将乡村划分为生产空间、生活空间和生态空间三类。即乡村"三生空间"的划分取决于乡村地域系统内农户的经济活动、社会行为、环境保护等功能的主导性，其中的乡村生产空间是提供农产品及农业相关服务的场所，包括村内耕地、林地、草地和工矿企业用地，其产业配置应与本地生态功能相协调；乡村生活空间是满足居民生活需求的聚落空间，包括选址布局、街巷空间、公共建筑与居住建筑等物质形态；乡村生态空间则是乡村地域系统中以提供生态服务和生态产品为主要功能的场所，代指地形地貌、山川水系、植被构成等，是决定乡村资源禀赋与风貌特征的内在基因。乡村"三生空间"界限并不截然分明，且其功能互相渗透。乡村生态空间为生产生活实践提供基底，亦提供部分生态产品，宜居的生态空间是乡村生活空间的基础；乡村生产空间是推动乡村生活方式变迁和聚落形态演替的动力来源，也承担了一定的生态服务功能；乡村生活空间为乡村地域系统村民提供居住、就业、交往、消费以及休闲空间，随着乡村经济社会的发展，乡村社会空间主体渐趋多元化、生活空间趋于异质化。总体来看，乡村三生功能间相互制约、互促共进的协调关系是乡村空间演进的重要推力（见图 2—6），若过度追求某一类功能则有可能引致其他功能的衰退。在保护村庄生态环境质量的前提下，因地制宜提高村庄"生产"空间产出效率和"生活"空间品质是当下资源型城市 SARD 研究中面临的难点和重点问题。1993 年欧洲理事会农业文件中提到的多功能农业概念不仅拓宽了土地利用性质综合化的应用领域，还直接引发了学者们对乡村地区"三生空间"与功能的相关研究[171]。

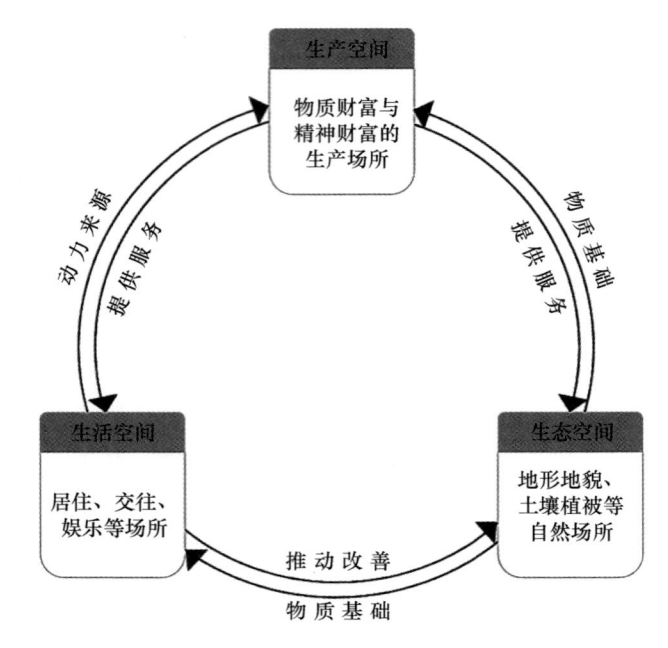

图 2—6　乡村地区"三生空间"耦合关系示意

第二节　主要理论

一　可持续发展理论

20 世纪 60 年代以来，美国现代工业快速发展下的环境问题日益凸显，《寂静的春天》一书的出版引发了当时的环保思潮及与之相伴的环保运动，人们自此开始密切关注人类经济社会发展与生态环境之间的关系；20 世纪 70 年代，联合国人类环境会议指出，人类需注重自身行为对环境的作用，指出了保护和改善环境的重要意义；20 世纪 80 年代，世界环境与发展委员会（World Commission on Environment and Development，简称 WCED）在《我们共同的未来》中阐述了可持续发展（或称永续发展）的概念，强调了公平性、持续性、共同性三个原则和既要发展又要有限度的两个发展要点[172]，公平性原则强调当代人内部和代际间的公平，持续性原则注重保护自然支撑系统，共同性原则要求全人类共同采取行动以支撑可持续发展作的总体目标；20 世纪 90 年代，联合国环境与发展会议（United Nations Conference on Environment and Development，简称

UNCED）通过了《地球宪章》《21世纪议程》，前者进一步丰富了可持续发展理念中的公平性原则、协调性原则、质量原则、发展原则，后者则阐述了可持续发展的40个领域、120个实施项目，这两项文件成为可持续发展由理论转向实践的重要节点[173]。20世纪90年代初，国务院发布的《中国21世纪议程》提出了人口、资源、环境、经济、社会协调的战略规划，随后制定的环境保护、耕地保护等响应措施开启了可持续发展理论的中国化进程。

综合以上可持续发展要求可知，可持续发展强调人与自然和谐共生，要求正确处理区域经济社会发展过程中的"内部响应"与"外部响应"[173]，即于内要处理好区域人地关系地域系统内人类行动主体间的关系，主张各行动主体间需协调发展；于外要正确处理好"人与自然"的关系，强调发展方式要促成人与自然和谐共处。可见，可持续发展是由内而外，全面、协调的发展，要求适当规制人类不合理行动，促成人与自然和谐共生。

二 多功能农业与多功能乡村理论

（一）多功能农业理论

MFA（多功能农业）概念最早于1993年出现在欧洲理事会农业文件中[174]，与其相近的概念有1988年欧共体委员会文件中提出的农业多元价值性，认为除经济发展功能外，农业还兼具乡村社会发展和环境管理方面的功能；于1992年联合国环发大会通过的《21世纪议程》中提出的农业多功能性，强调农业的多功能在于粮食安全和可持续发展。按照联合国经济合作与发展组织（Organization for Economic Co-operation and Development，简称OECD）、联合国粮农组织（Food and Agriculture Organization of the United Nations，简称FAO）、欧盟、世界银行等机构以及学者对农业多功能性概念的界定，可将农业多功能性理解为：农业可以产生多元化、相互联系的正向或负向的、协调或不协调的、可以市场化或者无法市场化的结果或效应[175-177]。随着政学两界对农业多功能性的关注，学者们提出了农业多功能理论，该理论认为农业除了具备提供农产品的经济功能外，还兼备生态功能、社会功能和文化功能等[178]。因农业受自然环境条件影响的最为明显，由此决定了多功能农业具有明显的空间异质性[179]，以及受地方社会经济条件和自然条件综合作用下的非线性波动等的特点[180]，其生产空间可以涵盖农场—区域—全球的多空间尺度[178]。另外，农业多功能性还有程度强弱之分，有机农业、生态农业、休闲农业等的农业多功能性较强，而化学农业等的农业多功能性极弱。此外，多功能农业的空间研究表明，其还具有地域性、动态性和集合性等特性[178,180-181]。因此，需将农业视作区域发展的主要动力，注重挖掘地方内生资源价值、延伸农业产业链条，因地制宜发展多功能农业并逐渐缩减不同区域乡村经济社会发展差异。2007年"中央一号文件"首次提出，国内农业发展应开发农业的多功能性，即要注重开发农业除农产品供给以外的生态保护、休闲观光、增收稳定、文化传承等多元化功能，并提出基于多功能农业理念建设"田园综合体"。

（二）多功能乡村理论

随着 MFA 概念的提出、研究的深化以及其实践的推进，乡村作为农业生产的主要承载空间、农民的主要生活空间以及区域生态空间的重要组成部分，多功能乡村及多功能乡村理论研究随之兴起。多功能乡村是指乡村地域除了传统的农业生产功能外，还具有非农产业发展、社会稳定、生态保育、文化传承等多元功能。具体来看，基于区域人地关系视角可将乡村功能划分为四类：其一，乡村生产空间可以为城乡发展提供各类资源品，即经济发展功能；其二，乡村生态空间是城乡主要自然景观和自然资源的汇集地，具有容纳和消解城乡生产、生活的污染物的功能，即生态保育功能；其三，乡村生活空间具有保障农民生活、维持乡村社会稳定的功能，即就业保障和社会稳定功能；其四，乡村还具有维护乡村风貌、保留和传承历史文化遗产的功能，即文化传承和保护功能。此外，乡村"三生空间"还可以为城乡居民提供休闲、娱乐、消费、教育等。可见，乡村和农业一样具有多功能性，也具有一般公共物品的特征，即低排他性和高竞有性[182-183]。随后，学者们据此提出了多功能乡村转型理论，认为随着社会经济的发展，人类对乡村地区经济发展、生态保护、社会稳定、消费等多元需求成为乡村地区功能演变和空间异质性增强的主要驱动力[57]，乡村通过发挥其自身属性与其他系统互动而产生有益性的综合功能。和多功能农业一样，多功能乡村空间分布上具有明显的区域性、时间分布上的动态演化性[181]。

综上可知，农业多功能理论和乡村多功能理论皆主张因地制宜发挥农业和乡村的多重功能，以促成农业与农村可持续发展。受经济社会发展水平的制约，不同国家和地区发展多功能农业和多功能乡村的侧重点不尽相同。比较来看，发展中国家更注重应对贫困、粮食安全和公平问题，而发达国家则注重农业与农村的可持续发展[184-185]问题。由此可见，多功能农业、多功能农村与 SARD 发展理念、发展目标完全一致，都能促成"三农"富强美、"三生空间"融合统一，也契合中共十九大报告提出的乡村振兴战略的发展主旨。

三 新内源式发展理论

第二次世界大战以来，外源式发展模式占据各国经济社会发展的主导地位，其以新古典经济增长理论为基础，强调借助政府、企业等外生力量的干涉，提升农业生产的规模效益与集聚效益，实现农业生产的现代化。外源式发展理论主张乡村地区为城市发展提供必要的生产生活资料与游憩空间，城市从乡村攫取发展能量并不断壮大，而乡村发展则远离城市发展的经济、科技、文化等正向驱动力逐渐边缘化。该模式将乡村视为城市的附庸，扭曲了乡村地区生产、生活、生态的本真面貌，不利于实现城乡可持续发展。

随着资源环境危机突出、区域经济社会发展差距悬殊等外源式发展模式发展弊端的逐步显露，发挥乡村地域性自然资源、文化资源、人力资源优势的内源式发展模式开始兴起，该模式支持乡村社会主体参与决策，主张通过提高资源环境承载力、凸显人文特色以尊重乡村差异性，从而实现可持续发展。譬如法国基于国内农业立地条件开展了区域专业化、特色化生产，将其中部、西部、南部分别发展为提供粮食、甜菜等产品的大耕作地区、畜牧业区、园艺生产区。与此同时，学者们亦开始思考内源式发展的地区多样化发展路径，鹤见和子首次在《内生型发展理论》一书中提出了"内源式发展"理论，指出该理论包含目标一致与途径多样化两个层面的内容：目标一致是指创造出满足地球上所有人与集团基本需求、实现其充分发展的条件与环境；途径多样化则要求地方主体基于当地自然环境与文化传统，吸收外部的有益制度、技术等，以采取适宜的发展途径[186]。随后，联合国教科文组织在《1977—1982 年中期规划》中正式阐明了内源式发展的重要内涵[187]——尊重地方的文化特性及当地人民延续文化基因的权利,挖掘与串联地方资源禀赋条件以焕发其内在发展活力,并通过采取人与自然和谐共生、尊重地方文化、社会特性的多样化、地方化的发展路径,最终实现人类全面而自由的发展。可见,内源式发展隐含三项关键内涵——发展主体来自当地、发展资源取自当地、发展方式与当地环境相和谐。该理论产生之初即被运用于探讨国际关系问题,倡议发达国家应当尊重后进国家发展的自主性与多元化;随着全球化与地方化对区域经济发展影响的深化,内源发展模式被进一步拓展后运用于缓解区域失衡。此外,内源式发展理论也对外源性力量高度干预地区成长、打压地方特性等进行了深刻的批判,但该理论过于强调内生动力,排斥外力的引导性驱动作用,在时下全球化、信息化推动区域联系愈发紧密的发展背景下同样是有失偏颇的。

20 世纪 90 年代中后期以来,学者们发现单纯依靠内源性动力实现乡村复兴的愿望太过理想化,遂开始批判排斥外来资源与活力的发展观念,提倡内外源动力的辩证统一,并主张应充分发挥内外源动力耦合作用力在乡村复兴中的作用[188]。因此,为促进地方经济社会乃至生态环境良性发展,学者们呼吁破除"内源式发展"与"外源式发展"矛盾关系,坚持在尊重地方资源和以地方参与为主的前提下,以开放性的发展思路选择性地接受外源力量的扶持,在地方参与者一致认同的基础上构建以本土参与者为主、政府与其他社会组织等外来主体为辅的行动网络,形成了新内源式发展理论(New Endogenous Development Theory,以下简称NEDT)。NEDT 关注后进地区的振兴之路,乡村作为区域经济格局中的突出短板尤需重视。国内外既有研究表明,乡村实现新内源发展主要依赖于三个基本要素:资源、参与、认同。资源门类众多,按其用途分为用于生产资料、生活资料、生态资源,按其来源可分为内部资源与外部资源;参与意指在推进乡村治理过程中,本地农户享有充分表达自身需要的权益并成为关键实施主体,其意愿由代表大多数农户的基层组织代为表达,这一过程需有积极的参与意愿、良好的自身素养以及民主平等的制度环境等;认同即地方主体对发展全过程的认可,即地方农户应充分认同乡村建设者提出的发展目标、发展方式、发展成果。

综观欧美乡村发展模式可知,外源式发展模式中乡村发展动力来源于城市扩张，主要承担为城市工业发展与居民生活提供加工原料与食物的职能，其非经济特性（文化传统等）遭到毁灭性破坏，城市化进程逐渐促成了乡村的边缘化、农民的原子化、农业的内卷化；内源式发展始于可持续发展等理论，提倡关注并尊重广大乡村地区的独特个性，注重挖掘根植于乡村本地的自然环境、风土民情、历史遗产等各类物质与非物质资源，依赖本土参与者和自有资金的建设能力，但常囿于本地组织者能力不足、资金匮乏等问题难以实现理想化的内源式发展，且其并不认同外源力；新内源式发展则充分体现了"自上而下"与"自下而上"双结合式的发展优势，强调尊重农村、农业、农民与外界之间的良性互动，在强调一切发展应基于本土资源与地方运作的基础上，承认外源性力量在实现乡村发展中的作用（见表2—2）。新内源式发展模式通过建立代表当地人意志的基层组织，实现当地人参与、认同的健康而全面的发展，可最大程度地为乡村和农民增权赋能。此外，该理论主张充分发挥人类主体积极性，发动广泛的社会认同与参与，保护性传承并发展本地资源，其"自强内生＋广泛外联"式的发展方式既能"望得见山、看得见水"，也能"记得住乡愁"，更能让乡村真正成为农民的宜居之所。可见，欧美国家探索的多样化乡村发展模式研究及其应用领域的实践，对区域发展不均衡、资源条件各异的国内乡村振兴极具借鉴意义。

表2—2　外源式发展、内源式发展、新内源式发展理论的异同点

	外源式发展	内源式发展	新内源式发展
驱动力 发展路径 主要目标	城市发展壮大 集约化与规模化生产 农业现代化	本地资源禀赋 本地农业专业化发展 完善配套设施 实现有效治理	内外源动力交互作用 专业化、信息化、全球化 充分发掘地方发展潜能，发展方式被当地人认同
面临挑战	如何消除乡村差异性	如何保持乡村差异性	融入全球化，构建更有利的资源配置网络
关键主体	政府、企业等外生力量	基层组织、乡村精英、普通农户等内生力量	以内生力量为主，不排斥外生力量参与

续表

	外源式发展	内源式发展	新内源式发展
模式优劣势	资源配置效率高	群众基础牢固，保障农民自主权	充分吸收内外界力量的各自优势，实现地方多利益攸关方的协调发展
长远影响	可能不符合农户发展意愿，利益分配不均，群众基础薄弱 农村边缘化、农民原子化、农业内卷化	资源配置效率低，先天条件不足时发展缓慢 无法适应全球化、信息化的时代趋势	当地农户与地方公共机构以极具活力的方式协同开展乡村治理，城乡间科技流、信息流、资金流等形成良性互动

四 行动者网络理论

行动者网络理论（Actor-Network Theory，以下简称 ANT）又名"转译社会学"，是 20 世纪 80 年代中后期法国社会学家提出的一种科学实践的研究方法，其主张的广义对称性原则消解了传统理论方法中主客体之间、自然和社会二元对立的桎梏[189]。该理论分析步骤包括识别网络主体、分析转译过程、观察网络运作结果，其为解释科学知识与事物复杂联系构建起全新的方法。ANT 中包含人类行动者（actor）和非人类行动者（actant），行动者意味着其必须是能在组建的网络中有一定的行动（action），并由此产生一定的改变，否则就不能成为行动者。ANT 在解蔽各类活动过程中"非人类行动者"的存在，引导人们正确认识生产、生活过程中"人类行动者"和"非人类行动者"力量的影响力提供了宝贵的探索。ANT 中关键概念包括行动者与转译，其中行动者既包含人类主体，也平等地包括资金、资源、政策等非人类力量，非人类行动者的意愿经授权后可以由代理人代为表达，不同人类行动者的目标取向、实现路径皆具有异质性。转译过程是构建网络的关键环节，其主要流程包含问题呈现（problematisation）、利益赋予（interessment）、征召（enrollment）、动员（mobilisation）及异议（dissent）等[190]。问题呈现即提出各行动主体所面临的问题与关键应对措施，使各行动者的目标皆通过核心行动者的目标——强制通过点（Obligatory Point of Passage，以下简称 OPP），各主体间据此产生互动并组建联结网络；利益赋予是核心行动者基于一定的协定，向网络中各主体承诺特定利益，从而维持网络运作的手段；征召与动员是指各个行动者被指派承担与收益挂钩的责任；异议即各主体间存在的行动争议与利益背离，是瓦解行动者网络的潜在威胁因素，需要重点关注并全力化解（见图2—7）。从其本质来看，ANT 是内生式发展的基础理论，是内生式发展的概念化过程[191]。据此，可基于 NEDT-ANT 耦合视角深入剖析资源型城市 SARD 内外源动力，因地制宜地联动内外源行动主体，充分挖掘地方源禀赋优势特别是农业资源禀赋优势，充分发挥本地农户内生动力，以促成资源型城市 SARD。

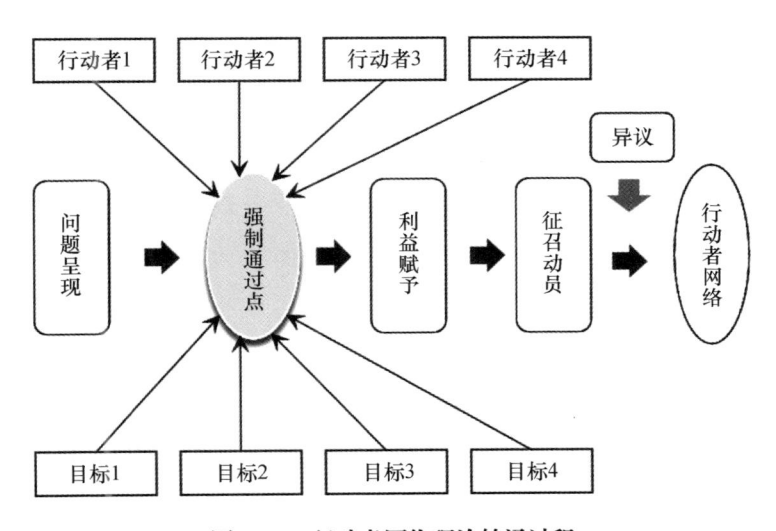

图2—7 行动者网络理论转译过程

自 Lowe 等人提出 ANT 可以作为理解当代农村发展的关键手段以来[192]，国内学者们先后借助其开展了乡村农业[193]、乡村旅游业提升[194]、乡村人居环境整治[195]等方面的研究。既有研究多采取实证分析，通过细致观察乡村行动者网络的构建与运行过程，验证乡村地区的产业开发、环境治理等领域措施的有效性，探寻其中的薄弱环节，并据此提出优化策略。此外，尽管 ANT 具有很强的分析能力，但其在行动主体选择方面尚存短板，既有研究中直接运用 ANT 开展实证研究的较多，反思其理论缺陷并进行一定改进的研究相对较少。故而解析乡村人地系统作用机制乃至提出促成资源型城市 SARD 协调机制仍需耦合行动者网络与新内源式发展理论，以求透彻分析乡村地域系统各发展主体及其相互作用关系。

第三章

资源型城市 SARD 特征和水平的综合分析

综观学界相关成果，学者们多关注环境学、生态学、经济学、地理学、农学、社会学、管理学等单学科视角，乃至环境经济学、农业生态学、生态经济学、社会生态学、农业经济学、经济地理学视角等跨学科领域的 SARD 问题，总体来看其研究主要从如下几方面展开：典型地区 SARD 评价及其影响因素评析[69,76,86,196-203]，如欧盟共同农业政策（CAP）与 SARD[49,86,204]、多功能农业（MFA）理论视角下的 SARD[51,58,67,74,205-206]、多国乡村发展基金等对 SARD 的影响[76,207-209]等，以及 SARD 动力机制[210-212]、SARD 协调机制[86,51,213]、SARD 模式[59,214-216]、SARD 制度创新研究[59,76,199,217]、SARD 与生态建设[218-219]、SARD 与乡村资源环境整治[220-222]、气候变化与 SARD 研究[54,185,223-224]、SARD 与贫困缓解[3,225-226]等。综上可知，学界 SARD 研究多基于 SAD 或 SRD 单视角，探究多学科视角下的农业或农村可持续发展问题，而我国资源型城市及其典型案例区乡村 SAD 与 SRD 跨学科融合研究仍需进一步补充和完善。据此，本章以我国资源型城市以及神府煤田典型矿区村庄为例，在辨析资源开发对所在乡村影响的基础上，测度了资源型城市以及典型案例区的 SARD 水平，并运用障碍度模型辨识了阻碍研究区 SARD 的主要障碍因子，以期为第四章 NEDT-ANT 耦合视角下资源型城市 SARD 协调机制和第五章资源型城市 SARD 制度创新提供参考。

第一节　我国资源型城市 SARD 特征的定性分析

一　资源型城市 SARD 的基本特征

受国际金融危机的影响，我国政府开始关注区域经济社会的可持续发展，党的十七大报告提出的"五个统筹"标志着中央层面开始关注农业农村可持续发展。然而受长期以来经济发展效率优先政策导向的影响，中央政府利用价格杠杆去压低原材料价格、提高工业制成品价格，导致我国资源型城市发展水平较低，资源开发活动的农村地区 SARD 发展水平更是滞后于全国其他地区。我国资源型城市多数位于长江以北地区，且其中近七成的资源型城市位于我国中西部地区，西部地区资源型城市的占比接近四成。从资源型城市内部来看，中西部地区特别是西部地区资源型城市的 SARD 水平与东部地区的差距更是日趋扩大。与非资源开发区的乡村相比，受资源开发特别是矿产资源开发负外部性的影响，我国资源型城市广大乡村地区存在乡村演变历程的异质化与突变性、乡村基础设施建设相对滞后、矿企社会责任（CSR）履责不到位、多数村庄面临生态环境问题突出且矿乡矛盾严重等特殊问题。

从"三生空间"表征来看，目前国内多数矿区乡村地区环境污染加剧、生态格局失衡；生产空间用地类型以农业生产用地、农村生活用地、工矿生产用地为主，矿业开发活动导致乡村土地利用的破碎化和水土污染加剧；生活空间以就业空间、居住空间、交往空间为主，受矿业开发活动的影响，未能及时开展矿山修复整治的矿区乡村不再成为城镇居民向往的休闲空间。

从"三农"问题特征来看，至少存在三大问题。第一，资源型城市城乡居民收入差距较大。以 2019 年为例，国内东中西三区城乡居民收入比依次为 1.97、1.7、1.84，而同期陕西省 6 个资源城市（延安市、铜川市、渭南市、咸阳市、宝鸡市、榆林市）的城乡居民收入比依次为：2.94、3.18、2.64、3.04、2.63、2.55，平均值为 2.83，山西 10 个资源型城市（大同市、朔州市、阳泉市、长治市、晋城市、忻州市、晋中市、临汾市、运城市、吕梁市）城乡收入比的均值为 2.6，山西大同市的竟高达3.01。第二，农村结构性失业问题较为突出，受资源开发的影响，矿区乡村人口外流严重，个别典型案例村尤为明显，村内剩余老弱人口素质偏低，无法适应现代农业发展对劳动力的需求。第三，绝大多数资源型城市乡村地区仍以小农经营为主，农业产值普遍偏低、农产品品质普遍不高、农业生产的市场竞争力偏弱。以2019年为例，全国一产产值比为27.69%，资源大省山西大同市的占比仅为4.72%、陕西榆林市的为10.56%。2019年度我国资源型城市部分农业农村社会经济统计数据详见附录1。

二 资源型城市资源开发效应分析

资源开发对资源型城市乡村的影响具有阶段性特征，因不同资源开发阶段资源开发区乡村受到的主要威胁不同，矿产开发对各类型村庄的影响以及村庄对其的抗逆性也有所不同。本节从资源开发特别是矿产开发对资源型城市的影响出发，基于"三农"视角（农民、农业、农村视角）归纳总结粗放式资源开发期及其过渡期资源型城市乡村发展面临的困境，分析粗放式资源开发对这些地区SARD的影响机理（见图3—1）。

（一）对农业的影响

农业生产需要持续投入资本、劳动力、土地等生产要素，在我国由于资源开采及相关行业缺乏完善的制度约束，其粗放式的发展模式对乡村自然环境造成了巨大破坏，致使劳动力流失、土地资源损毁、耕地撂荒等现象频频发生，从根本上制约了资源型城市农业的可持续发展。

1. 土地弃耕抛荒

从劳动力供给的角度来看，资源型城市乡村劳动力向资源开采及相关产业流入的倾向十分明显。农业的弱质性使其根本无法吸引劳动力回归，村庄耕地多由留守老人、留守妇女耕种，无暇顾及的耕地只能请短工代为耕种，高昂的人工成本和较低的农产品收益使得耕种成为一种"不经济"行为。基于成本考虑，在那些耕地质量差、分布较为分散的村庄内土地转租乃至直接抛荒屡见不鲜，农业的衰退在大部分资源型城市的乡村地区已成为客观事实。由于传统的小农经济在这些地区缺乏生存土壤，多数资源型城市的乡村地区给人的直观感受便是农业生产除却被少数困难户视为赖以生存的依靠外，其他有致富途径的农户早已将其看

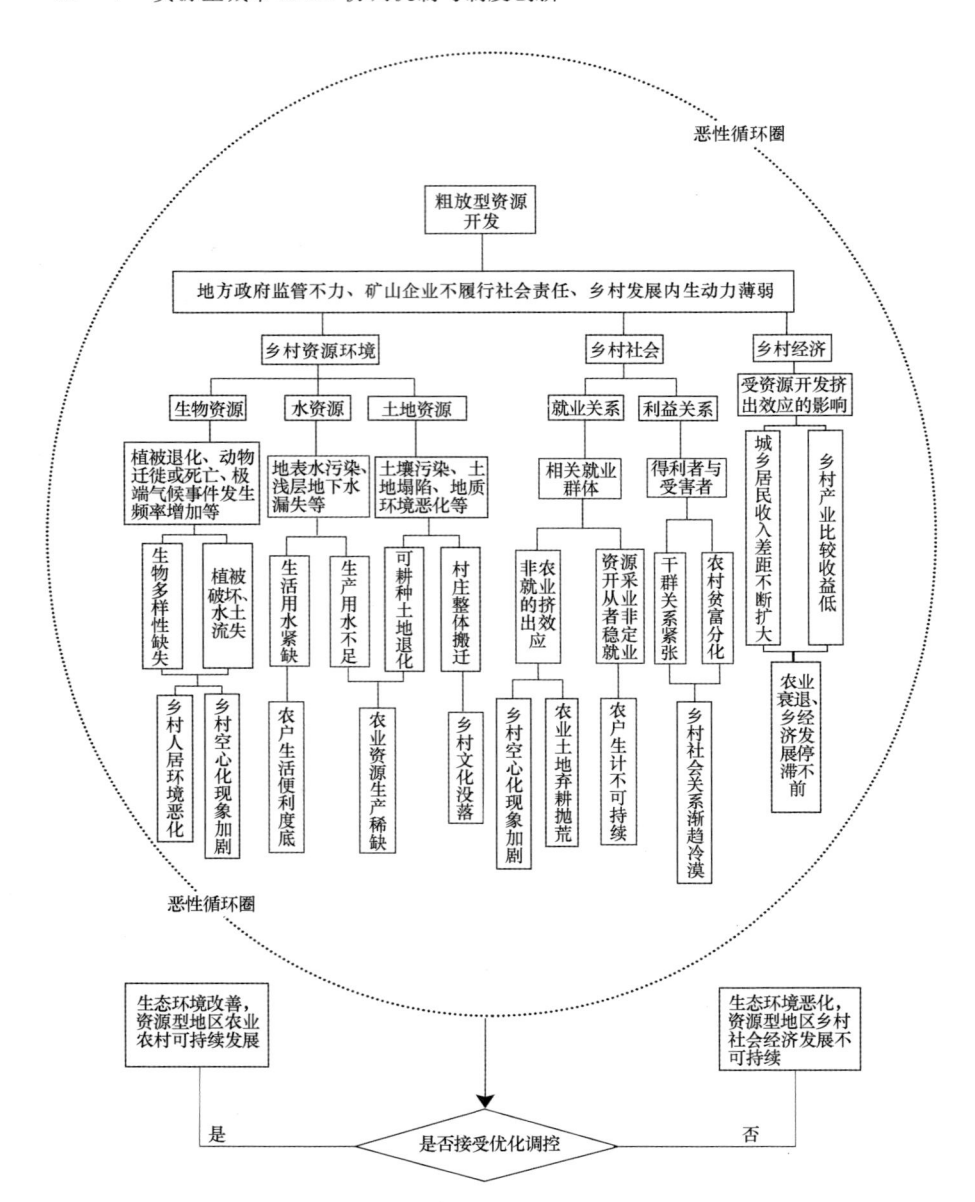

图3—1 粗放式资源开发对资源型城市SARD的影响机理

作日常额外收入的一部分，因此耕作已不再被视为一种责任和习惯。这种情感上的转变加速了农村土地流转，虽然有利于农村土地规模化经营，但这种良好局面也仅限于那些土地资源尚未受到资源开采破坏，且拥有大面积可用耕地的村庄。

然而,资源开采业及相关行业对于劳动力的吸引使得发展农业规模化经营也存在缺乏劳动力的问题,对于极少数愿意发展农业规模经营的农村精英而言,其雇佣的劳动力价格不得不抬升到与矿产开发收益相匹配的价位,用工成本过高降低了其农产品的市场竞争力,增加了规模经营的风险,也在一定程度上抑制了农业产业化进程。

2. 农业生产资源逐渐稀缺化

如前所述,部分资源型城市农业的整体衰败还没有根本好转,那些农业基础条件遭到严重破坏的村庄缺乏持续开展农业生产的能力,在自组织状态下其结局只能是村庄整体搬迁。因此,分析粗放式资源开发对农业生产资源的影响时,本书主要聚焦那些尚有农业生产潜力的乡村地区。以矿业开发为例,地表废弃建筑占用的土地和采空塌陷破坏的土地整治并不是矿产开发型村庄面临的首要问题,多数矿区乡村的困境主要是区域性污染,如工矿区生产排污导致的水污染、采矿场扬尘导致的空气污染、工业固体废弃堆积引发的土壤污染等[227]。这种区域性污染对农业生产资源的破坏极大,过境河流水体受污染后,通过渗入土壤或下渗的形式污染河流两侧耕地及浅层地下水;采矿场扬尘携带的金属元素覆盖地表后引起土质的退化,轻则降低作物产量,重则导致作物绝收;工业废弃物堆积会直接污染土壤。受此影响,可供耕种的土地与无污染水源成为资源型城市乡村地区的稀缺资源。

(二) 对农村的影响

随着资源开发的推进,部分资源型城市特别是矿业城市乡村社会空间的"空心化"问题日益加深,造成了村民社会关系冷漠、乡村社会凝聚力不足、缺乏社区归属感等一系列问题,继而影响到这些地区农业与农村的可持续发展。因此,资源型城市 SARD 研究亦需关注其乡村地区的社会、文化问题。一般而言,这些地区社会空间演变中主要存在如下三个问题。

1. 乡村社会关系渐趋冷漠

淳朴和谐的邻里关系是传统农村文化的命脉,但资源型城市乡村地区巨大的贫富差距常常致使乡情弱化、邻里关系日益冷漠,乡村文化趋于空洞化。资源产业特别是矿业开发的高收益吸引了大量渴望致富的农村精英，这部分人群拥有的社会资本和金融资本能有效地利用当地森林、矿产资源优势，加之合理产权制度缺失导致的低准入门槛使得整个资源开发区内私营小企业、小矿层出不穷。此外，在寻租效应下迅速致富的部分精英挤占了村庄整体资源，他们不仅没有给予村民适当的补偿，反而将资源开发带来的负外部性转嫁给了村民。资源型城市乡村地区的村民由此分为了利益既得者与利益受损者，同一村庄内认为，资源开发百害无一利和百利无一害的看法同时存在。由利益分配不均引发的村民群体间的相互对抗破坏了村庄原本和睦的邻里关系，利益受损的村民由于缺乏社会资本、金融资本无法做出有效抗争，往往会采取暴力或其他激烈方式抗争，这在一定程度上影响了乡村社会的稳定。

我国当前村民自治体系中，由于村民参与度低和法律法规不够健全等因素，直接导致村干部权力过于集中且缺乏相应监督制约机制，具体表现为村干部的行为活动多受自身道德约束，一旦腐败则成为欺压普通村民的主要参与者。此外，"近水楼台先得月"导致资源型地区乡村内部存在不同程度的腐败问题，资源开发的高收益促使部分农村精英为了方便获利选择给予村干部一部分利益，代价便是村干部要在关键时刻压制村民的反抗行为。这也直接导致村民同村干部间产生罅隙，基层治理的不作为、乱作为被认为是同利益既得者同流合污。在部分村民采取的检举报告、上访等维权手法被村干部打压的同时，其他村民也被要求按照既定说法回复暗访官员的访谈。从外来者视角下看，作为利益既得方的那些村民对外来者较为警觉，迫切想知道外来者来村的目的，对于访谈请求多选择拒绝回答或消极对待。利益受损方村民则显得相对平和，保留了传统农村质朴的民风，但对于敏感性问题回答不真实，仅有部分村民选择认真回答。因此，资源开发特别是矿产资源的开发不仅导致村民贫富差距加剧[228]，也渐渐侵蚀着农村特有的淳朴文化。

2. 乡村文化割裂与异化

粗放式资源开发引发的各类问题不仅导致资源型城市乡村地区社会关系日益冷漠，而且割裂了村民原有的文化传承，千百年来传承至今的农耕文化哺育下的乡村社会稳态结构被打破。资源型产业的发展需要占用大量的土地，产出废弃矿井、旧厂房等建筑用地，资源开采引发的采空塌陷区土地荒废、土地裂缝等还会对当地土地资源造成破坏性影响。

对矿产开发型村庄和矿产开发影响型村庄来说,周边人居环境的恶化尤为明显,由于地表沉陷引发的房屋破裂和耕地损失,此类村庄常常被整体搬迁。村庄搬迁虽然能有效改善居住环境,转变村民既有的生产生活方式,但也进一步割裂了村民与土地、村民与村庄间的联系,搬迁村庄村民的被迫非农化使其不得不选择以外出务工作为生计方式,常年远离村庄生活和脱离农业生产分离了村民同村庄间的依赖关系,最终导致村民群体分化及其与村庄间文化的割裂。

3. 乡村"空心化"现象加剧

受我国之前及当前乡村地区宅基地管理、耕地保护监管不到位,资源开发的推进,以及由之加剧的城镇化、工业化、乡村社会家庭小型化和村庄人口增加的影响,富裕起来的村民多沿村外干道无序建房,村内旧宅逐渐空置乃至废弃,导致乡村地区的"空心化"现象逐渐加剧。此类现象在资源型城市,如:山西大同、忻州,陕西榆林、延安等矿业城市尤为明显,这些空心村村庄中心的土地利用强度常常和其外围宅基地的土地利用强度呈显著的二元异质结构[229],而且平时村庄内多数新宅闲置率也较高。可见,乡村"空心化"的出现是乡村土地管理存在漏洞,资源开发、城镇化、工业化等外部原因,以及村民提升旧宅基地房屋功能、布局、面积等主观意愿的强化和可支配收入的日益增加等内在原因综合作用的结果。

(三)对农民的影响

农民是资源型城市地区乡村振兴的核心主体,粗放式资源开发对农民的影响是多方面的,农民问题的处理是关乎资源型城市SARD的首要任务。

1. 农户生计不可持续

资源开发对资源型城市的乡村地区特别是矿区乡村农民就业结构的变化有着深刻的影响,兴起的采矿业和采矿点周边服务业会吸纳一定数量的农村劳动力,导致村内主要劳动力的临时非农化。农业边际经济效益的低下与矿产开发相关岗位的高收入瓦解了以往"半工半农"型就业结构,在周边矿企务工不仅能得到适中的收入,而且不用离开家乡,受安土重迁传统观念的影响,村内劳动力多选择全年在采矿相关部门工作。"进厂不进城、离土不离乡"是矿区农民就业模式的真实写照,从短期来看，这种模式快速增加了农民的收入水平，并在一定程度上解决了贫困农户的生计问题。区别于其他行业，采矿业的发展具有一定的不稳定性，国家调控政策、经济发展态势等因素都会影响该行业吸纳劳动力的能力，其就业的不稳定性使得采矿业无法成为农民彻底非农化的平台，单一化的矿区就业岗位具有较强的脆弱性。另外，农村劳动力在务工过程中也存在去技术化的问题，长期脱离农业生产使得矿区乡村劳动力农业技能缺乏，从心理上无法接受务农的低效益。长期来看，粗放式的资源开发并没有从实质上解决矿区乡村农民就业的非农化，反而加剧了其生计的不可持续性。

2. 农户正常生产生活用水困难

粗放式的资源开发本质上是对地方地质环境长期性、大范围的外力破坏，原来稳定地质构造的改变很可能引发一系列的地质灾害问题，如山体滑坡、地面沉降、地裂缝、地表水污染、浅层地下水漏失、水土流失[227]等问题。资源开发对所在区域及周边区域村民生产生活造成的消极影响中，村民感受最深刻的就是水资源污染与短缺以及土地资源破坏问题。

矿区乡村生产生活用水，依水源可分为地表水和地下水。地表水包括过境江河和境内的湖泊，地下水包括浅层地下水、深层地下水和山涧泉水，除此之外，干旱地区水窖水亦可作为农村用水来源。资源型城市的部分乡村地区是矿产资源的原材料供应地，受集聚经济影响，其周边区域成为发展原材料指向型工业的良好场所，诸多工业部门的高度集聚不可避免地污染了周边村庄的地表、地下水资源，加之城市供水厂的输水管道无法覆盖整个城乡区域，导致多数矿区乡村仅能使用地下水作为其生产生活用水。与此同时，高强度矿产开发活动改变了当地地质结构，浅层地下水漏失在采矿区屡见不鲜，地表水与浅层地下水资源的双重缺失严重影响了矿区乡村村民的日常生活。诸多面临双重缺水问题的矿区村庄只能采取打深井的方式集中供水，有的村庄甚至每天两个小时限时供水，在这种情况下村民的生活用水尚不能满足，更不用说用水量巨大的生产用水了。

第二节　全国资源型城市 SARD 水平的动态评价

一　研究对象概况

书中选取国务院发布的《全国资源型城市可持续发展规划（2013—2020）》中地级资源型城市作为研究对象。这些资源型城市共计 125 个（莱芜市于 2019 年并入济南市）分布范围涉及东北 3 省、东部 6 省、中部 6 省以及西部 8 省区。因贵州黔南布依族苗族自治州、贵州黔西南布依族苗族自治州、青海海西蒙古族藏族自治州、新疆克拉玛依市、新疆巴音郭楞蒙古自治州、新疆阿勒泰地区 6 个地级市农村收入、水土流失治理面积等数据缺失严重，故书中选取 119 个资源型城市作为研究对象。

从自然特征来看，我国资源型城市自北向南地跨近 52 个纬度、从东到西横越近 32 个经度，南北气候差异较大，地跨亚热带季风气候带、温带季风气候带、温带大陆性气候带、高山高原气候带等四个气候带，包含山区、丘陵、平原等多种地貌类型；按照《全国重要生态系统保护和修复重大工程总体规划（2021—2035 年）》，多数资源型城市位于全国重要生态系统保护和修复重大工程范围内，生态环境总体较为脆弱。从水系特征来看，我国资源型城市皆属太平洋水系，自北而南依次包含了松花江水系、辽河水系、海河水系等七大水系。从人均水资源占有量来看（由于国内资源型城市数量众多、分布范围广泛，城际自然、人文资源数量差异较大，故在计算平均值时，统一采用中位数表征资源型城市人均资源占有量，其他指标全部选用平均值计算），2019 年全国人均水资源量为 2077.7 立方米，同期资源型城市人均水资源量为 878.7 立方米，远低于国际公认的用水紧张警戒线 1700 立方米/人。从社会经济发展水平来看，我国东中西三大经济带皆分布有不同类型的资源型城市，西部地区所包括的资源型城市数量最多，中部的次之，东北地区的位居第三，东部地区的最少。从人均耕地来看，资源型城市人均耕地的区域差异较大，2019 年人均耕地的平均值为 0.197 公顷，东北地区资源型城市的人均耕地面积相对较高（0.735 公顷/人）。农村居民可支配收入的区际差异明显，2019 年全国农村居民可支配收入为 16020.7 元，资源型城市为

15162.7元，其中浙江湖州市的最高（34803元）、甘肃陇南市的最低（7734元）；从城乡居民收入比来看，2019年资源型城市城乡居民收入比的平均值为2.35，低于全国平均值2.64，但城际差异较大，甘肃陇南市城乡居民收入比高达3.3，黑龙江鸡西市的最低为1.29。

二　研究样本和数据来源

（一）研究样本

书中沿用国务院发布的《全国资源型城市可持续发展规划（2013—2020）》中资源型城市的划分方式确定研究样本。鉴于国内地级资源型城市统计年鉴中农业农村可持续发展的数据较县区级城市的全面、完整的实际情况，书中以地级资源型城市作为研究对象。按照上述规划，国内共有地级资源型城市126个，因2019年1月山东莱芜市并入济南市，黔南布依族苗族自治州、黔西南布依族苗族自治州、海西蒙古族藏族自治州、克拉玛依市、巴音郭楞蒙古自治州、阿勒泰地区等6地市部分数据严重缺失，加之自2008年起农业农村部发布首批农产品地理标志认证名单，所以最终确定了辽宁阜新市等119个地级资源型城市作为研究样本，具体研究期为2008—2019年。

（二）研究方法

1. 层次分析法和熵值法组合赋权

这两类确权方法中，层次分析法属主观赋权法，由领域内专家学者评分，虽然较为主观，但其评判符合领域发展实际情况；熵值法属客观赋权法，依据评价指标的离散程度确权，虽然较为客观，但是有时会出现所赋权重与实际不符的情况。考虑到书中确定的资源型城市SARD研究期较长，包含准则层和子准则层较多，单纯使用熵值法赋权，会脱离各准则层权重变化的实际，故书中采用层次分析法+熵值法的复合赋权法获取权重。即准则层权重借用层次分析法赋予，各指标层权重借助熵值法赋予，随后求取组合权重后，运用综合加权法计算研究期资源型城市SARD。

第一，层次分析法确定准则层权重。20世纪70年代初期，美国运筹学家匹兹堡大学教授萨迪提出了层次分析法，该评价方法是基于系统工程分析基础上的多目标、多准则的决策方法，其最大的特点是将定性方法和定量方法相结合,以数量形式表达和处理评分者的主观判断[230]。1982年11月,萨迪的弟子高兰尼柴首次在中美能源资源、环境会议上向我国学者介绍了该研究方法,随后该方法在国内能源分析、城市规划、经济管理、科研成果评价、可持续发展评价等诸多领域得到了广泛应用。

运用层次分析法进行决策的主要步骤:首先,分析系统中各元素指标之间的关系,建立综合评价系统的递阶层次结构,一般情况下递阶层次包括目标层、准则层、指标层等,随后针对包含 m 个指标的决策目标组建判断矩阵;其次,通过两两比较同一层次的各元素关于上一层次中某一准则的重要性,构造两两比较判断矩阵,通常按照 1—9 比例标度的重要性程度赋值(见表 3—1);再次,计算单一准则下元素的相对权重(本节拟借助层次分析法给资源型城市农业可持续发展、农村可持续发展 2 个准则层及其分属的 4 个子准则层赋权),并进行一致性检验,检验结果愈小,愈能保证判断矩阵计算结果更高的一致性;最后,计算各准则层指标对目标层的合成权重。

表 3—1　　　　　　　层次分析法中 1—9 标度的含义

标度	含义
1	表示两个元素相比,具有同样的重要性
3	表示两个元素相比,前者比后者稍重要
5	表示两个元素相比,前者比后者明显重要
7	表示两个元素相比,前者比后者显著重要
9	表示两个元素相比,前者比后者极端重要
2、4、6、8	表示上述相邻判断的中间值
倒数	若元素 i 与元素 j 的重要性之比为 a_{ij},那么元素 j 与元素 i 重要性之比为 $a_{ji} = 1/a_{ij}$

尽管层次分析法思路简单明了,所需要的量化数据也不多,但是该方法存在一定的随意性,即针对同样的决策问题,如何保证分析结果的准确性等是现存的问题。因此,书中咨询 3 位从事农业农村研究的专

家，借助 Yahhp10.2 软件采用表 3—1 所示的 1~9 标度给层级结构模型打分，经反复调整和完善，最后分别依据农业可持续发展目标层、农村可持续发展准则层及其分所属的 4 个子准则层的判断矩阵算得的权重分别如表 3—2、表 3—3、表 3—4 所示。计算过程中，资源型城市农业可持续判断矩阵和农村可持续发展判断矩阵的一致性比例依次为 0、0.04、0.04，满足需小于 0.1 的不一致性比例界限，2 个判断矩阵的最大特征根依次为 2、4.09、4.08，亦说明书中组建的层级结构模型具有较好的一致性。

表 3—2 资源型城市 SARD 准则层对目标层判断矩阵及权重

SARD 水平判断矩阵	农业可持续发展	农村可持续发展	权重
农业可持续发展	1	1	0.5
农村可持续发展	1	1	0.5

表 3—3 资源型城市农业可持续发展子准则层对准则层判断矩阵及权重

农业可持续发展水平判断矩阵	绿色发展	生产效率	产业效益	规模经营	权重
绿色发展	1	2	2	3	0.424
生产效率	1/2	1	1	2	0.227
产业效益	1/2	1	1	2	0.227
规模经营	1/3	1/2	1/2	1	0.122

表 3—4 资源型城市农村可持续发展子准则层对准则层判断矩阵及权重

农村可持续发展水平判断矩阵	社区建设	生活品质	资源指数	生态保障	权重
社区建设	1	1	1/2	1/3	0.141
生活品质	1	1	1/2	1/3	0.141
资源指数	2	2	1	1/2	0.263
生态保障	3	3	2	1	0.455

第三章　资源型城市 SARD 特征和水平的综合分析　/　67

第二，熵值法确定指标层权重。熵（entropy）是物理学中揭示物质状态的物理量，可用于描述系统的无序程度，不确定性信息越多，系统的不稳定性因素越强，熵值越大；反之系统越稳定，熵值越小。熵值法通过推算各项指标的信息熵，认为相对变化程度越大的指标对系统的影响越强，相应的权值就越高[231]。书中运用熵值法给所确定指标体系赋权，首先对2008—2019年资源型城市的28个指标求取每个单项指标的连续12年的平均值，随后对算得的单项指标的平均值使用极差标准化法去量纲后，使用熵值法测算各指标层的权重。

（1）处理原始数据。针对建构的2008—2019年资源型城市 SARD 评价指标体系，评价指标体系含28项指标。结合熵值法的内涵可知，这是针对2008—2019年连续12年的119个样本平均值及相应的3332个数据所做的综合评价，评价系统的初始数据矩阵如下：

$$X = \begin{pmatrix} x_{1\,1} & \cdots & x_{1\,28} \\ \vdots & \ddots & \vdots \\ x_{119\,1} & \cdots & x_{119\,28} \end{pmatrix}$$

（2）标准化处理。为使实际含义不同的指标可以在同一评价体系下进行计算和比较，需要消除量纲对指标数据的影响，书中运用极差标准化方法消除评价指标量纲。

正向指标：
$$X_i = \frac{x_i - x_{min}}{x_{max} - x_{min}} \tag{3.1}$$

负向指标：
$$X_i = \frac{x_{max} - x_i}{x_{max} - x_{min}} \tag{3.2}$$

（3）计算指标熵值。计算第 i 个资源型城市的第 j 项指标占119个城市 j 指标总值的比重。

$$y_{ij} = x_{ij} / \sum_{i=1}^{119} x_{ij} \tag{3.3}$$

计算指标 j 的信息熵值

$$e_j = -K \sum_{i=1}^{119} y_{ij} \ln y_{ij} \tag{3.4}$$

式中：$K = 1/\ln 119 \approx 0.21$

（4）测度信息效用值。信息效用值亦可称为差异系数，表征指标差异程度的大小，指标的信息效用值大，其对 SARD 评价的影响程度则越显著，该指标在评价中的重要性越强，即其权重越大。

$$d_{ij} = 1 - e_j \quad (3.5)$$

（5）推算指标权重。用熵值法估算指标权重时，依据指标的信息效用值衡量指标对 SARD 系统的影响强弱，指标效用值越高，其所对农业与农村发展的贡献愈高，其权重越大。

$$W_j = d_j / \sum_{j=1}^{119} d_j \quad (3.6)$$

第三，层次分析法 + 熵值法复合赋权。借助熵值法获得指标层权重后，依次乘以层次分析法赋得的子准则层权重，即可获得各指标层组合权重。

2. 综合加权求和法

随后运用综合加权求和法求取 119 个资源型城市 SARD 水平。

$$U_i = \sum_{j=1}^{x} w_j y_{ij} \quad (3.7)$$

式中：权重 w_j 是用层次分析法和熵值法组合赋得的指标层权重。

3. SARD 障碍因子辨析

障碍度模型可用于测算单因素对总体目标的影响程度[232]，本节运用其分别诊断制约了 119 个资源型城市以及典型案例区 8 个案例村 SARD 的障碍因子，具体计算公式如下：

$$O_i = \frac{C_i D_i}{\sum_{i=1}^{n} C_i D_i} \times 100\% \quad (3.8)$$

式中：O_i 为障碍度，表征评价指标体系中单项指标对研究区 SARD 的影响程度；C_i 为因子贡献度，表征单项指标权重；D_i 为指标偏离度，表征单项指标与研究区 SARD 之间的差距，$D_i = 1 - X_i$，X_i 为单项指标的标准化值。

（三）指标体系构建

1. SARD 评价指标体系评析

如前所述，自 20 世纪 90 年代初期欧洲国家提出 MFA 以及 MFA 理论以来，国内外学者纷纷依照本国实际，开展了与 SARD 相关的研究。比较来看，国外学者倾向于探究不同学科视角下的 SAD 或 SRD

评价，国内学者则倾向于整合 SAD 和 SRD 开展综合评价。目前，国内较为权威的 SARD 评价研究包括：吴传钧先生基于国内不同类型区开展的 SARD 实证研究、蔡云龙等开展的中国农业农村可持续发展评价、罗守贵等基于苏南市域尺度开展的 SARD 评价、刘彦随等基于黄土丘陵沟壑区县域尺度开展的 SARD 评价、王松林等基于黄淮海平原县域尺度开展的 SARD 评价、马彦琳基于新疆吐鲁番绿洲开展的干旱区 SARD 评价、谈存峰基于西北干旱半干旱地区省域尺度开展的 SARD 评价，以及王晔立基于地貌单元开展的陇中黄土高原 SARD 评价等。综上可知，资源型城市市域尺度及典型案例区村域尺度的 SARD 评价及优化研究尚需补充。

2. 资源型城市 SARD 评价指标体系构建

据此，本节基于国内地级资源型城市实际，结合相关研究[166,199,200-203,212,233-234]，遵循下述原则建构指标体系：其一，科学性与代表性原则，即选取指标时以农业与农村可持续发展理论为指导，选定具有独立、稳定及代表性的指标，选取能够反映 SAD 或 SRD 水平的指标序列。其二，简便性与可行性原则，即评价指标的选取力求简洁实用，同时保证指标的可获取性，避免选取信息反映上有重叠性的指标。其三，因地制宜性与可比性原则；即选取指标时，要在对研究区乡村地域系统有清晰认识的同时，因地制宜选取能够反映系统特征的指标，此项原则中还要求选取的数据可以开展横向、纵向可比性，即所筛选指标需经标准化处理，以保证评价指标的统一通行口径。其四，层次性与系统性原则，即选取具有自上而下层次性结构的指标，同时还需注意选取能够全面反映 SAD 和 SRD 两个准则层及其之间协调性的指标。基于上述原则，立足资源型城市乡村地域系统实际特征，甄选了包含 2 个准则层、8 个子准则层、28 项指标的资源型城市 SARD 评价指标体系。指标体系具体内容见表 3—5。

第一，农业可持续发展层。

1）绿色发展。绿色发展维度包含耕地复种指数、地均农膜使用强度、地均农药和化肥施用强度、农业单位产值耗水量 5 项指标。其中的耕地复种指数表征水热土肥等立地条件下耕地的实际利用水平和农作物增产潜力；地均农膜使用强度可以间接表征未回收利用塑料农膜形成的

表3-5 地级资源型城市SARD评价指标体系

准则层 I	准则层 II	指标层名称与指标属性	指标解释
农业可持续发展	C_1 绿色发展	I_1 耕地复种指数（+）	粮食播种面积/年末常用耕地面积（/）
		I_2 地均农膜使用强度（-）	农用塑料薄膜使用量/年末常用耕地总面积（公斤/公顷）
		I_3 地均农药施用强度（-）	农药施用量/年末常用耕地面积（公斤/公顷）
		I_4 地均化肥施用强度（-）	化肥施用量/年末常用耕地面积（公斤/公顷）
		I_5 农业单位产值耗水量（-）	农林牧渔业用水量/农林牧渔业总产值（立方米/元）
	C_2 生产效率	I_6 农业劳动生产率（+）	农林牧渔业总产值/农业人口（万元/人）
		I_7 农业土地产出率（+）	农林牧渔业总产值/年末常用耕地面积（万元/公顷）
		I_8 农业机械化水平（+）	农用机械总动力/年末常用耕地面积（千瓦/公顷）
		I_9 粮食单产（+）	粮食产量/粮食播种面积（吨/公顷）
	C_3 产业效益	I_{10} 农林牧渔业增加值（+）	农林牧渔业增加值（万元）
		I_{11} 农产品地理标志数量（+）	登记保护的农产品地理标志产品数量（个）
		I_{12} 农业增加值与工业增加值比（+）	农业增加值/工业增加值（/）
	C_4 规模经营	I_{13} 农业社会化服务水平（+）	农林牧渔服务业总产值/农林牧渔业总产值（/）
		I_{14} 国家级农业科技园区数（+）	科学技术部认定的国家级农业科技园区数量（个）
		I_{15} 国家重点农业龙头企业数（+）	农业农村部认定的农业产业化国家重点龙头（个）

续表

准则层 I	准则层 II	指标层名称与指标属性	指标解释
农村可持续发展	C_5 社区建设	I_{16} 城镇化率（+）	城镇常住人口/全市总人口（百分率）
		I_{17} 公路网密度（+）	公路里程/行政区域面积（公里/平方公里）
		I_{18} 农村公路里程（+）	农村公路里程数（公里）
	C_6 生活品质	I_{19} 农村恩格尔系数（−）	农村居民食物支出/农村居民总支出（百分率）
		I_{20} 城乡居民收入比（−）	城镇居民人均可支配收入/农村居民人均纯收入
		I_{21} 农户家庭收入多样化指数（+）	该指数可定义为 $\psi = 1/\Sigma x_i^2$，式中 x_i 指各类收入来源占总收入的比重（/）
		I_{22} 每万农业人口拥有医务人员（+）	乡村医生和卫生员人数/农业人口（人）
	C_7 资源指数	I_{23} 人均耕地（+）	年末常有耕地面积/农业人口（公顷/人）
		I_{24} 人均森林面积（+）	森林面积/总人口（公顷/人）
		I_{25} 人均水资源拥有量（+）	水资源总量/总人口（百分率）
	C_8 生态保障	I_{26} 森林覆盖率（+）	森林面积/行政区域面积（百分率）
		I_{27} 农业有效灌溉率（+）	有效灌溉面积/年末常有耕地面积（百分率）
		I_{28} 当年水土流失治理面积（+）	当年水土流失治理面积（含生态修复和小流域治理）（公顷）

注：标注波浪下划线的指标为资源型城市 SARD 评价的标志性指标。

土壤残膜对土壤环境、结构和作物根系生长的危害；地均农药施用强度和地均化肥施用强度能表征农业生产过程中化学物质残留对农作物品质、土壤形状和生态环境的污染程度。生态城市建设中对农药、化肥的施用标准依次为＜3公斤/公顷和＜250公斤/公顷，国家层面尚未严格规定农膜的使用量标准，相关使用标准多以回收率为准，如《国家生态文明建设示范村镇指标》（试行）中提出了农膜的回收率标准。由于统计年鉴中仅提供了农膜的使用量数据，故书中评价指标体系亦使用了农膜使用量数据；农业单位产值耗水量反映单位农业产值的需水量，对于水资源短缺地区，过高的耗水量会对区域水资源构成明显的胁迫作用。

2）生产效率。生产效率维度包含农业劳动生产率、农业土地产出率、农业机械化水平3项指标。其中农业劳动生产率表征农业劳动力能生产的使用价值或其生产效率，是实现我国农业现代化和推进SARD的重要基础；农业土地产出率反映土地等生产资料产出价值的水平与效率；农业机械化水平量化体现了农业生产过程中农机装备等的使用程度，其值直接影响农业生产效率。

3）产业效益。产业效益维度包含粮食单产、农林牧渔业增加值、农产品地理标志数量、农业增加值与工业增加值之比4项指标。其中的粮食单产表征区域粮食生产能力与效率；农林牧渔业增加值表征农林牧渔业生产提供的增加值，是扣除了中间投入后的余额，反映区域农业生产对地方经济发展的贡献；农产品地理标志数量表征区域农产品的品质、特定的产地属性、一定的规模效应，其对因地制宜推行农业产业化经营、提高农产品竞争力、促进农民增收和推进地方优势特色农业发展等具有十分重要的意义，考虑到相较特色农产品，农产品地理标志的示范带动效应且与同类研究的可比性更强，故书中选取了产品地理标志数量这一指标；由于相当一部分资源型城市重工业产值难以获取，故用农业增加值与工业增加值比间接反映农业与重工业发展情况，农业增加值与工业增加值之比可以反映区域农业生产水平相较工业生产水平的比较优势。

4）规模经营。规模经营维度包含农业社会化服务水平、国家级农业科技园区数、国家重点农业龙头企业数3项指标。其中的农业社会化服务水平反映了地方政府、社会、市场层面为农户生产经营提供各种服务的水平，是衡量农业农村现代化水平和农产品商品化率的重要指标，更是实现农业可持续发展的重要基础；国家级农业科技园区是培育地方农业企业、创新农业体制机制和发展现代农业的综合示范基地，其数量和经济效益直接体现当地农业科技发展水平和经营水平；国家重点农业龙头企业是关联带动地方小农户，提升地方农业生产、加工、销售水平的重要力量，其数量和发展效益直接反映了地方农业产业化水平。

第二，农村可持续发展层。

1）社区建设。社区建设维度包含城镇化率、公路网密度、农村公路里程3项指标。其中的城镇化率可以表征新型城镇化建设水平，较高的新型城镇化建设水平可以有效提升乡村社区基础设施和公共服务设施水平；公路网密度间接反映乡村公路发展水平、农村地区对外交流程度以及农产品流通程度；农村公路里程可间接反映农村产业发展水平和经济增长水平，也是农村可持续发展的基础支撑和农村居民享受基础公共服务的重要前提。

2）生活品质。生活品质维度包含农村恩格尔系数、城乡居民收入比、农户家庭收入多样化指数、每万农业人口拥有医务人员4项指标。其中的农村恩格尔系数表征农村家庭富裕程度，反映地方农民生活水平的高低；城乡居民收入比表征城乡居民收入差距，该值愈高，地方农民可自由支配收入越少、农业农村可持续发展水平愈低；农户家庭收入多样化指数反映乡村经济发展水平和乡村经济转型发展程度的高低；每万农业人口拥有医务人员表征农村居民拥有的卫生健康服务资源及其服务水平。

3）资源指数。资源指数维度包含人均耕地、人均森林面积、人均水资源拥有量3项指标。其中人均耕地数量是保证适度规模化农业生产的前提，充足的耕地和其良好品质是关系地方粮食安全和社会稳定的重要前提，国内多数资源型城市位于重要生态系统保护和修复重大工程范围内，故较高的人均耕地指标便成为其发展特色生态农业和休闲农业的重要前提；人均森林面积表征乡村居民生态环境质量和人居环境质量，是发展休闲农业和康养农业等的重要基础；人均水资源拥有量反映农村生产生活用水充裕程度，是关乎农业农村特别是农业可持续发展的关键资源。

4）生态保障。生态保障维度包含森林覆盖率、农业有效灌溉率、当年水土流失治理面积 3 项指标。其中森林覆盖率反映资源型城市乡村生态环境和人居环境品质，是发展特色农业、休闲农业和康养农业等的重要前提；农业有效灌溉率反映农田基础设施建设水平和水浇地占比，是确保农业农村可持续发展的有效保障，由于部分资源型城市未统计节水灌溉面积，故选用农业有效灌溉率间接反映农业节水灌溉率；当年水土流失治理面积可以表征农村生态建设水平、生态环境质量和生产条件，是关系多数资源型城市农业农村可持续发展的重要指标。

熵值法所赋资源型城市 SARD 评价系统指标层权重，以及组合层次分析法和熵值法所赋权重如表 3—6 所示。

表 3—6　　基于层次分析法和熵值法组合赋权资源型城市 SARD 评价指标体系权重

准则层 I	准则层 II	指标层	熵值法权重	组合权重
农业可持续发展 0.5	C_1 绿色发展 0.212	I_1 耕地复种指数	0.0157	0.0033
		I_2 地均农膜使用强度	0.0029	0.0006
		I_3 地均农药施用强度	0.0023	0.0005
		I_4 地均化肥施用强度	0.0023	0.0005
		I_5 农业单位产值耗水量	0.0030	0.0006
	C_2 生产效率 0.114	I_6 农业劳动生产率	0.0392	0.0044
		I_7 农业土地产出率	0.0288	0.0033
		I_8 农业机械化水平	0.0236	0.0027
	C_3 产业效益 0.114	I_9 粮食单产	0.0100	0.0011
		I_{10} 农林牧渔业增加值	0.0289	0.0033
		I_{11} 农产品地理标志数量	0.0492	0.0056
		II_{12} 农业增加值与工业增加值比	0.0565	0.0064
	C_4 规模经营 0.06	I_{13} 农业社会化服务水平	0.0255	0.0016
		I_{14} 国家级农业科技园区数	0.1176	0.0072
		I_{15} 国家重点农业龙头企业数	0.0290	0.0018

续表

准则层Ⅰ	准则层Ⅱ	指标层	熵值法权重	组合权重
农村可持续发展 0.5	C_5 社区建设 0.07	I_{16} 城镇化率	0.0177	0.0012
		I_{17} 公路网密度	0.0208	0.0015
		I_{18} 农村公路里程	0.0184	0.0013
	C_6 生活品质 0.07	I_{19} 农村恩格尔系数	0.0080	0.0006
		I_{20} 城乡居民收入比	0.0111	0.0008
		I_{21} 农户家庭收入多样化指数	0.0099	0.0007
		I_{22} 每万农业人口拥有医务人员	0.0265	0.0019
	C_7 资源指数 0.132	I_{23} 人均耕地	0.0732	0.0096
		I_{24} 人均森林面积	0.1413	0.0186
		I_{25} 人均水资源拥有量	0.1013	0.0133
	C_8 生态保障 0.228	I_{26} 森林覆盖率	0.0207	0.0047
		I_{27} 农业有效灌溉率	0.0234	0.0053
		I_{28} 当年水土流失治理面积	0.0933	0.0212

（四）数据来源

考虑到2004年前国内地级资源型城市统计年鉴内相关数据缺失较多，加之部分资源型城市统计年鉴的非连续性，以及农业部农产品地理标志认证始自2008年等原因，书中最终选取2008—2019年为研究期。书中所使用的数据主要来源于研究期政府统计数据，包含东北地区3个省、东部地区6个省、中部地区6省、西部地区8省（区）省级统计年鉴，资源型城市统计年鉴、资源型城市国民经济和社会发展统计公报、各省市水资源公报以及各资源型城市统计局网站，研究期部分城市少量缺失的数据采用线性插补法补齐。资源型城市SARD数据来源及说明详见表3—7。

表 3—7　我国资源型城市 SARD 评价数据来源与说明

序号	指标名称	数据来源	数据说明
1	统计数据	2009—2020 年资源型城市所在省的省级统计年鉴、各地级资源型城市统计年鉴、国民经济和社会发展统计公报、水资源公报、部分省区的农村年鉴以及各资源型城市统计局网站等	少量缺失的数据采用线性插补法补齐。西部地区部分城市农药、农膜数据参照化肥施用量估算。东部地区部分城市相关数据的估算同西部地区
2	农产品地理标志数量	全国农产品地理标志查询系统（http://www.anluyun.com/Home/Search）	在查询系统中按省市查询。由于 2007 年 12 月农业部门开始颁布"农产品地理标志"专用标识。故相关数据起始年份为 2008 年
3	国家级农业科技园区数量	中华人民共和国科学技术部（http://www.most.gov.cn/index.html）	根据科学技术部公布的 1—9 批国家农业科技园区名单整理
4	国家重点龙头企业数量	国家农业农村部乡村产业发展司网站（http://www.xccys.moa.gov.cn/nycyh/）	借助爱企查、企查查网站匹配企业成立时间和注册地信息

注：后续研究拟整合国家质量监督检验检疫总局认证的地理标志产品，尽可能延长研究序列，以期全面分析我国资源型城市 SARD 时空变化特征及其影响机理。

三　结果与分析

（一）资源型城市 SARD 水平测度

1. 时间特征

整体评价全国资源型城市 SARD 发展水平有利于从宏观上把握资源型城市 SARD 的水平趋势与时间变化特征，为区域 SARD 政策等的制定提供参考。由于实际测得国内资源型城市的 SARD 得分极低，加之考虑到 0—1 的测算结果不太符合常规差异比较中的百分制习惯，因此给每个资源型城市的 SARD 测算结果乘以 100，以便比较各资源型城市的 SARD 水平。测算结果如图3—2、表3—8和表3—9所示。据图3—2可知，2008—2019年全国资源型城市SARD水平整体呈缓慢增长势态，由1.859增至2.192。由于农业劳动生产率下降，2014年资源型城市SARD水平降低，但得益于国家及各地区强农惠农富农政策的支持以及质量兴农的实践探索，全国资源型城市SARD水平逐渐提高。

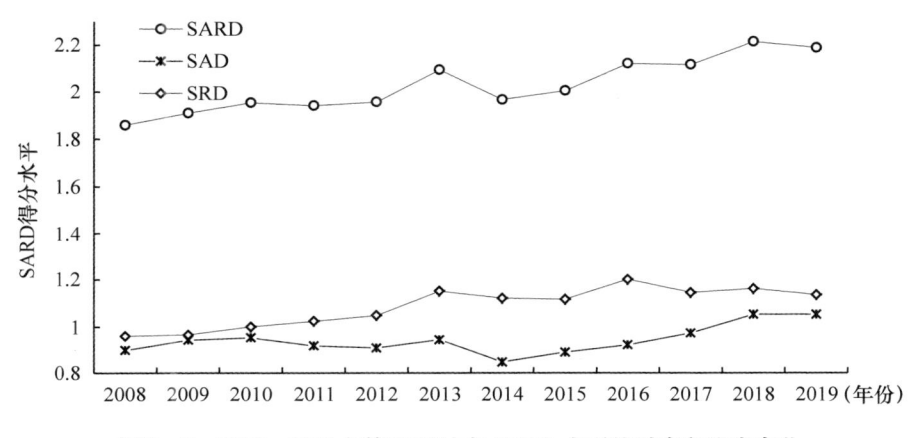

图3—2　2008—2019年资源型城市SARD水平的时序和维度变化

2008—2019年全国资源型城市SAD水平整体呈增长趋势，从2008年的0.8984上升至2019年的1.0540，表明近年来国家大力扶持农村新型经营主体和服务主体，各资源型城市大力推动农业科技园区和国家重点农业龙头企业建设，农业生产的集约化、规模化和机械化水平有效提高，农业提质增效极大地促进资源型城市SAD水平提升，但资源型城市农业生产过程中农药、农膜和化肥使用强度居高不下，导致子准则层绿色发展得分较低。整体来看，从2008年至2019年资源型城市SRD水平呈现平缓增长趋势，与SAD相比，其值增长较缓慢，表明随各城市惠农富农政策的推进农户生活品质普遍提高，资源型城市退耕还林、水土流失治理初见成效。由于自然本底因素是资源型城市SRD的基础和先决条件，生态保障子准则层指标多从自然本底维度选取，新农村建设、美丽乡村建设、乡村振兴等质量兴农政策的实施见效期长，导致资源型城市SRD水平提升缓慢。

表3—8 2008—2019年我国资源型城市SARD水平

城市名称	2008	2009	2010	2011	2012	2013	2014	2015	2016	2017	2018	2019
阜新市	2.303	2.273	2.270	2.303	2.251	2.365	2.174	2.196	2.149	2.208	2.258	2.295
抚顺市	1.608	1.593	1.746	1.684	1.771	1.932	1.693	1.804	1.762	1.553	1.569	1.514
本溪市	1.695	1.701	1.738	1.737	1.676	1.825	1.624	1.737	1.645	1.662	1.722	1.684
鞍山市	1.687	1.567	1.595	1.497	1.502	1.646	1.603	1.513	1.744	1.353	1.823	1.778
盘锦市	2.121	1.599	1.598	1.451	1.547	1.679	1.720	1.549	1.459	1.606	1.667	1.544
葫芦岛市	1.248	1.169	1.269	1.244	1.232	1.280	1.142	1.166	1.169	1.190	1.275	1.247
松原市	1.643	1.639	1.704	1.675	1.632	1.666	1.442	1.440	1.469	1.516	2.024	1.813
吉林市*	2.199	2.150	2.103	1.992	1.798	1.928	1.775	1.921	1.933	2.580	1.992	1.807
辽源市	1.775	1.778	1.778	1.240	1.217	1.292	1.161	1.127	1.218	1.213	1.256	1.148
通化市	2.468	2.257	2.161	2.011	1.936	2.067	1.834	1.801	1.896	2.217	2.290	2.074
白山市*	1.990	1.961	2.258	2.080	1.973	2.083	1.932	2.029	2.098	2.311	2.322	2.156
延边朝鲜族自治州	2.384	2.329	2.417	2.290	2.147	2.107	1.907	1.986	2.140	2.426	2.295	2.331
黑河市*	2.386	2.894	2.863	2.806	2.882	3.108	2.607	2.517	4.297	3.062	3.704	3.432
大庆市	1.328	1.540	1.626	1.597	1.697	1.755	1.675	1.585	2.189	2.075	2.256	2.088
伊春市*	3.095	3.686	3.209	3.064	3.179	3.418	3.136	2.622	3.536	2.687	3.099	3.061

续表

城市名称	年份											
	2008	2009	2010	2011	2012	2013	2014	2015	2016	2017	2018	2019
鹤岗市	1.901	1.993	2.044	1.899	2.002	2.163	2.080	1.989	2.547	2.202	2.614	2.803
双鸭山市	1.552	1.880	1.715	1.670	1.733	1.861	1.719	1.681	2.313	1.834	2.620	2.325
七台河市	1.152	1.215	1.191	1.159	1.202	1.295	1.255	1.247	1.332	1.327	1.562	1.471
鸡西市	1.267	1.397	1.519	1.513	1.535	1.787	1.683	1.633	2.241	1.767	2.162	2.303
牡丹江市*	1.864	2.212	2.100	2.043	2.020	2.223	2.115	2.105	3.149	2.253	2.483	2.516
大兴安岭地区*	5.585	6.372	5.951	4.934	5.143	5.009	5.769	6.559	8.559	6.352	6.215	6.224
徐州市	2.117	2.276	2.333	2.413	2.472	2.587	2.550	2.660	2.678	2.763	3.207	3.028
宿迁市	1.705	1.800	1.911	1.921	1.887	1.909	1.837	1.942	1.985	2.013	2.470	2.347
湖州市	2.022	2.010	2.105	2.030	2.072	2.112	2.001	2.069	2.111	2.354	2.372	2.306
南平市	2.603	2.773	3.064	2.676	2.891	2.794	2.888	2.963	3.331	2.810	2.742	2.820
三明市	2.361	2.452	2.712	2.395	2.625	2.663	2.630	2.807	3.201	2.799	2.731	2.785
龙岩市	2.314	2.269	2.385	2.340	2.428	2.640	2.514	2.623	2.955	2.588	2.548	2.645
韶关市	2.092	2.058	2.219	2.210	2.240	2.345	2.158	2.335	2.465	2.359	2.263	2.199
云浮市	1.894	2.022	2.061	2.007	2.025	2.100	1.923	2.019	2.083	2.085	2.055	2.002
张家口市	1.391	1.459	1.444	1.679	1.445	1.608	1.344	1.334	1.360	1.379	1.574	1.728

续表

城市名称	2008	2009	2010	2011	2012	2013	2014	2015	2016	2017	2018	2019
承德市	2.092	2.203	2.020	2.136	2.071	2.059	1.791	1.822	1.738	1.746	1.910	2.546
唐山市	2.182	2.192	2.218	2.218	2.287	2.458	2.340	2.421	2.745	2.611	2.675	2.624
邢台市	1.826	1.839	1.943	2.007	2.068	2.216	2.075	2.113	2.154	2.111	2.171	2.073
邯郸市	1.992	1.996	2.066	2.094	2.194	2.303	2.225	2.342	2.329	2.563	2.614	2.538
东营市	1.849	1.819	1.750	1.766	1.810	2.019	1.922	1.973	2.388	2.418	2.563	2.367
淄博市	1.707	2.007	1.874	1.802	1.916	1.975	1.851	1.903	1.880	1.839	1.862	1.763
临沂市	2.087	1.999	2.259	2.246	2.246	2.373	2.382	2.300	2.258	2.244	2.601	2.556
枣庄市	1.898	1.840	1.822	1.750	1.809	1.970	1.868	1.909	1.980	1.952	2.014	1.918
济宁市	1.925	2.073	2.211	2.278	2.341	2.592	2.470	2.581	2.603	3.012	3.100	2.953
泰安市	1.930	1.969	2.025	2.023	2.070	2.089	2.063	2.183	2.217	2.570	2.696	2.579
宿州市	2.087	2.143	2.528	2.579	2.613	2.645	2.357	2.461	2.556	2.586	2.601	2.598
淮北市	1.617	1.651	1.602	1.668	1.712	1.777	1.748	1.834	1.924	1.930	2.376	2.174
亳州市	1.895	1.983	1.996	2.063	2.096	2.225	1.965	2.082	2.222	2.157	2.103	2.385
淮南市	1.293	1.327	1.437	1.493	1.516	1.699	1.624	1.741	1.907	1.899	1.976	2.112
滁州市	1.498	1.567	1.588	1.643	2.098	1.821	1.764	1.812	1.868	1.898	2.472	2.332

续表

城市名称	年份											
	2008	2009	2010	2011	2012	2013	2014	2015	2016	2017	2018	2019
马鞍山市	1.166	1.370	1.178	1.679	1.774	1.985	1.882	1.909	1.962	1.966	2.162	2.028
铜陵市	1.537	1.551	1.547	1.575	1.685	1.843	1.735	1.763	2.353	1.898	1.712	1.438
池州市	2.540	2.614	2.708	2.509	2.753	2.596	2.408	2.675	2.305	2.650	2.847	2.616
宣城市	2.172	2.586	2.709	2.728	2.719	3.000	2.960	3.284	2.586	3.152	2.370	2.719
三门峡市	1.456	1.453	1.632	1.595	1.584	1.627	1.554	1.650	1.606	1.612	1.716	1.685
洛阳市	1.866	1.761	1.902	1.869	1.848	1.919	1.834	1.939	2.052	2.063	2.192	2.019
焦作市	1.965	1.955	2.079	2.044	2.118	2.232	2.167	2.273	2.269	2.177	2.189	2.420
鹤壁市	2.078	1.839	1.872	1.849	1.921	2.068	2.068	2.151	2.172	2.434	2.466	2.446
濮阳市	1.734	1.671	1.767	1.707	1.811	1.901	1.859	1.977	1.995	2.388	2.427	2.262
平顶山市	1.493	1.516	1.677	1.588	1.704	1.774	1.692	1.829	1.858	1.970	1.986	1.860
南阳市	4.143	4.157	4.187	4.434	4.543	4.509	4.441	4.538	4.360	4.658	4.758	4.743
鄂州市	1.696	1.763	1.750	1.774	1.920	2.006	1.943	1.817	1.912	1.836	1.971	1.893
黄石市	1.440	1.444	1.461	1.435	1.615	1.689	1.753	1.869	1.927	1.644	1.922	2.130
景德镇市	1.785	1.883	2.256	2.188	2.008	2.172	2.102	2.331	2.402	2.485	2.276	2.209
新余市	1.842	1.874	2.352	2.709	2.459	2.557	2.577	2.779	2.848	2.832	2.655	2.477

续表

城市名称	2008	2009	2010	2011	2012	2013	2014	2015	2016	2017	2018	2019
萍乡市	1.911	2.061	2.114	2.017	2.146	2.035	1.989	2.049	2.089	2.012	2.290	2.343
赣州市	2.454	2.547	2.432	2.390	2.553	2.339	2.287	2.542	2.371	2.407	2.796	2.860
宜春市	3.408	3.091	2.834	3.079	2.965	3.237	3.000	3.286	2.815	2.870	3.269	3.665
大同市	1.341	1.257	1.212	1.202	1.189	1.374	1.226	1.255	1.256	1.282	1.389	1.296
朔州市	1.606	1.494	1.362	1.319	1.290	1.517	1.407	1.362	1.378	1.403	1.542	1.440
阳泉市	1.538	1.441	1.381	1.435	1.455	1.517	1.423	1.264	1.132	1.086	1.159	1.111
长治市	1.446	1.344	1.361	1.428	1.387	1.570	1.482	1.509	1.498	1.520	1.586	1.478
晋城市	1.284	1.264	1.359	1.393	1.476	1.594	1.464	1.459	1.462	1.408	1.447	1.410
忻州市	1.102	1.148	1.223	1.295	1.234	1.517	1.365	1.386	1.401	1.462	1.595	1.472
晋中市	1.378	1.441	1.663	1.585	1.677	1.822	1.774	1.881	2.237	2.225	2.223	2.177
临汾市	1.346	1.397	1.578	1.755	1.690	1.909	1.842	1.894	1.885	1.897	1.928	1.756
运城市	1.729	1.846	1.951	2.027	2.091	2.377	2.237	2.385	2.757	2.702	2.748	2.687
吕梁市	1.666	1.491	1.342	1.349	1.335	1.536	1.443	1.457	1.456	1.773	1.506	1.810
衡阳市	2.096	2.095	2.109	2.079	2.186	2.307	2.160	2.279	2.386	2.698	2.672	2.613
郴州市	2.435	2.044	2.154	2.075	2.259	2.399	2.205	2.462	2.372	2.233	2.244	2.553

续表

城市名称	年份											
	2008	2009	2010	2011	2012	2013	2014	2015	2016	2017	2018	2019
邵阳市	1.990	2.052	2.043	2.016	1.992	2.207	2.055	2.148	2.181	2.195	2.160	2.547
娄底市	1.784	1.808	1.823	1.831	1.761	1.893	1.800	1.926	2.032	2.062	1.963	1.925
百色市	1.494	1.462	1.825	1.968	1.938	2.043	1.958	2.063	2.093	2.235	2.299	2.349
河池市	1.518	1.494	1.807	1.733	1.803	1.918	1.726	1.913	2.028	2.108	2.083	2.148
贺州市	1.909	1.966	2.028	2.013	1.830	2.190	1.943	2.089	2.258	2.082	2.097	2.450
广元市	1.853	1.957	2.085	2.002	1.737	2.096	1.930	1.650	1.709	1.702	1.860	1.842
南充市	1.883	2.175	2.161	2.287	2.113	2.332	2.187	1.851	1.840	1.979	2.020	1.913
广安市	1.781	1.937	2.220	2.190	1.965	2.248	2.189	1.874	1.936	1.920	1.977	1.841
自贡市	1.528	1.606	1.628	1.607	1.574	1.800	1.714	1.493	1.512	1.570	1.640	1.610
泸州市	1.718	1.758	1.853	1.907	1.808	2.055	2.025	1.677	1.721	1.741	1.791	1.686
攀枝花市	1.851	1.759	1.825	1.730	1.658	1.980	1.938	1.704	1.791	1.805	1.833	1.851
达州市	2.063	2.209	2.084	2.146	1.959	2.157	2.066	1.818	1.870	1.976	1.986	1.937
雅安市	2.644	2.429	2.522	2.340	2.356	2.802	2.702	2.185	2.748	2.586	2.373	2.415
阿坝藏族羌族自治州	2.703	3.073	3.017	2.930	2.783	2.704	2.874	2.791	3.095	2.833	2.911	2.987
凉山彝族自治州	2.001	2.333	2.300	2.237	2.239	2.421	2.292	2.207	2.353	2.308	2.438	2.314

续表

城市名称	年份											
	2008	2009	2010	2011	2012	2013	2014	2015	2016	2017	2018	2019
包头市	1.355	1.399	1.443	1.461	1.450	1.583	1.400	1.282	1.289	1.315	1.606	1.850
乌海市	1.965	1.973	1.900	1.831	1.811	1.828	1.717	1.724	1.701	1.663	1.778	1.654
赤峰市	2.032	2.034	2.345	2.347	2.321	2.433	2.299	2.329	2.414	2.475	2.626	2.475
呼伦贝尔	3.213	3.547	3.636	3.631	3.571	4.198	3.792	3.708	3.454	3.566	4.033	3.515
鄂尔多斯市	2.223	2.103	2.013	1.994	2.070	2.302	2.276	2.301	2.385	2.349	2.419	2.550
六盘水市	1.380	1.427	1.443	1.506	1.471	1.998	1.626	1.663	1.687	1.696	1.712	2.071
安顺市	1.503	1.603	1.475	1.595	1.506	1.864	1.347	1.435	1.607	1.765	2.266	2.287
毕节市	1.356	1.441	1.511	1.700	1.353	1.504	1.454	1.574	1.713	2.154	2.324	2.292
曲靖市	1.743	1.680	1.697	1.596	1.542	1.685	1.670	1.612	1.616	1.738	2.119	1.716
保山市	1.772	1.860	1.934	1.908	1.919	1.955	1.889	2.045	2.126	2.190	2.121	2.316
昭通市	1.257	1.316	1.312	1.387	1.398	1.458	1.337	1.477	1.510	1.603	1.569	1.492
丽江市*	1.650	1.676	1.683	1.630	1.544	1.663	1.516	1.609	1.721	1.731	1.654	1.563
普洱市	2.083	2.038	2.038	2.008	2.001	2.103	1.898	2.126	2.191	2.123	2.191	1.923
临沧市	1.703	1.853	1.814	1.757	1.667	1.801	1.625	1.743	1.852	1.757	1.887	1.846
楚雄彝族自治州	1.689	1.785	1.749	1.740	1.725	1.843	1.848	1.824	1.944	2.250	2.643	2.559

续表

城市名称	年 份											
	2008	2009	2010	2011	2012	2013	2014	2015	2016	2017	2018	2019
延安市	1.546	1.579	1.600	1.696	1.643	1.758	1.708	1.745	1.701	1.756	1.815	1.680
铜川市	1.159	1.157	1.197	1.263	1.379	1.516	1.398	1.412	1.415	1.425	1.478	1.779
渭南市	1.528	1.559	1.967	2.084	2.087	2.299	2.123	2.288	2.355	2.419	2.516	2.453
咸阳市	2.030	2.007	2.008	2.075	2.035	2.158	2.036	2.133	2.222	2.277	2.192	2.063
宝鸡市	1.703	1.641	1.875	1.902	1.923	2.018	1.900	1.986	1.980	2.037	1.995	1.852
榆林市	1.949	1.905	1.710	1.467	1.722	1.939	1.802	1.846	1.836	2.180	2.435	2.193
金昌市	1.464	1.427	1.446	1.513	1.673	1.873	1.769	1.796	1.868	2.005	1.917	1.773
白银市	0.921	0.984	1.001	1.030	1.042	1.163	1.044	1.063	1.035	1.266	1.319	1.599
武威市	1.369	1.498	1.528	1.386	1.517	1.571	1.500	1.568	1.541	2.208	2.117	2.326
张掖市	1.626	1.689	1.857	1.674	1.755	1.883	1.695	1.792	1.892	2.027	2.144	2.169
庆阳市	1.027	1.383	1.303	1.304	1.304	1.314	1.317	1.376	1.361	1.456	1.486	1.725
平凉市	1.015	1.073	1.082	1.122	1.125	1.303	1.133	1.213	1.179	1.247	1.392	1.242
陇南市	1.364	1.628	1.518	1.571	1.488	1.573	1.303	1.419	1.427	1.611	1.594	1.512
石嘴山市	1.563	1.580	1.625	1.569	1.639	1.875	1.784	1.624	1.581	1.960	2.058	1.905
历年平均值	1.859	1.909	1.954	1.934	1.946	2.082	1.968	2.007	2.123	2.119	2.217	2.192

表 3—9　　　　2008—2019 年资源型城市 SARD 准则层水平

年份	准则层	
	SAD	SRD
2008	0.8984	0.9603
2009	0.9431	0.9662
2010	0.9533	1.0005
2011	0.9174	1.0242
2012	0.9083	1.0489
2013	0.9437	1.1516
2014	0.8466	1.1216
2015	0.8891	1.1175
2016	0.9211	1.2020
2017	0.9727	1.1463
2018	1.0537	1.1630
2019	1.0540	1.1375

另外，测得市域尺度资源型城市 SARD 评价结果后，由于各资源型城市 SARD 实际测度值乘以 100 后仍然偏低，缺乏可比性（见表 3—8 和表 3—9），故对其做 0—1 标准化处理以使分析结果可比。随后借鉴相关研究[235]依据等间隔分类方法将我国资源型城市 SARD 水平分为 Ⅰ、Ⅱ、Ⅲ、Ⅳ、Ⅴ 五个等级，依次对应可持续发展能力高、较高、中等、较低、低五个等类（见表 3—10）。即自图 3—3、表 3—11 起，为使分析结果可比，皆为对各资源型城市 SARD 得分做标准化后进行对比，后续分析中亦按各资源型城市 SARD 得分归属，分别将其归入第 1、第 2、第 3、第 4、第 5 梯队。

表 3—10　　　　　资源型城市 SARD 水平等级划分

等级	Ⅰ级	Ⅱ级	Ⅲ级	Ⅳ级	Ⅴ级
SARD 水平	高	较高	中等	较低	低
分值分布	(80，100]	(60，80]	(40，60]	(20，40]	[0，20]

图 3—3 资源型城市 SARD 水平转移轨迹

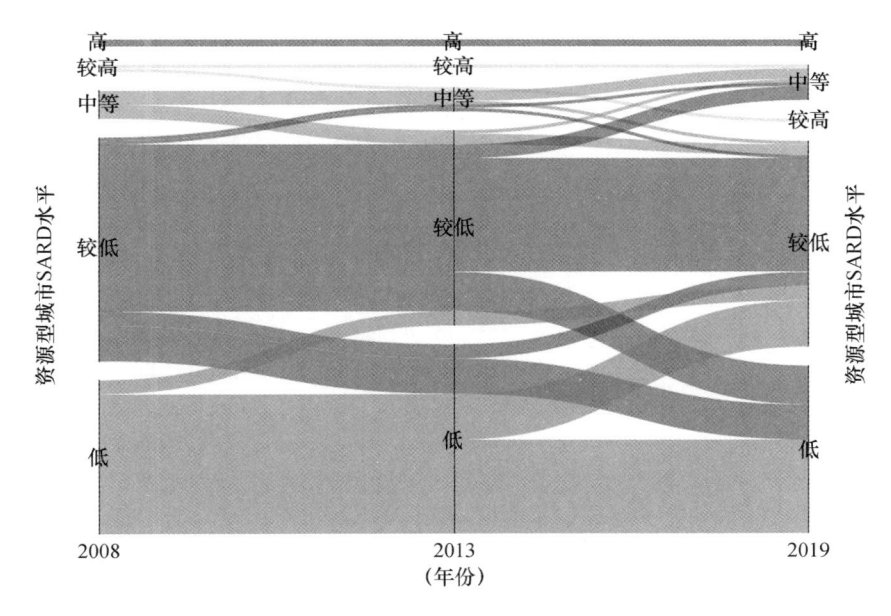

结合图 3—3 资源型城市 SARD 水平转移轨迹图变化情况可知：

第一，2008 年，全国资源型城市 SARD 水平普遍较低。第 4、第 5 梯队地级市占比较高，分别为 50.42%、38.66%，其主要分布于黄土高原和横断山脉。SARD 水平在中等及以上的城市占比仅为 10.92%，多分布于自然条件相对优越的地区，其中大兴安岭地区和南阳市属于高水平。

第二，2008—2013 年，全国资源型城市 SARD 水平的梯队结构变化相对明显，但可持续发展水平在中等以下的城市仍是主体。21% 的资源型城市 SARD 水平梯度发生变化，主要集中在第 4、第 5 梯队，11.76% 的第 4 梯队城市退居第 5 梯队，第 5 梯队城市增至 54 个；第 2 梯队中有 0.84% 的城市退居第 3 梯队，第 3 梯队中有 3.36% 的城市退居第 4 梯队。资源型城市 SARD 处于低水平的城市因此增多，占比上升至 54%，增加了 8 个，但仍集中在中部与西部地区。简而言之，2008—2013 年，生态保育和农业绿色发展导向下的全国 119 个资源型城市农业和农村可持续发展水平分化与极化现象加剧。

第三，2013—2019 年，全国资源型城市 SARD 水平整体提升明显，其变化的规模和幅度明显提高。其中，第 4、第 5 梯队比例变化尤为突出，14.28%的第5梯队城市跃迁至第4梯队，第4梯队城市增至58个，第5梯队的城市占比降至5.04%；4.2%的第4梯队城市跃至第3梯队，第3梯队的城市数量由此增长至10个，提升了42.86%；第2、第3梯队城市占比均有小幅度上升，0.84%的第3梯队城市上升至第2梯队。

总体来看，2008—2019年，我国资源型城市SARD水平整体呈缓慢上升趋势，虽然仍以发展水平较低的资源型城市为主体，但是，中等水平城市的数量缓慢增加，占比由2008年的7.56%上升至2019年的8.4%。与此同时，较低水平城市数量逐渐下降，说明我国资源型城市农业和农村发展状况正逐渐改善，SARD整体水平逐渐上升。

2. 空间特征

选取2008年、2013年和2019年作为分析资源性城市SARD空间格局的时间节点，将研究时段分为5年和6年为间隔的两个时段。由于选取的3个时间节点我国资源型城市SARD水平是时序演进的，故需要采用同一标准对其进行分级，结合2008—2019年资源型城市不同区域SARD水平的3个时间节点数据的分布趋势（见表3—11）可知：

第一，2008年，我国资源型城市SARD高值区域在空间格局上分布较为分散，高值和较高值SARD的地级市数量占我国资源型城市总数量的比例均为1.7%，且主要分布在东北地区的大兴安岭地区和呼伦贝尔市、中部地区的南阳市和宜春市；中等SARD值的地级市占比为6.7%，其在空间格局上呈点状分布，主要分布在东北的小兴安岭及长白山脉与东北平原交界地区、西南的横断山脉与四川盆地的交界地区以及东部的江南丘陵一带；值得注意的是，较低值和低值SARD地级市数量较多，占比分别为52.9%和37%，其空间分布以围绕相对高值地区为核心的"核心—边缘"结构和多个较低和低值地区集聚分布两种特征为主，具体分布于以伊春市为核心的小兴安岭和长白山脉地区，以及宜春市、南平市等四市为核心的江南丘陵地区和黄土高原、云贵高原、黄淮海平原三个较低和低值聚集区。

第二，2008—2013年，我国资源型城市SARD高值区域在空间格局上呈现零星分布，2013年高值和较高值SARD的地级市数量占比分别为1.7%和0.8%，且主要分布在东北地区的大兴安岭地区和呼伦贝尔市、

表3—11 2008—2019年资源型城市不同区域SARD水平

水平等级	2008	2013	2019
高	2个城市，占比：1.68% 大兴安岭地区、南阳市	2个城市，占比：1.68% 大兴安岭地区、南阳市	2个城市，占比：1.68% 大兴安岭地区、南阳市
较高	2个城市，占比：1.68% 宜春市、呼伦贝尔	1个城市，占比：0.84% 呼伦贝尔	1个城市，占比：0.84% 宜春市
中等	8个城市，占比：6.72% 伊春市、阿坝藏族羌族自治州、雅安市、南平市、池州市、通化市、赣州市、郴州市	7个城市，占比：5.88% 伊春市、宜春市、黑河市、宜城市、雅安市、南平市、阿坝藏族羌族自治州	10个城市，占比：8.40% 呼伦贝尔、黑河市、伊春市、徐州市、阿坝藏族羌族自治州、济宁市、赣州市、南平市、鹤岗市、三明市
较低	63个城市，占比：52.94% 黑河市、延边朝鲜族自治州、三明市、龙岩市、阜新市、鄂尔多斯市、吉林市、唐山市、盘锦市、徐州市、衡阳市、宣城市、承德市、宿州市、普洱市、韶关市、达州市、凉山彝族自治州、赤峰市、咸阳市、鹤壁市、焦作市、邯郸市、白山市、湖州市、萍乡市、贺州市、榆林市、鹤岗市、邵阳市、乌海市、亳州市、泰安市、济宁市、景德镇市、攀枝花市、枣庄市、洛阳市、云浮市、南充市、牡丹江市…	55个城市，占比：46.22% 三明市、宿州市、池州市、济宁市、龙岩市、新余市、唐山市、赤峰市、凉山彝族自治州、郴州市、运城市、临沂市、阜新市、韶关市、赣州市、南充市、衡阳市、邯郸市、鄂尔多斯市、牡丹江市、渭南市、广安市、焦作市、亳州市、景德镇市、鹤岗市、邵阳市、达州市、湖州市、延边朝鲜族自治州、咸阳市、普洱市、云浮市、广元市、泰安市、族自治州、白山市、鹤壁市、通化市、六盘水市…	58个城市，占比：48.74% 宣城市、运城市、龙岩市、池州市、衡阳市、宿州市、唐山市、泰安市、双鸭山市、临沂市、郴州市、楚雄彝族自治州、鸡西市、邵阳市、鄂尔多斯市、承德市、市、邯郸市、牡丹江市、新余市、渭南市、贺州市、鹤壁市、焦作市、雅安市、亳州市、滁州市、东营市、百色市、宿迁市、延边朝鲜族自治州、武威市、凉山彝族自治州、湖州市、保山市、毕节市、安顺市、濮阳市、阜新市、景德镇市、韶关市、榆林市、晋中市、淮北市、张掖市…

续表

水平等级	2008	2013	2019
较低	广元市、东营市、新余市、邢台市、娄底市、广安市、辽源市、保山市、曲靖市、宿迁市、濮阳市、运城市、淄博市、泸州市、本溪市、宝鸡市、临沧市、鄂州市、鞍山市、吕梁市、楚雄彝族自治州	马鞍山市、攀枝花市、泸州市、百色市、萍乡市、宝鸡市、东营市、鄂州市、承德市、淄博市、保山市、榆林市、洛阳市	白山市、河池市、黄石市、淮南市、大庆市、通化市、邢台市、六盘水市、咸阳市、马鞍山市、云浮市
低	44个城市，占比：36.97% 丽江市、松原市、张掖市、淮北市、抚顺市、朔州市、石嘴山市、双鸭山市、延安市、阳泉市、自贡市、渭南市、平顶山市、铜陵市、百色市、长治市、黄石市、河池市、安顺市、金昌市、三门峡市、六盘水市、晋中市、武威市、张家口市、毕节市、晋城市、鸡西市、大同市、陇南市、大庆市、包头市、淮南市、晋城市、鸡西市、铜川市、昭通市、胡芦岛市、马鞍山市、庆阳市、忻州市、平凉市、七台河市、白银市	54个城市，占比：45.38% 抚顺市、吉林市、洛阳市、河池市、宿迁市、临汾市、濮阳市、娄底市、张掖市、石嘴山市、金昌市、安顺市、铜陵市、双鸭山市、楚雄彝族自治州、晋中市、滁州市、乌海市、自贡市、鸡西市、淮北市、平顶山市、延安市、盘锦市、庆阳市、黄石市、曲靖市、大庆市、松原市、丽江市、三门峡市、张家口市、晋城市、鞍山市、包头市、武威市、张家口市、长治市、吕梁市、铜川市、平凉市、毕节市、昭通市、大同市、辽源市、朔州市、陇南市、阳泉市、庆阳市、胡芦岛市、白银市	48个城市，占比：40.34% 达州市、娄底市、普洱市、南充市、石嘴山市、鄂州市、平顶山市、枣庄市、宝鸡市、攀枝花市、松花江市、包头市、临沧市、广元市、吕梁市、吉林市、广安市、铜川市、金昌市、淄博市、临汾市、鞍山市、庆阳市、延安市、昌吉市、泸州市、张家口市、本溪市、曲靖市、自贡市、白银市、丽江市、盘锦市、乌海市、抚顺市、陇南市、昭通市、长治市、忻州市、花市、七台河市、朔州市、铜陵市、晋城市、大同市、胡芦岛市、平凉市、辽源市、阳泉市

中部地区的南阳市，其空间分布在 2008 年初步形成的高值和较高值 SARD 发展核心格局基础上有所收缩；中部地区的宜春市与伊春市、黑河市、宣城市、雅安市、南平市、阿坝藏族羌族自治州等同处于中值 SARD 水平，其占比为 5.88%，其在空间上呈现点状布局，具体分布在东北的大小兴安岭生态功能区和武夷山重要山地丘陵区、长江重点生态区以及四川盆地和青藏高原一带；值得注意的是，较低值 SARD 地级市数量有所减少，但低值 SARD 地级市数量有所增加，分别占我国资源型城市总数量的 46.22% 和 45.38%，其空间分布呈现以高值和较高值 SARD 的地级市为中心地，向外辐射的特征。

第三，2008—2019 年，从数量关系来看，高值和较高值 SARD 的地级市数量由 4 个变为 3 个；中值 SARD 水平的地级市区域有所扩展，其所占比例增至 8.4%；低值 SARD 水平的地级市数量由 63 个减少至 58 个；整体来看，我国资源性城市 SARD 水平有所提升。从空间分布来看，资源型城市集中分布在第二阶梯与第三阶梯的分界线：大兴安岭、太行山脉和雪峰山东西两侧，以及第一阶梯的北部和东部；围绕内蒙古东部草原综合农业区—松嫩平原农业区—黄淮海农业区以及江南丘陵形成"三区一陵"的高值和较高值 SARD 水平集聚区；中值、较低和低值 SARD 水平的地级市以高值和较高值聚集区为核心，形成"核心—外围"的资源型 SARD 水平分布格局。

(二) 资源型城市 SARD 障碍因子辨析

借助障碍度模型诊断制约资源型城市 SARD 的障碍因子，可为随后针对性探究资源型城市 SARD 协调机制和制度创新提供参考。

2008—2019 年资源型城市 SARD 指标层障碍度模型分析结果显示（见表 3—12），总体上制约资源型城市 SARD 的指标层障碍因子依次为：当年水土流失治理面积、人均森林面积、人均水资源量、人均耕地、国家级农业科技园区数、农业增加值与工业增加值之比、农产品地理标志数。可见，今后国内资源型城市仍需持续推进生态修复与整治，实行最严格的土地利用用途管制制度以守住永久基本农田红线；与此同时，各资源型城市还需因地制宜结合地方生态建设和小农经济发展实际，充分发挥地方自然资源禀赋优势和优势特色农业发展优势，结合城市产业结构调整、农业内部结构优化和农产品品种结构优化，积极调整粮经饲比

表 3—12　资源型城市 SARD 指标层障碍度测算结果

		第 1 位	第 2 位	第 3 位	第 4 位	第 5 位	第 6 位	第 7 位
阜新市	障碍因子	I_{28}	I_{24}	I_{25}	I_{23}	I_{12}	I_{11}	I_{27}
	障碍度（%）	20.548	18.083	12.998	7.977	5.356	4.882	3.993
抚顺市	障碍因子	I_{28}	I_{24}	I_{25}	I_{23}	I_{14}	I_{12}	I_{11}
	障碍度（%）	19.620	16.970	12.020	8.475	6.734	5.792	4.708
本溪市	障碍因子	I_{28}	I_{24}	I_{25}	I_{23}	I_{14}	I_{12}	I_{11}
	障碍度（%）	19.693	16.909	11.986	8.649	6.741	5.893	4.842
鞍山市	障碍因子	I_{28}	I_{24}	I_{25}	I_{23}	I_{14}	I_{12}	I_{11}
	障碍度（%）	19.307	17.084	12.138	8.492	5.839	5.788	4.554
盘锦市	障碍因子	I_{28}	I_{24}	I_{25}	I_{23}	I_{14}	I_{12}	I_{11}
	障碍度（%）	19.541	17.247	12.291	7.884	6.685	5.797	5.009
葫芦岛市	障碍因子	I_{28}	I_{24}	I_{25}	I_{23}	I_{14}	I_{12}	I_{11}
	障碍度（%）	18.785	16.514	11.791	8.350	6.447	5.219	4.861
松原市	障碍因子	I_{28}	I_{24}	I_{25}	I_{23}	I_{14}	I_{12}	I_{11}
	障碍度（%）	18.181	17.223	12.257	6.966	6.143	5.561	5.197
吉林市*	障碍因子	I_{28}	I_{24}	I_{25}	I_{23}	I_{14}	I_{12}	I_{11}
	障碍度（%）	18.377	17.549	11.774	8.330	6.957	5.861	4.947
辽源市	障碍因子	I_{28}	I_{24}	I_{25}	I_{23}	I_{14}	I_{12}	I_{11}
	障碍度（%）	17.896	16.732	11.849	7.736	6.536	5.631	5.069

续表

		第1位	第2位	第3位	第4位	第5位	第6位	第7位
通化市	障碍因子	I_{28}	I_{24}	I_{25}	I_{23}	I_{14}	I_{12}	I_{11}
	障碍度（%）	19.346	17.476	12.272	8.505	6.100	5.933	4.491
白山市	障碍因子	I_{28}	I_{24}	I_{25}	I_{23}	I_{14}	I_{12}	I_{27}
	障碍度（%）	19.355	16.702	11.172	9.027	6.150	6.142	5.074
延边朝鲜族自治州	障碍因子	I_{28}	I_{24}	I_{25}	I_{23}	I_{12}	I_{14}	I_{11}
	障碍度（%）	17.448	16.465	11.725	7.707	6.222	6.217	5.443
黑河市	障碍因子	I_{28}	I_{24}	I_{25}	I_{14}	I_{27}	I_{11}	I_{12}
	障碍度（%）	20.061	16.431	11.882	6.705	5.527	4.846	3.787
大庆市	障碍因子	I_{28}	I_{24}	I_{25}	I_{23}	I_{12}	I_{14}	I_{11}
	障碍度（%）	19.400	17.506	12.447	7.291	6.018	5.965	4.246
伊春市	障碍因子	I_{28}	I_{24}	I_{25}	I_{14}	I_{23}	I_{27}	I_{12}
	障碍度（%）	21.496	16.724	11.490	7.716	5.124	4.741	4.674
鹤岗市	障碍因子	I_{28}	I_{24}	I_{25}	I_{14}	I_{12}	I_{23}	I_{11}
	障碍度（%）	20.378	17.474	11.906	7.093	6.035	5.530	5.129
双鸭山市	障碍因子	I_{28}	I_{24}	I_{25}	I_{23}	I_{23}	I_{12}	I_{11}
	障碍度（%）	19.149	17.086	11.960	6.909	6.881	5.508	4.946
七台河市	障碍因子	I_{28}	I_{24}	I_{25}	I_{23}	I_{14}	I_{12}	I_{11}
	障碍度（%）	18.983	16.380	11.726	6.998	6.499	5.537	4.622

续表

		第1位		第2位		第3位		第4位		第5位		第6位		第7位	
鸡西市	障碍因子	I_{28}		I_{24}		I_{25}		I_{14}		I_{23}		I_{12}		I_{11}	
	障碍度(%)	19.186		17.135		11.792		6.760		6.505		5.215		4.759	
牡丹江市*	障碍因子	I_{28}		I_{24}		I_{25}		I_{23}		I_{14}		I_{12}		I_{27}	
	障碍度(%)	19.569		17.119		11.960		7.537		7.124		5.654		4.665	
大兴安岭地区*	障碍因子	I_{28}		I_{14}		I_{27}		I_{11}		I_{25}		I_{10}		I_{7}	
	障碍度(%)	30.242		11.950		8.856		8.726		8.628		4.861		4.605	
徐州市	障碍因子	I_{28}		I_{24}		I_{25}		I_{23}		I_{14}		I_{12}		I_{11}	
	障碍度(%)	19.304		19.137		13.619		9.495		6.807		6.317		5.103	
宿迁市	障碍因子	I_{28}		I_{24}		I_{25}		I_{23}		I_{14}		I_{12}		I_{11}	
	障碍度(%)	18.715		17.956		12.740		8.844		6.391		5.787		4.675	
湖州市	障碍因子	I_{28}		I_{24}		I_{25}		I_{23}		I_{14}		I_{12}		I_{11}	
	障碍度(%)	20.699		18.061		12.522		9.204		6.158		6.138		5.022	
南平市	障碍因子	I_{28}		I_{24}		I_{25}		I_{23}		I_{14}		I_{12}		I_{11}	
	障碍度(%)	21.821		18.570		10.408		9.674		7.581		5.940		4.885	
三明市	障碍因子	I_{28}		I_{24}		I_{25}		I_{23}		I_{14}		I_{12}		I_{11}	
	障碍度(%)	21.438		18.321		10.962		9.529		7.451		6.206		3.947	
龙岩市	障碍因子	I_{28}		I_{24}		I_{25}		I_{23}		I_{14}		I_{12}		I_{11}	
	障碍度(%)	21.229		18.230		11.293		9.560		7.341		6.205		4.047	

续表

		第1位	第2位	第3位	第4位	第5位	第6位	第7位
韶关市	障碍因子	I_{28}	I_{24}	I_{25}	I_{23}	I_{14}	I_{12}	I_{11}
	障碍度（%）	20.886	17.823	11.158	9.478	7.127	5.905	5.511
云浮市	障碍因子	I_{28}	I_{24}	I_{25}	I_{23}	I_{14}	I_{12}	I_{11}
	障碍度（%）	20.505	17.743	12.121	9.315	6.967	5.509	5.403
张家口市	障碍因子	I_{28}	I_{24}	I_{25}	I_{23}	I_{14}	I_{12}	I_{11}
	障碍度（%）	18.753	16.655	12.103	7.956	6.585	5.261	4.808
承德市	障碍因子	I_{28}	I_{24}	I_{25}	I_{23}	I_{14}	I_{12}	I_{11}
	障碍度（%）	19.855	17.207	12.689	9.040	6.367	5.668	4.939
唐山市	障碍因子	I_{28}	I_{24}	I_{25}	I_{23}	I_{12}	I_{14}	I_{11}
	障碍度（%）	21.206	18.748	13.408	9.315	6.304	6.070	5.058
邢台市	障碍因子	I_{28}	I_{24}	I_{25}	I_{23}	I_{14}	I_{12}	I_{11}
	障碍度（%）	20.471	18.092	12.959	8.964	7.024	5.888	4.526
邯郸市	障碍因子	I_{28}	I_{24}	I_{25}	I_{23}	I_{14}	I_{12}	I_{11}
	障碍度（%）	20.986	18.560	13.295	9.310	6.298	6.117	4.947
东营市	障碍因子	I_{28}	I_{24}	I_{25}	I_{23}	I_{12}	I_{14}	I_{11}
	障碍度（%）	20.410	17.897	12.820	8.437	6.132	5.810	4.609
淄博市	障碍因子	I_{28}	I_{24}	I_{25}	I_{23}	I_{14}	I_{12}	I_{11}
	障碍度（%）	20.209	17.751	12.685	8.937	6.887	6.075	4.125

续表

		第1位	第2位	第3位	第4位	第5位	第6位	第7位
临沂市	障碍因子	I_{28}	I_{24}	I_{25}	I_{23}	I_{14}	I_{12}	I_6
	障碍度（%）	20.806	18.478	13.161	9.202	6.577	6.108	4.199
枣庄市	障碍因子	I_{28}	I_{24}	I_{25}	I_{23}	I_{14}	I_{12}	I_{11}
	障碍度（%）	20.292	17.803	12.710	8.980	6.906	5.979	4.350
济宁市	障碍因子	I_{28}	I_{24}	I_{25}	I_{23}	I_{14}	I_{12}	I_6
	障碍度（%）	21.582	19.059	13.631	9.546	6.471	6.236	4.085
泰安市	障碍因子	I_{28}	I_{24}	I_{25}	I_{23}	I_{14}	I_{12}	I_{11}
	障碍度（%）	20.916	18.387	13.165	9.234	6.249	6.099	4.516
宿州市	障碍因子	I_{28}	I_{24}	I_{25}	I_{23}	I_{12}	I_{11}	I_{14}
	障碍度（%）	20.836	18.836	13.432	9.450	5.654	5.601	4.279
淮北市	障碍因子	I_{28}	I_{24}	I_{25}	I_{23}	I_{14}	I_{12}	I_{11}
	障碍度（%）	20.091	17.797	12.672	8.748	6.321	5.992	5.331
亳州市	障碍因子	I_{28}	I_{24}	I_{25}	I_{23}	I_{14}	I_{12}	I_{11}
	障碍度（%）	20.243	18.182	12.912	9.017	6.755	5.400	5.315
淮南市	障碍因子	I_{28}	I_{24}	I_{25}	I_{23}	I_{14}	I_{12}	I_{11}
	障碍度（%）	19.603	17.408	12.378	7.987	6.463	5.794	5.086
滁州市	障碍因子	I_{28}	I_{24}	I_{25}	I_{23}	I_{14}	I_{12}	I_{11}
	障碍度（%）	19.760	17.613	12.390	8.204	6.287	5.652	5.172

第三章 资源型城市 SARD 特征和水平的综合分析

续表

		第1位		第2位		第3位		第4位		第5位		第6位		第7位	
		障碍因子	障碍度(%)	障碍因子	障碍度(%)	障碍因子	障碍度(%)	障碍因子	障碍度(%)	障碍因子	障碍度(%)	障碍因子	障碍度(%)	障碍因子	障碍度(%)
马鞍山市		I_{28}	19.070	I_{24}	17.514	I_{25}	12.334	I_{23}	8.369	I_{14}	6.223	I_{12}	5.958	I_{11}	5.216
铜陵市		I_{28}	19.258	I_{24}	17.490	I_{25}	12.266	I_{23}	8.779	I_{14}	6.788	I_{12}	5.999	I_{11}	5.264
池州市		I_{24}	18.648	I_{28}	16.953	I_{25}	11.972	I_{23}	9.487	I_{14}	6.774	I_{12}	6.102	I_{11}	5.272
宣城市		I_{24}	19.004	I_{28}	17.358	I_{25}	12.583	I_{23}	9.526	I_{14}	7.183	I_{12}	6.257	I_{6}	4.274
三门峡市		I_{28}	19.592	I_{24}	17.047	I_{25}	12.214	I_{23}	8.621	I_{14}	6.706	I_{12}	5.830	I_{11}	4.209
洛阳市		I_{28}	20.086	I_{24}	17.868	I_{25}	12.786	I_{23}	9.059	I_{14}	6.965	I_{12}	6.048	I_{6}	4.067
焦作市		I_{28}	20.961	I_{24}	18.380	I_{25}	13.132	I_{23}	9.321	I_{14}	6.832	I_{12}	6.231	I_{11}	5.172
鹤壁市		I_{28}	20.861	I_{24}	18.280	I_{25}	13.053	I_{23}	9.099	I_{14}	6.207	I_{12}	6.159	I_{11}	5.095
濮阳市		I_{28}	20.531	I_{24}	18.009	I_{25}	12.882	I_{23}	9.093	I_{14}	6.109	I_{12}	5.984	I_{11}	5.115

续表

城市		第1位	第2位	第3位	第4位	第5位	第6位	第7位
平顶山市	障碍因子	I_{28}	I_{24}	I_{25}	I_{23}	I_{14}	I_{12}	I_{11}
	障碍度（%）	19.994	17.585	12.548	8.903	6.826	5.892	4.805
南阳市	障碍因子	I_{24}	I_{25}	I_{23}	I_{12}	I_{11}	I_{14}	I_6
	障碍度（%）	23.663	16.797	11.199	7.617	6.343	5.789	5.357
鄂州市	障碍因子	I_{28}	I_{24}	I_{25}	I_{23}	I_{14}	I_{12}	I_{11}
	障碍度（%）	20.308	17.751	12.313	9.027	6.881	5.879	5.172
黄石市	障碍因子	I_{28}	I_{24}	I_{25}	I_{23}	I_{14}	I_{12}	I_{11}
	障碍度（%）	19.785	17.428	12.135	8.954	6.492	5.882	5.253
景德镇市	障碍因子	I_{28}	I_{24}	I_{25}	I_{23}	I_{14}	I_{12}	I_{11}
	障碍度（%）	20.162	18.120	12.031	9.314	7.117	6.172	5.180
新余市	障碍因子	I_{28}	I_{24}	I_{25}	I_{23}	I_{12}	I_{11}	I_{14}
	障碍度（%）	20.473	18.818	12.794	9.415	6.416	5.532	4.599
萍乡市	障碍因子	I_{28}	I_{24}	I_{25}	I_{23}	I_{14}	I_{12}	I_{11}
	障碍度（%）	20.753	18.052	12.362	9.302	6.464	6.126	5.284
赣州市	障碍因子	I_{28}	I_{24}	I_{25}	I_{23}	I_{14}	I_{12}	I_{11}
	障碍度（%）	20.087	18.424	12.444	9.668	6.701	5.975	5.111
宜春市	障碍因子	I_{24}	I_{28}	I_{25}	I_{23}	I_{14}	I_{12}	I_{11}
	障碍度（%）	20.036	13.710	13.283	10.142	6.876	6.561	4.950

续表

		第1位	第2位	第3位	第4位	第5位	第6位	第7位
大同市	障碍因子	I_{28}	I_{24}	I_{25}	I_{23}	I_{14}	I_{12}	I_{11}
	障碍度（%）	18.422	16.596	11.898	7.704	6.457	5.614	3.991
朔州市	障碍因子	I_{28}	I_{24}	I_{25}	I_{23}	I_{14}	I_{12}	I_{11}
	障碍度（%）	18.816	16.744	12.016	7.276	6.539	5.710	4.322
阳泉市	障碍因子	I_{28}	I_{24}	I_{25}	I_{23}	I_{14}	I_{12}	I_{27}
	障碍度（%）	19.177	16.815	12.052	8.528	6.547	5.814	4.288
长治市	障碍因子	I_{28}	I_{24}	I_{25}	I_{23}	I_{14}	I_{12}	I_{6}
	障碍度（%）	18.828	16.916	12.120	8.480	6.598	5.810	4.032
晋城市	障碍因子	I_{28}	I_{24}	I_{25}	I_{23}	I_{14}	I_{12}	I_{6}
	障碍度（%）	19.058	16.882	12.092	8.326	6.605	5.817	3.980
忻州市	障碍因子	I_{28}	I_{24}	I_{25}	I_{23}	I_{14}	I_{12}	I_{6}
	障碍度（%）	18.145	16.730	11.959	7.721	6.540	5.599	3.974
晋中市	障碍因子	I_{28}	I_{24}	I_{25}	I_{23}	I_{12}	I_{14}	I_{11}
	障碍度（%）	19.494	17.665	12.616	8.880	5.901	5.727	4.248
临汾市	障碍因子	I_{28}	I_{24}	I_{25}	I_{23}	I_{14}	I_{12}	I_{6}
	障碍度（%）	19.219	17.510	12.599	8.782	6.842	5.939	4.146
运城市	障碍因子	I_{28}	I_{24}	I_{25}	I_{23}	I_{14}	I_{12}	I_{6}
	障碍度（%）	20.546	18.521	13.265	9.215	6.004	5.851	4.209

续表

		第1位	第2位	第3位	第4位	第5位	第6位	第7位
吕梁市	障碍因子	I_{28}	I_{24}	I_{25}	I_{23}	I_{14}	I_{12}	I_6
	障碍度（%）	18.524	16.917	12.139	8.359	6.058	5.824	4.057
衡阳市	障碍因子	I_{28}	I_{24}	I_{25}	I_{23}	I_{14}	I_{12}	I_{11}
	障碍度（%）	21.217	18.494	12.854	9.479	6.303	5.907	5.517
郴州市	障碍因子	I_{28}	I_{24}	I_{25}	I_{23}	I_{14}	I_{12}	I_{11}
	障碍度（%）	20.358	18.234	12.259	9.457	6.892	6.150	5.388
邵阳市	障碍因子	I_{28}	I_{24}	I_{25}	I_{23}	I_{14}	I_{12}	I_{11}
	障碍度（%）	20.613	17.979	12.377	9.291	6.748	5.444	5.176
娄底市	障碍因子	I_{28}	I_{24}	I_{25}	I_{23}	I_{14}	I_{12}	I_{11}
	障碍度（%）	20.267	17.613	12.254	9.164	6.907	5.857	5.191
百色市	障碍因子	I_{28}	I_{24}	I_{25}	I_{23}	I_{12}	I_{11}	I_6
	障碍度（%）	20.243	17.016	11.336	8.799	5.684	4.142	4.090
河池市	障碍因子	I_{28}	I_{24}	I_{25}	I_{23}	I_{14}	I_{12}	I_6
	障碍度（%）	20.076	16.894	10.584	8.808	6.847	5.202	4.070
贺州市	障碍因子	I_{28}	I_{24}	I_{25}	I_{23}	I_{14}	I_{12}	I_{11}
	障碍度（%）	20.525	17.553	11.191	9.170	6.706	5.315	4.342
广元市	障碍因子	I_{28}	I_{24}	I_{25}	I_{23}	I_{14}	I_{12}	I_{11}
	障碍度（%）	19.792	17.374	11.845	8.855	6.888	5.518	4.750
南充市	障碍因子	I_{28}	I_{24}	I_{25}	I_{23}	I_{14}	I_{12}	I_6
	障碍度（%）	20.429	18.065	12.807	9.222	7.028	5.350	4.059

续表

		第1位	第2位	第3位	第4位	第5位	第6位	第7位
广安市	障碍因子	I_{28}	I_{24}	I_{25}	I_{23}	I_{12}	I_{11}	I_6
	障碍度（%）	20.394	17.953	12.634	9.163	5.600	5.232	4.077
自贡市	障碍因子	$I28$	I_{24}	I_{25}	I_{23}	I_{14}	I_{12}	I_{11}
	障碍度（%）	19.623	17.307	12.310	8.798	6.720	5.704	4.955
泸州市	障碍因子	I_{28}	I_{24}	I_{25}	I_{23}	I_{14}	I_{12}	I_{11}
	障碍度（%）	19.950	17.563	12.297	8.942	6.863	5.770	4.242
攀枝花市	障碍因子	I_{28}	I_{24}	I_{25}	I_{23}	I_{14}	I_{12}	I_{11}
	障碍度（%）	19.940	17.241	11.618	8.930	6.848	6.031	4.053
达州市	障碍因子	I_{28}	I_{24}	I_{25}	I_{23}	I_{14}	I_{12}	I_6
	障碍度（%）	20.325	17.922	12.408	9.117	7.000	5.407	4.041
雅安市	障碍因子	I_{28}	I_{24}	I_{25}	I_{23}	I_{14}	I_{12}	I_{11}
	障碍度（%）	20.971	18.236	11.563	9.786	6.147	6.070	4.735
阿坝藏族羌族自治州	障碍因子	I_{28}	I_{24}	I_{23}	I_{14}	I_{12}	I_{11}	I_6
	障碍度（%）	22.198	16.537	9.950	7.607	6.169	4.611	4.512
凉山彝族自治州	障碍因子	I_{28}	I_{24}	I_{25}	I_{23}	I_{14}	I_{12}	I_6
	障碍度（%）	20.014	17.779	10.867	9.282	7.166	5.591	4.163
包头市	障碍因子	I_{28}	I_{24}	I_{25}	I_{14}	I_{23}	I_{12}	I_{11}
	障碍度（%）	19.108	16.774	12.081	6.293	5.962	5.805	4.936
乌海市	障碍因子	I_{28}	I_{24}	I_{25}	I_{23}	I_{14}	I_{12}	I_{11}
	障碍度（%）	20.166	17.581	12.639	8.361	6.834	6.091	5.104

续表

城市		第1位	第2位	第3位	第4位	第5位	第6位	第7位
赤峰市	障碍因子	I_{28}	I_{24}	I_{25}	I_{23}	I_{12}	I_{14}	I_6
	障碍度（%）	19.045	17.567	13.081	7.682	5.834	4.180	4.017
呼伦贝尔市	障碍因子	I_{28}	I_{24}	I_{25}	I_{14}	I_{12}	I_{27}	I_{23}
	障碍度（%）	23.035	13.850	11.265	8.297	6.546	5.140	3.746
鄂尔多斯市	障碍因子	I_{28}	I_{24}	I_{25}	I_{23}	I_{14}	I_{12}	I_{11}
	障碍度（%）	17.969	16.891	12.746	6.838	6.784	6.263	4.257
六盘水市	障碍因子	I_{28}	I_{24}	I_{25}	I_{23}	I_{14}	I_{12}	I_{11}
	障碍度（%）	19.203	17.262	12.042	8.819	6.472	5.844	4.705
安顺市	障碍因子	I_{28}	I_{24}	I_{25}	I_{23}	I_{14}	I_{12}	I_{11}
	障碍度（%）	19.501	17.216	11.822	8.678	6.184	5.248	4.604
毕节市	障碍因子	I_{28}	I_{24}	I_{25}	I_{23}	I_{14}	I_{12}	I_{11}
	障碍度（%）	19.745	17.255	12.009	8.592	5.920	5.358	4.553
曲靖市	障碍因子	I_{28}	I_{24}	I_{25}	I_{23}	I_{14}	I_{12}	I_{27}
	障碍度（%）	19.141	17.267	12.039	8.594	6.500	5.479	4.524
保山市	障碍因子	I_{28}	I_{24}	I_{25}	I_{23}	I_{14}	I_{12}	I_{27}
	障碍度（%）	20.238	17.390	11.354	9.224	6.681	4.917	4.900
昭通市	障碍因子	I_{28}	I_{24}	I_{25}	I_{23}	I_{14}	I_{12}	I_{27}
	障碍度（%）	18.381	16.860	11.597	8.713	6.592	5.162	4.880
丽江市*	障碍因子	I_{28}	I_{24}	I_{25}	I_{23}	I_{14}	I_{12}	I_{11}
	障碍度（%）	19.470	16.000	10.999	8.735	6.700	5.159	5.132

续表

		第1位	第2位	第3位	第4位	第5位	第6位	第7位
普洱市	障碍因子	I_{28}	I_{24}	I_{25}	I_{23}	I_{14}	I_{11}	I_{27}
	障碍度（%）	19.966	16.483	9.840	8.875	6.961	5.183	5.095
临沧市	障碍因子	I_{28}	I_{24}	I_{25}	I_{23}	I_{14}	I_{11}	I_{27}
	障碍度（%）	19.376	16.730	11.008	8.671	6.769	5.137	4.967
楚雄彝族自治州	障碍因子	I_{28}	I_{24}	I_{25}	I_{23}	I_{14}	I_{12}	I_{27}
	障碍度（%）	19.165	17.019	12.334	8.949	5.479	5.358	5.059
延安市	障碍因子	I_{28}	I_{24}	I_{25}	I_{23}	I_{14}	I_{12}	I_{11}
	障碍度（%）	17.411	16.455	12.333	8.344	6.738	5.867	5.145
铜川市	障碍因子	I_{28}	I_{24}	I_{25}	I_{23}	I_{14}	I_{12}	I_{11}
	障碍度（%）	18.940	16.727	12.055	8.266	6.283	5.705	4.897
渭南市	障碍因子	I_{28}	I_{24}	I_{25}	I_{23}	I_{12}	I_{11}	I_{6}
	障碍度（%）	19.701	18.202	13.038	9.084	5.874	4.337	4.141
咸阳市	障碍因子	I_{28}	I_{24}	I_{25}	I_{23}	I_{14}	I_{12}	I_{11}
	障碍度（%）	19.611	18.073	12.960	9.109	7.019	5.850	4.321
宝鸡市	障碍因子	I_{28}	I_{24}	I_{25}	I_{23}	I_{14}	I_{12}	I_{11}
	障碍度（%）	19.507	17.518	12.516	8.891	6.900	5.945	4.873
榆林市	障碍因子	I_{28}	I_{24}	I_{25}	I_{23}	I_{12}	I_{14}	I_{27}
	障碍度（%）	17.742	17.231	12.522	7.876	6.037	6.005	4.247

续表

		第1位		第2位		第3位		第4位		第5位		第6位		第7位	
金昌市	障碍因子	I_{28}		I_{24}		I_{25}		I_{23}		I_{14}		I_{12}		I_{11}	
	障碍度（%）	19.930		16.989		12.509		7.504		6.784		5.913		4.468	
白银市	障碍因子	I_{28}		I_{24}		I_{25}		I_{23}		I_{14}		I_{12}		I_{11}	
	障碍度（%）	18.447		16.327		11.805		7.499		6.128		5.332		4.577	
武威市	障碍因子	I_{28}		I_{24}		I_{25}		I_{23}		I_{14}		I_{11}		I_{12}	
	障碍度（%）	19.298		17.007		12.243		8.301		5.872		4.837		4.631	
张掖市	障碍因子	I_{28}		I_{24}		I_{25}		I_{23}		I_{14}		I_{12}		I_{12}	
	障碍度（%）	19.596		17.084		11.860		7.920		6.822		4.916		4.563	
庆阳市	障碍因子	I_{28}		I_{24}		I_{25}		I_{23}		I_{14}		I_{12}		I_{27}	
	障碍度（%）	18.160		16.487		11.992		7.797		6.248		5.550		4.484	
平凉市	障碍因子	I_{28}		I_{24}		I_{25}		I_{23}		I_{14}		I_{11}		I_{12}	
	障碍度（%）	18.225		16.422		11.807		7.838		6.421		4.888		4.648	
陇南市	障碍因子	I_{28}		I_{24}		I_{25}		I_{23}		I_{14}		I_{12}		I_{11}	
	障碍度（%）	18.710		16.538		11.594		8.417		6.602		4.361		4.159	
石嘴山市	障碍因子	I_{28}		I_{24}		I_{25}		I_{23}		I_{12}		I_{14}		I_{11}	
	障碍度（%）	19.905		17.391		12.478		7.626		5.931		5.920		4.747	
平均状况	障碍因子	I_{28}		I_{24}		I_{25}		I_{23}		I_{14}		I_{12}		I11	
	障碍度（%）	19.600		17.386		12.116		8.458		6.480		5.698		4.579	

注：带 * 的城市表示森林工业城市。

例，加快特色农业建设，积极申请建立国家级农业科技园区，引入国家重点龙头企业发展附加值高、多功能价值明显的多功能农业；此外，还需因地制宜发挥地方自然资源禀赋优势，积极地申请农产品地理标志认证和中国特色农产品优势区，继续提升农产品附加值。分城市来看，制约 119 个资源型城市 SARD 的前两位的主要障碍因子与总体制约障碍因子完全一致；除四川阿坝藏族自治州外，制约单城市层面 SARD 第三类障碍因子亦完全一致；制约单城市层面 SARD 的障碍因子中，除四川阿坝藏族自治州以及黑龙江的伊春、鸡西、鹤岗、双鸭山外，其他城市第四类障碍因子皆为人均耕地。可见，总体上制约资源型城市 SARD 的因子具有普遍性，因此资源型城市 SARD 仍需持续推进生态修复整治提升资源环境品质，加快发展地方优势特色农业，持续结合城市产业结构调整、农业内部结构和农产品结构优化，在提升地方生态环境的同时，提高农业总产值，促成三农"富强美"。

四　讨论

总体来看，除马彦琳基于农业可持续发展和农村可持续发展耦合视角开展的新疆吐鲁番绿洲 SARD 评价外，多数面向区域 SARD 的评价研究多综合农业、农村整体情况，选取反映乡村地区生态环境、资源利用、经济发展、社会进步等层面指标构建指标体系基于农业可持续发展和农村可持续发展视角选取相应的指标开展评价。本书认为，SAD 更多地体现了农业产业发展的情况，SRD 表征了农村地区综合性发展境况，而作为重要生产要素的农民则是缔结两者的重要关联者，故区域 SARD 评价指标体系还应区分农业发展和农村建设两个层面构建指标体系。

2008—2019 年我国资源型城市 SARD 水平普遍极低，表明资源开发特别是粗放式的资源开发对资源型城市乡村地区 SARD 具有显著的负外部性。虽然近 12 年来资源型城市 SARD 趋于增加，但是其增幅极弱，说明对资源型城市而言，仍需持续推进生态修复整治、积极推进农业的绿色发展、因地制宜强化优势特色农业产业发展技术水平，以期借助中—省特色农产品优势区等建设契机加大农产品地理标志数量的认定、增加农业劳动生产率，提升资源型城市 SARD 水平。

第三节 案例城市矿区乡村 SARD 水平比较分析

一 案例城市选取与概况

（一）案例城市概况

我国能源矿产"富煤、少油、缺气"的资源禀赋特点，决定了煤炭仍将在今后相当长的一段时期占据国内能源消费结构的主体地位，而西部地区又是我国能源矿产及其他矿产资源保有储量占比最高的地区。早在1998年，陕西省榆林市就因境内煤油气盐等矿种门类多、品种全、储量丰成为全国唯一的国家级能源化工基地。2015年榆林市煤油气等一次能源生产总量占全国的10%左右，折合油气当量是我国第一产能大市[236]，其煤炭探明储量为1490亿吨，占全国煤炭探明储量的12%（其资源储量详见附录2），其中神府矿区的探明储量为431.13亿吨，是我国乃至世界特大煤田之一。根据《全国资源型城市可持续发展规划（2013—2020年）》，榆林市不仅属资源型城市中的成长型城市，还是我国重要的煤炭、石油后备基地。汤建群等人的研究证实资源型城市中煤炭资源型城市的发展状况最恶劣[237]，其乡村地区SARD面临的困难和问题也较其他类资源型城市严重。此外，榆林市还是世界红花荞麦优势产区、世界果树资源八大原产中心之一，也是全国著名的马铃薯优生区、最佳种子生态区，以及全国重要的优质小杂粮生产基地、全国五大马铃薯生产地级市之一[238]。加之，榆林市地处我国北方农牧交错带，所辖12个县市皆为水土流失重点治理区域，其发展特色农业和生态农业的禀赋性虽高，但治理的紧迫性更强。可见榆林市既集矿产资源与农业资源优势于一身，又地处我国北方农牧交错带，因此选取该市典型矿区村庄探究其农业与农村可持续发展具有突出的典型性和有较强的代表性。

（二）矿区乡村选取及概况

本节依据矿区村庄内煤矿开采规模，选取榆林市神府煤田中国西部百强镇内的4类8个村庄作为案例村。这些村庄依次为国有重点煤矿开发区内村庄（含在采区村庄和采空塌陷复垦区村庄两类）、国有地方煤矿开发内村庄、乡镇煤矿开发区内村庄、无煤矿开采村庄。随后借助 DPSIR 概念模型构建村域尺度的 SARD 评价指标体系，以期测度不同能源开发强度下案例村 SARD 水平，为随后资源型城市以及典型案例村 SARD 协调机制与制度创新提供量化依据。

案例区所在的神府煤田地处毛乌素沙漠、黄土高原向内蒙古高原的过渡带，地理范围介于北纬 37°20′—40°16′，东经 108°36′—110°3′。本书依据矿产开发强度，依次选定神木市孙家岔、店塔镇，以及府谷县庙沟门、新民镇 4 个煤炭型工矿镇，此 4 镇皆为 2019 年度中国西部百强镇，2020 年工业产值均在 100 亿元以上。随后依据 4 镇内各行政村内煤矿开发利用情况，依次对应地遴选了 4 镇中的燕家塔村（村内有国有重点煤矿）、庙沟村（村内无煤矿）、店塔村（村内无煤矿）、贺家梁村（村内有国有地方煤矿）、沙梁村（村内有国有地方煤矿）、西尧沟村（村内现无煤矿开发，属央企—神华国能集团陕西德源府谷能源有限公司配套建设的三道沟煤矿采空塌陷区和移民搬迁腾退区）、化皮沟村（村内有国有重点煤矿—央企—神华国能集团陕西德源府谷能源有限公司配套建设的三道沟煤矿），以及新民村（村内有乡镇煤矿）8 个行政村，进行有关研究。其区位分布如图 3—4 所示。

由图可知，8 个案例村均位于黄河中游神府煤田西北缘，属风沙草滩区向黄土丘陵沟壑区的过渡区，8 村地貌类型皆以黄土丘陵沟壑和风沙草滩为主，土壤类型以风沙土和黄土为主，土壤较为贫瘠。植被以沙柳、沙蒿等原生沙生植被和人工栽培的乔灌植被为主。案例区气候冷热分明，属典型的中温带大陆性季风气候，多年年均温 7—10 摄氏度，雨热同期，降水主要集中在 7—9 月，年均降水量 370—460 毫米，年均无霜期 180 天左右。主要的自然灾害有旱涝、冰雹、霜冻等，而且春夏旱涝灾害多发，尤以春旱为甚。人均耕地 0.13—0.47 公顷，主要粮食作物有玉米、土豆、糜子、豆类等，经济作物有向日葵、胡麻等。截至 2019 年底，8 个案例村平均外出务工率 43.41%，人均年收入介于 1.8 万~3.5 万元。

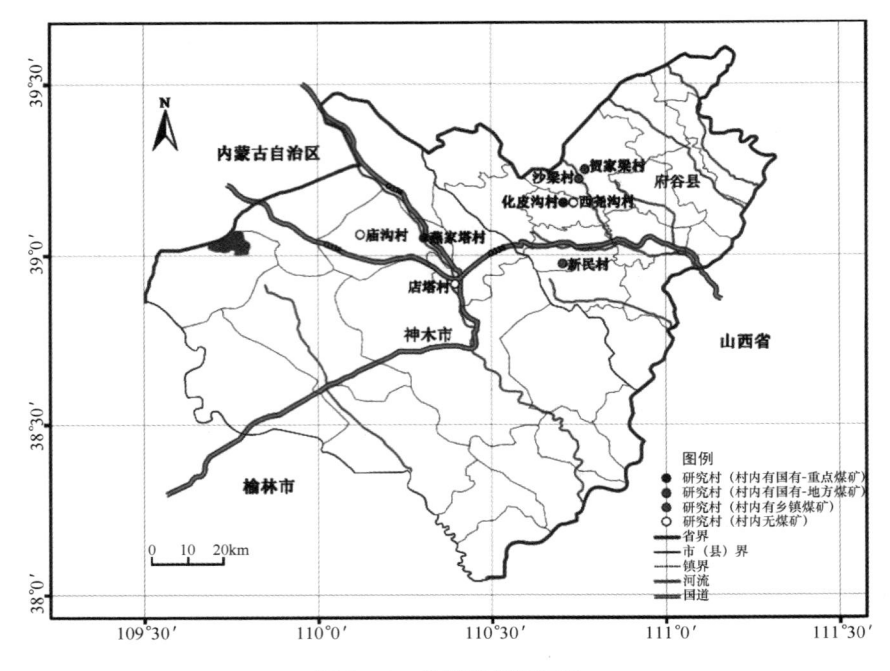

图 3—4　典型案例区区位

二　数据来源与研究方法

（一）数据来源

本节所需评价指标取自 8 个案例村村委会统计数据、2020 年 8 月入户调研数据。调研过程中总计发放农户问卷 322 份，其中有效问卷 312 份，问卷有效率 96.89%；回收村干部问卷 8 份，问卷有效率 100%。

（二）研究方法

1. 调查方法与抽样方法

本节综合典型调查方法、非概率抽样调查方法和问卷调查方法，选择典型案例区——神府煤田典型村庄开展调研。考虑到 8 个案例村存在不同程度的"空心化"现象，加之实际调研中很难对研究总体对象开展全面调查，故具体抽样时基于目的性、可测性、可行性、经济性等原则，选取非概率抽样中的偶遇抽样方法开展入户调研。偶遇抽样又称方便抽样或者自然抽样，是指在开展乡村社会调查过程中，研究者依据实际情况以较为方便的形式抽取开始调查时偶遇的，或者选取容易找到的人作为研究对象。常见的街头拦截式调查，以及邮寄式调查皆是偶遇抽样。该方法省时省力，但样本的代表性会受到一定的影响。鉴于此，课题组都会给接受调研的农户发放纪念品，并请求偶遇抽样对象帮忙联系其他愿意接受调查的农户，以及让村干部协助寻找愿意接受调查的农户（从这个角度来看，也使用了非概率抽样中的滚雪球抽样方法），以期最大限度地提高样本的代表性、最大限度地规避偶然性。本书所涉及资源型城市 SARD 访谈提纲及问卷详见附录 3。

2. 熵值法确权

考虑到本节所评价指标为单年份数据，故全部选用熵值法确定准则层及指标层权重，具体方法描述详见本章第二节。

第一，处理原始数据。本节基于 DPSIR 概念模型构建了案例区 8 个典型村的 SARD 定量评价指标体系，评价体系包括 32 项指标。结合熵值法的内涵可知，这是针对 8 个样本及相应的 256 个数据所做的综合评价，由此形成评价系统的初始数据矩阵：

$$X = \begin{pmatrix} x_{1\,1} & \cdots & x_{1\,32} \\ \vdots & \ddots & \vdots \\ x_{8\,1} & \cdots & x_{8\,32} \end{pmatrix}$$

第二，标准化处理。为使实际含义不同的指标可以在同一评价体系下进行计算和比较，需要消除量纲对指标数据的影响，书中采用极差标准化方法消除评价指标量纲。具体公式见本章第二节。

第三，计算指标熵值。计算第 i 个村庄的第 j 项指标占 8 个案例村 j 指标总值的比重：

$$y_{ij} = x_{ij} \Big/ \sum_{i=1}^{8} x_{ij} \tag{3.9}$$

计算指标 j 的信息熵值：

$$e_j = -K \sum_{i=1}^{8} y_{ij} \ln y_{ij} \tag{3.10}$$

式中，$K = 1/\ln 8 \approx 0.48$

第四，测度信息效用值。信息效用值亦可称为差异系数，表征指标差异程度的大小，指标的信息效用值大，其对 SARD 评价的影响程度则越显著，则该指标在评价中的重要性越强，即其权重越大。

$$d_{ij} = 1 - e_j \qquad (3.11)$$

第五，推算指标权重。用熵值法估算指标权重时，依据指标的信息效用值衡量指标对 SARD 系统的影响强弱，指标效用值越高，其所对农业与农村发展的贡献愈高，其权重相应也越大。

$$W_j = d_j / \sum_{j=1}^{8} d_j \qquad (3.12)$$

第六，可运用综合加权求和法求取 8 个案例村各自的可持续农业与农村发展综合系统的评价值。

$$U_i = \sum_{j=1}^{8} w_j y_{ij} \qquad (3.13)$$

3. DPSIR 概念模型

20 世纪 80 年代，国际经济合作与发展组织（OECD）首先运用 PSR（Pressure-State-Response，以下简称 PSR）概念模型作为研判生态系统状态的逻辑框架。PSR 意为"压力—状态—响应"，其将人类与自然的关系归纳为：人类在向自然界索取自身发展所需资源的同时，向环境中排放废弃物，导致生态环境承担了一定的压力（Pressure），自然界各元素赋存状态（State）也会因之发生变化，并反作用于经济社会发展，人类可通过转变发展观念与发展方式以求有效应对（Response）这种变化。由于这三项指标选取与处理过程的优劣很大程度上取决于研究人员的工作经验，且 PSR 在处理复杂的反馈系统的过程中具有一定的局限性，后续研究中学者们又相继提出了 DSR（Driving Force-State-Response，以下简称 DSR）、PSIR（Pressure-State-Response，以下简称 PSIR）等修正模型。

1993 年国际经济合作与发展组织经再次修订整合 PSR 模型与 DSR 模型后，提出的 DPSIR 概念模型（Driving Forces-Pressure-State-Impact-Response Framework，以下简称 DPSIR）是一种理论化的概念模型[239]，是对 PSR 模型的扩展修订。该模型涵括人类、生态环境、经济发展、社会进步四类要素，覆盖经济、社会以及生态环境等多系统，可有效反馈多维系统间复杂的因果关系，有效克服了 PSR 模型以及 DSR 模型的不足，为多尺度、多专题可持续发展评价提供了思路。自 20 世纪 90 年代末期以来，DPSIR 概念模型在区域水土资源管理与评价[240-242]、SAD 评价[243-244]、生态环境专项评价[245-246]，以及多尺度、多专题可持续发展评价[247-249]中得到了极为广泛的应用。

在 DPSIR 概念模型中，驱动力（Driving force）是指直接或间接驱动环境变化的各类自然或人为因素；压力（Pressure）是指人类及非正常自然活动对其所处环境的影响，是导致环境变化的直接压力因子，如不合理的人类生产生活活动所产生的各类污染，以及海啸、火山爆发等非正常自然活动导致环境变化的负效应；状态（State）是指受驱动力和压力影响下环境所处的状况，是区域自然、社会环境在压力下表现出来的具体状态，如水土质量、植被覆盖以及就业率浮动等；影响（impact）是指生态系统所处的状态反过来对人类社会健康和经济发展的影响，如环境影响人类健康、制约农业生产效率等；响应（Response）是指人类为应对既有环境问题和潜在威胁，促进区域可持续发展所采取的各类应对策略，如控污减排等。DPSIR 概念模型各子系统作用如图 3—5 所示。

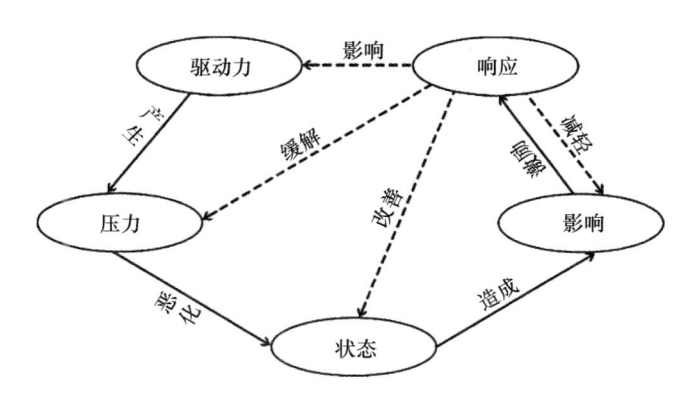

图 3—5　DPSIR 概念模型

4. SARD 评价等级划分

为符合常规差异比较中的百分制习惯，给每个案例村 SARD 的测算结果乘以 100，以期明显量化并对比案例村 SARD 水平。由于评价指标体系与市域尺度资源型城市 SARD 的差异较大，故典型案例区村域尺度 SARD 等级划分依照研究区实际划分为五类，其水平等级划分如表 3—13 所示。

表3—13 典型案例区村域尺度 SARD 水平等级划分

等级	Ⅰ级	Ⅱ级	Ⅲ级	Ⅳ级	Ⅴ级
SARD 水平	优	良	中	差	劣
分值分布	(80, 100]	(60, 80]	(40, 60]	(20, 40]	[0, 20]

5. 矿区乡村 SARD 障碍因子辨析

诊断阻碍典型案例区村域尺度 SARD 的障碍因素是针对性提出案例村乃至资源型城市 SARD 协调机制和制度创新的重要前提，障碍度模型计算公式详见本章第二节公式3.8。

三 结果与分析

（一）基于 DPSIR 概念模型的典型案例区村域尺度 SARD 指标体系构建

1. 评价原则

（1）科学性

依靠经验建立的评价指标体系往往具有一定的主观性与随意性，典型案例区村域尺度 SARD 的定量评价需以科学理论作为依据，指标选取亦需把握评价目的与指标内涵之间的一致性，以期充分表征神府煤田地区农业生产、农户生计、农村环境现状。

（2）可操作性

指标选取遵循简洁实用的原则，尽量选取实践中易于观测、获取和处理的研究数据，将燕家塔村、庙沟村、店塔村、贺家梁村、沙梁村、西尧沟村、化皮沟村、新民村等8个案例村社会经济与生态环境状况转为可量化指标。

（3）全面性与典型性

表征典型案例区村域尺度 SARD 的因素不仅要体现经济、社会、生态系统内部因素的状态，还要体现各系统间的交互作用，故本节选取评价指标时，在厘清 DPSIR 概念模型各子系统作用机理的基础上，尽可能选取具有全面和代表性的指标。

2. 评价指标体系构建

为尽可能详尽地反映典型案例区村域尺度农业与农村发展的综合水

平与空间分异特征，本节遴选了神木市孙家岔镇燕家塔村、庙沟村，店塔镇的店塔村；府谷县新民镇的新民村，庙沟门镇的贺家梁村、沙梁村、西尧沟村、化皮沟村（各村煤矿开发情况详见本节研究区概况）等8个案例村，以农业与农村可持续发展水平为目标层，立足案例村村历史背景、现实状况与发展潜力，遵循DPSIR概念模型描述事物演变的逻辑，基于科学性、可操作性、全面性与典型性等原则，选定了五个准则层（子系统），各准则层含义及所包含指标表述如下。

（1）驱动力（Driving）指的是可能引起区域变化的各种自然或人为因素，囿于自然环境演替的长期性和缓慢性，本节用村庄人口密度指标间接反映研究区自然环境驱动力；经济社会发展水平表征案例区实现SARD的人为驱动力强弱，可反映研究案例村实现SARD的需求，并从侧面反映农户对发展结果的认可度。最终选定村庄人口密度、老龄化率、耕地面积占比、农产品商品化率、适龄劳动力占比、农户拥有商品房比率6项指标作为驱动力层子指标。

（2）压力（Pressure）指的是人类和自然对生态环境的影响，案例区资源与环境承受来自矿产开发、农业生产以及农户日常生活行为等多方面的压力，矿产开发活动引发环境压力的典型表现为土地塌陷、水土气污染等；农业生产造成的污染有农药、化肥过量施用而引发的水土污染等；农户日常生活行为引发的压力包括过量耗水和耗能。经综合考量，最终选取人均采矿分红、矿业用地占比、人均实际耕种面积、塌陷面积占比、地均农药化肥施用量、煤矿及相关企业中村民就业人数、农户年均生活水耗、农户年均生产生活能耗8项指标作为压力层子指标。

（3）状态（State）指的是生态环境在多方压力的交互作用下呈现出来的现状。考虑到案例区的自然本底及其与村庄生产、生活的交互作用，最终选取了恩格尔系数、植被覆盖率、耕地抛荒率、水土流失面积占比、农业有效灌溉率、农户对矿区水土污染状况的感知度、单位耕地面积产值7项指标。

（4）影响（Impact）指的是生态系统所处的状态反过来对人类社会健康和经济发展的影响，如水污染会增加区域居民生病的概率、耕地退化导致区域农产品供给减少，亦可理解为环境对人类社会的反扑作用。经考量案例区实际，最终选取了粮食单产、村民外出务工人数比率、农户对农业生产条件的满意度、农户收入多样化指数、农户生态环境满意度 5 项指标。

（5）响应（Response）指的是人类为解决环境变化、促进可持续发展采取的各类协调策略，如控污减排等。经考量研究区实际，本节选取非农收入占比、农民人均可支配收入与全市城镇居民可支配收入之比、村庄每万人中农业技术人员、资源开采生态环境补偿、村干部受教育程度、气候变化适应策略多样化指数 6 项指标作为响应层的子指标。

如上所述，经综合考虑典型案例区农业、农村自然、经济社会发展实际，遵照系统论、可持续农业与农村发展理论，参照相关研究[196,198,212,214,243]，借助 DPSIR 概念模型建构了以典型案例区 SARD 为目标层，以驱动力—压力—状态—影响—响应为基准层，由 32 个基础指标组成的典型案例区村域尺度 SARD 评价指标体系（见表 3—14）。

表 3—14　基于 DPSIR 概念模型的典型案例区村域尺度 SARD 评价指标体系

目标层	准则层	指标层	指标属性
典型案例区乡村 SARD	驱动力（Driving forces）	D_1 村庄人口密度（人/平方公里）	负向
		D_2 老龄化率（百分率）	负向
		D_3 耕地面积占比（百分率）	正向
		D_4 农产品商品化率（百分率）	正向
		D_5 适龄劳动力占比（百分率）	正向
		D_6 农户拥有商品房比率（百分率）	负向
	压力（Pressures）	P_1 人均采矿分红（万元/人）	负向
		P_2 矿业用地占比（百分率）	负向
		P_3 人均实际耕种面积（公顷/人）	正向
		P_4 塌陷面积占比（百分率）	负向
		P_5 地均农药化肥施用量（公斤/公顷）	负向
		P_6 煤矿及相关企业中村民从业人数（人）	负向
		P_7 农户年均生产生活水耗（吨/户）	负向
		P_8 农户年均生产生活能耗（千瓦/户）	负向

续表

目标层	准则层	指标层	指标属性
典型案例区乡村SARD	状态(States)	S_1 恩格尔系数（百分率）	负向
		S_2 植被覆盖率（百分率）	正向
		S_3 耕地抛荒率（百分率）	负向
		S_4 水土流失面积占比（百分率）	负向
		S_5 农业有效灌溉率（百分率）	正向
		S_6 农户对矿区水土污染状况的感知度（百分率）	负向
		S_7 单位耕地面积产值（万元/公顷）	正向
	影响(Impacts)	I_1 粮食单产：地均粮食产量（公斤/公顷）	正向
		I_2 村民外出务工人数比率（百分率）	负向
		I_3 农户对农业生产条件的满意度（/）	正向
		I_4 农户收入多样化指数（/）	正向
		I_5 农户生态环境满意度（/）	正向
	响应(Responses)	R_1 非农收入占比（百分率）	正向
		R_2 农民人均可支配收入与全市城镇居民可支配收入之比（百分率）	正向
		R_3 村庄每万人中农业技术人员数（人）	正向
		R_4 资源开采生态环境补偿（万元）	正向
		R_5 村干部受教育程度（年）	正向
		R_6 农户气候变化适应策略多样化指数（/）	正向

注：标注波浪下划线的指标为典型案例区村域尺度SARD评价的标志性指标；农户生态环境满意度为问卷中矿产开发下农户对当地空气、水土环境影响满意度的平均值；多样化指数定义为 $\psi = 1/\sum x_i^2$，其中 x_i 指农户各类收入来源占总收入的比重；气候变化适应策略多样化指数依据农户问卷中农户所采用扩张、适应、调整型三类气候变化适应策略实际选项判分计算。

3. 主要指标含义及评价标准

（1）村庄人口密度

村庄人口密度指行政村单位土地面积承载的人口数量，是衡量一个村庄人口分布状况的主要指标之一。通常情况下，村庄人口密度越大越便于配置各类公共服务设施，但因神府煤田地处我国北方农牧交错带，生态环境脆弱，因此将村庄人口密度设为负向指标。本节依据 8 村实际，将村庄每平方公里的人口数分为低密度（0—24 人）、中低密度（25—49 人）、中密度（50—99 人）、高密度（100—200 人）。

（2）老龄化率

人口老龄化是指因人口生育率降低和人均寿命延长导致的总人口中年轻人口数量减少、老年人口数量增加，致使老年人口比例相应增长的动态化过程。老龄化率表征案例村 60 岁以上老人占比情况，可以反映研究村庄是否进入老龄化。按照国际惯例，当一个国家或地区 60 岁以上老年人口占人口总数的 10%，或 65 岁以上老年人口占人口总数的 7%，就意味着这个国家或地区的人口处于老龄化社会。

（3）耕地面积占比

耕地面积占比表征案例村可用于耕作的土地资源总量，可反映研究村庄农业发展潜力。本节参照 2017 年中国农业年鉴数据中全国耕地平均占比 16%，陕西省平均占比 3.98% 的数据来衡量案例村耕地占比情况。

（4）农产品商品化率

农产品商品化率表征了农业的专业化发展水平，是评价案例村农业生产社会化程度的指标之一，农产品商品化率越高代表村庄农业生产经营的组织化程度越高，属正向指标。其标准可分为低商品化率（0—24%）、中低商品化率（25%—49%）、中高商品化率（50%—74%）、高商品化率（75%—100%）。

（5）适龄劳动力占比

适龄劳动力占比可表征案例村庄适龄劳动力资源的丰度，劳动力比重指村庄人口中劳动年龄介于 15—59 岁，且常年参与社会劳动的人口占村庄总人口的比重。劳动力人口是村庄发展的核心力量，劳动力比重越高意味着村庄经济发展拥有充足的劳动力供给。本节参考国内各省劳动力比重情况，将其分为 60%—65%、66%—70%、71%—75%、76%—80% 共四个等级。

（6）农户拥有商品房比率

农户拥有商品房比率表征案例村农户家庭财富状况，亦可以从侧面佐证该村庄的"空心化"率。

(7) 人均采矿分红

案例村人均采矿分红可从侧面表征资源开发对案例村资源环境造成的压力，在神府煤田地区，煤矿开采时间越晚，该值越高，而新民镇新民村等煤矿开采较早的村庄，该值则为零。

(8) 矿业用地占比

矿业用地占比表征案例村能源开采消费的土地资源强度，其与村内煤矿及相关产业开发强度成正比。

(9) 人均实际耕种面积

该指标是评判案例村发展潜力的重要标准之一，表征了矿产开发影响下村庄农业发展现状，属于正向指标。本节参考戈大专[250]、陈百明[251]在各自然区人均耕种面积和人均耕地阈值方面的研究，将人均耕地划分为偏低 0—0.0127 公顷、较少 0.13—0.26 公顷、合理 0.27—0.39 公顷、充足 0.4 公顷以上，共计四级。在此基础上，参考案例村人均实际耕地情况，在后续研讨矿区乡村 SARD 协调机制时对照此标准，并提出相应的对策。

(10) 塌陷面积占比

塌陷面积占比表征案例村能源开发引发的土地物理性质转变，并以此反映资源开发对村庄耕地资源的影响、生态环境的破坏，以及由此可能引发的搬迁、安置、补偿等社会问题。

(11) 地均农药化肥施用量

化肥施用强度是指案例村年内单位面积耕地施用的化肥数量，案例村农户主要施用碳酸、尿素、磷酸二铵等。考虑到统计年鉴中皆用化肥折纯量来表示化肥施用量，为增强与市域尺度 SARD 计算结果的可比性，本节依据碳酸氢铵 17% 的折纯比、尿素 46% 的折纯比、磷酸二铵 64% 的折纯比[252]计算案例村亩均化肥折纯量。化肥施用标准值参照国家生态市考核指标——<250 公斤/公顷，农药施用量参照标准沿用国家生态市考核标准值——<3 公斤/公顷。

(12) 煤矿及相关企业中村民从业人数

该指标是典型案例村 SARD 评价的特有指标，考量矿产开发对村庄就业结构的影响。一般情况下，采矿相关从业者占比越大，村庄发展越不可持续，因此该指标为负向指标。由于该指标尚无可靠划分依据，本节依据调研经验，将采矿相关从业人数分为 0—24 人、25—49 人、50—99 人、100 人及以上四级。

（13）农户年均生活水耗

农户年均生活水耗表征案例村农户生活水资源消耗总量，考虑到神府煤田地区村庄存在"空心化"问题，所以计算过程以村庄常住人口用水为准。

（14）农户年均生产生活能耗

农户年均生活能耗表征案例村农户年均生产生活能源消耗总量，考虑到村庄存在"空心化"问题，所以指标测算以村庄常住人口生产生活用电为准。

（15）恩格尔系数

恩格尔系数表征案例村农户生活水平的重要指标，是指农户家庭总支出中，食物支出占总支出的比例。作为衡量村庄富裕程度的主要指标之一，该值越低越好。本节采用联合国粮农组织的划分标准，恩格尔系数 60% 以上为绝对贫困、50%—59% 为温饱、40%—50% 为小康、30%—40% 为富裕、低于 30% 为最富裕。

（16）植被覆盖率

植被覆盖率表征案例村地表植被资源的丰富程度，是可持续发展评价的常用指标，本节用以评估矿区村庄生态环境现状。原始数据来源于 Landsat8 多光谱影像，结果通过遥感估算方式测算。其分级标准为裸地 <10%、低覆盖度 10%—29%、中低覆盖度 30%—44%、中覆盖度 45%—60%、高覆盖度 >60%。

（17）耕地抛荒率

表征案例村耕地资源闲置情况，矿区乡村的一大特殊现象便是因城镇化和工业化挤出效应导致种地收益降低，继而引发大量耕地抛荒。本节用抛荒耕地占原有耕地面积比率评估矿产开发影响下的耕地浪费情况，属于负向指标。依据相关研究[253-254]，本节将耕地抛荒率分为 0—9%、10%—19%、20%—39%、40% 及以上四级。

（18）水土流失面积占比

水土流失面积占比表征案例村水土资源损失情况，神府煤田地区近 30 年水土流失治理率较高，研究村庄水土流失多因粗放式能源开采引发。

本节选用村委会提供的上报数据。

（19）农业有效灌溉率

农业有效灌溉率表征研究村庄生产性基础设施建设水平，可体现矿区乡村农业集约化程度，其值根据耕地周边是否有水源、地块是否平整、周边是否匹配有灌溉设施而定。本节依据调研区所获资料，将调研区内农业有效灌溉率分为低灌溉率10%—19%、中低灌溉率20%—29%、中高灌溉率30%—39%、高灌溉率40%—50%。

（20）农户对矿区水土污染状况的感知度

农户对矿区水土污染状况的感知度表征研究村庄中的农户对矿产开发引发的水资源污损和土地化学性质恶化情况的感知。感知状况的量化运用李克特五级量表，根据农户对案例村庄水环境和土壤环境是否满意进行评分，具体评分量级如下：5 非常满意、4 比较满意、3 一般、2 不满意、1 非常不满意，随后取两类感知值的平均值作为农户对矿区水土污染状况的感知度。

（21）单位耕地面积产值

单位耕地面积产值表征案例村单位土地的产值，反映了种植业生产水平及单位耕地的实际经济效益。

（22）粮食单产

粮食单产即地均粮食产量，体现了案例村耕地的综合生产能力，陕北神府煤田地区土地贫瘠，粮食产量较低。除土豆地均产量较高外，因缺水玉米产量也不高（6000—12000公斤/公顷），荞麦、黑豆、糜子、小米等的产量也较低，一般都低于4000公斤/公顷。

（23）村内外出务工人员比例

村内外出务工人员比例不仅能直观地体现案例村农业劳动力非农化转移，也暗含了乡村社会主体老弱化、建设用地空废化，在案例村还可表征乡村日益"空心化"的发展趋势。

（24）农户对生产条件的满意度

农户对生产条件的满意度表征农户对当地光热水气土等各类自然条件以及市场、交通技术、政策等社会经济的条件的满意度，可反映既定经济社会发展模式下农业生产的社会经济状况及与之相伴生的自然条件。计算时同样采用李克特五级量表，具体划分如下：5 非常满意、4 比较满意、3 一般、2 不满意、1 非常不满意五个量级，以衡量调研农户对所在村庄耕地肥力、化肥和农药施用效果、生产资料购买便利程度、农业生产投入成本、生产和流通性道路、农地灌溉便利程度、农作物销售价格、农作物销售渠道、政策扶持情况、村干部带动措施等方面的满意程度，随后取其评分值的平均值。

（25）农户收入多样化指数

农户收入多样化指数表征案例村农户主要收入来源，其对不同收入水平家庭的影响不同。该值越高，村庄经济发展水平越高、村域经济转型发展的程度也越高，该值等于 1 时，说明农户收入仅以农业收入为主。其具体计算详见指标体系中的标注。

（26）农户生态环境满意度

农户生态环境满意度表明案例村农户对村庄生态环境的认可度，可作为未来地方发展的关键推动力。具体计算时同样采用李克特五级量表，分为 5 非常满意、4 比较满意、3 一般、2 不满意、1 非常不满意五个量级，全面考量调研农户对所在村庄空气环境、水环境、土壤环境、声环境、退耕还林、土地复垦措施等方面的满意程度，随后取其平均值。

（27）非农收入占比

案例村农民家庭收入主要来源于农业生产经营收入、工资收入、财产性收入和转移性收入。农户增收的问题不仅关乎农户个体发展，村域经济类型的转型，还涉及整个案例区乡村经济发展和社会主义新农村建设成败。多样化的收入还可以减小季节性波动对农民收入的影响。

（28）农民人均可支配收入与全市城镇居民可支配收入之比

农民人均可支配收入与全市城镇居民可支配收入之比计算公式为农民人均可支配收入除以全市城镇居民可支配收入，表征案例村农户年均可支配收益与所在市城镇居民的收入差距，该值越大，表明研究村经济社会发展水平较高，反之则不然。

（29）村庄每万人中农业技术人员数

村庄每万人中农业技术人员数表征研究村农业生产的科技水平，该指标可反映村庄农业发展水平，农业技术人员数量同农业 GDP 存在稳定的正向关系且具有一定滞后性，是农村可持续发展的常用评价指标之一。考虑到农业技术人员的服务在区域中具有一定均质性，本节参考农村全面小康评价标准中对农业技术人员数的要求，将万人农业技术人员数分为不足（0—1）、一般（2—3）、适中（4—5）、充足（6及以上）四个等级。

（30）矿产开发生态环境补偿

矿产开发生态环境补偿表征矿企或地方政府为提升地方SARD而做的生态环境治理，反映了矿产开发活动对案例村生态环境破坏的补偿程度。

（31）村干部受教育程度

村干部受教育程度表征村"两委"领导干部素质水平，能在一定程度上反映村干部组织带动力，本节依据村干部文化程度来衡量其受教育程度。

（32）农户气候变化适应策略的多样化指数

农户气候变化适应策略的多样化指数表征案例村庄农户应对气候变化的自适应策略，其具体计算详见指标体系中的标注。

表3—15为神府煤田典型村SARD评价指标标准化值、信息熵和效用值。运用熵值法估算指标权重时，主要依据评价指标的信息效用值衡量其对SARD系统的影响大小，指标效用越高，权重愈大，其对典型案例区村庄农业与农村可持续发展的贡献愈高（见表3—16）。

（二）典型案例区村域尺度SARD水平测度

1. 总体特征

从典型案例区8村SARD测度结果（见表3—17）来看，西尧沟村SARD水平最高，属良好水平；店塔村的次之，属中等偏下水平；化皮沟村和沙梁村的皆属差等偏中水平，且相差较小；贺家梁村和燕家塔村的SARD水平略低于化皮沟村和沙梁村的，为差等偏下水平；庙沟村和新民村的SARD水平最低，均为差等偏下水平。总体来看，神府煤田典型村庄的SARD水平整体偏低，且其两极化现象极为严重。可见，8村乃至整个神府煤田矿区乡村推进SARD进程的困难重重，亟待激发其内生动力，因势利导引入外源行动者助推8村SARD进程。

表3—15　神府煤田典型村SARD评价指标标准化值、信息熵和效用值

	标准化值									信息熵 e_j	效用值 d_j
	燕家塔村	庙沟村	店塔村	贺家梁村	沙梁村	西尧沟村	化皮沟村	新民村			
D_1	1	0.81	0	0.77	0.42	0.67	0.24	0.55		0.9	0.1
D_2	0.87	0	0.76	1	0.98	0.58	0.79	0.39		0.92	0.08
D_3	0.04	0.35	0	0.36	0.61	0.73	1	0.65		0.85	0.15
D_4	1	0	0.15	0.43	0.29	0.64	0.15	0		0.76	0.24
D_5	0.05	0.91	0.54	0.95	0.95	1	0	0.95		0.87	0.13
D_6	0	0.78	0.88	0.58	0.79	0.86	0.86	1		0.93	0.07
P_1	0.37	0.91	1	0.87	1	0	1	1		0.92	0.08
P_2	0	0.99	1	0.92	0.43	1	0.67	0.99		0.92	0.08
P_3	0.15	0.6	0	0.8	0.4	0.82	1	0.07		0.83	0.17
P_4	1	1	1	0.55	0	0.19	0.78	0.5		0.89	0.11
P_5	0.67	0.86	0.93	0	0.79	0.83	0.95	1		0.93	0.07
P_6	0.72	0.93	1	0.2	0	1	0.83	1		0.9	0.1
P_7	0.34	0	0.04	0.57	0.45	0.85	0.1	1		0.81	0.19
P_8	0.14	0.19	0.61	1	0.45	0.64	0	0.39		0.86	0.14
S_1	0.15	0	0.38	0.37	0.26	1	0.27	0.59		0.86	0.14
S_2	1	0.56	0.18	0	0.75	0.83	0.68	0.45		0.89	0.11

第三章 资源型城市 SARD 特征和水平的综合分析

续表

	标准化值								信息熵 e_j	效用值 d_j
	燕家塔村	庙沟村	店塔村	贺家梁村	沙梁村	西尧沟村	化皮沟村	新民村		
S_3	1	0.65	0	0.45	0.98	0.86	0.55	0.2	0.89	0.11
S_4	1	1	1	1	0.99	0.89	1	0	0.94	0.06
S_5	0.37	0	1	0	0.21	0.43	0.44	0	0.71	0.29
S_6	0.02	1	0.07	0	0.09	0.42	0.26	0.73	0.72	0.28
S_7	0.02	0.08	0.02	0	0.15	1	0.21	0.01	0.51	0.49
I_1	1	0.52	0	0.37	0.32	0.86	0.7	0.37	0.89	0.11
I_2	0.92	0.38	0.6	0.51	0.42	0.98	1	0	0.9	0.1
I_3	1	0	0.83	0.51	0.57	0.22	0.5	0.23	0.88	0.12
I_4	0.23	0.51	0.27	0.5	0.53	0.71	1	0	0.89	0.11
I_5	0.1	0.46	0	0.18	0.16	0.67	0.26	1	0.81	0.19
R_1	0.83	0.2	0.8	0	0.69	0.15	0.3	1	0.85	0.15
R_2	1	0.98	0.66	0	0.23	0.19	0.55	0	0.79	0.21
R_3	0	0	0	1	0.58	0.79	0	0	0.52	0.48
R_4	0.02	0	0	0	0.14	1	0.05	0	0.29	0.71
R_5	0	0	1	0	0	0	0	0	0	1
R_6	0.72	0.47	0.86	0.32	0.27	1	0.82	0	0.89	0.11

表3—16　典型案例区村域尺度SARD发展水平测度指标权重分布

准则层	指标层	权重
驱动力 (0.116)	D_1村庄人口密度（人/平方公里）	0.015
	D_2老龄化率（百分率）	0.012
	D_3耕地面积占比（百分率）	0.023
	D_4农产品商品化率（百分率）	0.038
	D_5适龄劳动力占比（百分率）	0.02
	D_6农户拥有商品房比率（百分率）	0.011
压力 (0.172)	P_1人均采矿分红（万元/人）	0.013
	P_2矿业用地占比（百分率）	0.012
	P_3人均实际耕种面积（公顷）	0.026
	P_4塌陷面积占比（百分率）	0.017
	P_5地均农药化肥施用量（公斤/公顷）	0.01
	P_6煤矿及相关企业中村民从业人数（人）	0.015
	P_7农户年均生活水耗（吨/户）	0.03
	P_8农户年均生产生活能耗（千瓦/户）	0.022
状态 (0.221)	S_1恩格尔系数（百分率）	0.022
	S_2植被覆盖率（百分率）	0.016
	S_3耕地抛荒率（百分率）	0.017
	S_4水土流失面积占比（百分率）	0.01
	S_5农业有效灌溉率（百分率）	0.045
	S_6农户对矿区水土污染状况的感知度（百分率）	0.043
	S_7单位耕地面积产值（万元/公顷）	0.076
影响 (0.094)	I_1粮食单产：地均粮食产量（公斤/公顷）	0.016
	I_2村民外出务工人数比率（百分率）	0.015
	I_3农户对农业生产条件的满意度（/）	0.019
	I_4农户收入多样化指数（/）	0.017
	I_5农户生态环境满意度（/）	0.03

续表

准则层	指标层	权重
响应 (0.397)	R_1 非农收入占比（百分率）	0.023
	R_2 农民人均可支配收入与全市城镇居民可支配收入之比（%）（百分率）	0.032
	R_3 村庄每万人中农业技术人员数（人）	0.075
	R_4 矿产开发生态环境补偿（万元）	0.109
	R_5 村干部受教育程度（年）	0.154
	R_6 农户气候变化适应策略的多样化指数（/）	0.017

表3—17　　　　　　典型案例区村域尺度 SARD 得分

村名	西尧沟村	店塔村	化皮沟村	沙梁村	平均值
SARD 得分	61.94	42.53	32.47	32.16	35.97
村名	贺家梁村	燕家塔村	庙沟村	新民村	平均值
SARD 得分	31.14	31	28.91	27.6	35.97

神府煤田典型村庄 SARD 准则层（子系统）评价结果显示，8 村 SARD 各准则层综合得分偏低（见表 3—18），其平均值略高于中等水平的下限值，属 SARD 中的Ⅲ级；且各准则层分值差异较为悬殊，由高到低依次为压力子系统、驱动力子系统、影响子系统、状态子系统、响应子系统，其中压力、驱动力与影响子系统运行状态属中等水平（Ⅲ级），而状态和响应子系统所处状态属差等（Ⅳ级）。总体来看，8 村可促成 SARD 的驱动力水平相对较高，表明村庄 SARD 潜力较大；村庄现有的 SARD 发展状态低迷，使较为恶劣的生态环境对村庄发展的反扑力较强；受少数村庄压力层低值的影响，导致仅从表面看来 8 村农户、矿企等人类主体对环境的平均负面影响相对较低，但实际上多数村庄村 SARD 的生态环境负压仍然较高；因案例村人类行动者，特别是农户因内生动力低、村"两委"带动力不高等多重原因，响应能力差，带动力较强的外源行动者尚未全面引入，导致村内人类行动者推进 SARD 的响应能力极弱。

表 3—18　典型案例区村域尺度 SARD 评价指标体系准则层平均得分

驱动力	压力	状态	影响	响应	平均值
51.48	56.91	33.91	46.45	22.69	42.29

2. 各准则层（子系统）特征

8 村 SARD 各子系统（准则层）的实际得分不尽相同（见表 3—19、图 3—6），说明各村 SARD 面临的问题不尽一致。以下为各村准则层变化成因分析：

表 3—19　典型案例区村域尺度 SARD 评价指标体系准则层得分情况

	驱动力	压力	状态	影响	响应
西尧沟村	73.54	69.05	75.17	67.00	47.46
店塔村	29.88	56.17	30.89	30.24	50.77
沙梁村	43.47	58.88	36.46	62.52	10.57
燕家塔村	59.56	41.22	30.04	37.27	20.94
化皮沟村	61.93	64.98	11.23	38.17	19.62
贺家梁村	55.44	39.19	28.74	57.63	15.93
新民村	39.28	57.35	34.38	37.65	10.70
庙沟村	48.72	68.49	24.37	41.13	5.56
平均水平	51.48	56.91	33.91	46.45	22.69

第一，西尧沟村。该村各子系统得分的次序依次为状态层、驱动力层、压力层、影响层、响应层，且除响应层的得分较低外，西尧沟村 SARD 系统中状态层、驱动力层、影响层、压力层（因压力层所选指标多为负向指标，故经极差标准化计算后，该层得分越高、村庄 SARD 压力越低）的得分皆位居 8 村之首。可见该村 SARD 整体状况较佳，属良好水平。从该村准则层子指标变化情况来看，在驱动力层内适龄劳动力占比最高、购买商品房的比率较低、耕地面积占比和农产品商品化率较高、人口密度偏低、老龄化率较低等因素的影响下，该村 SARD 驱动力

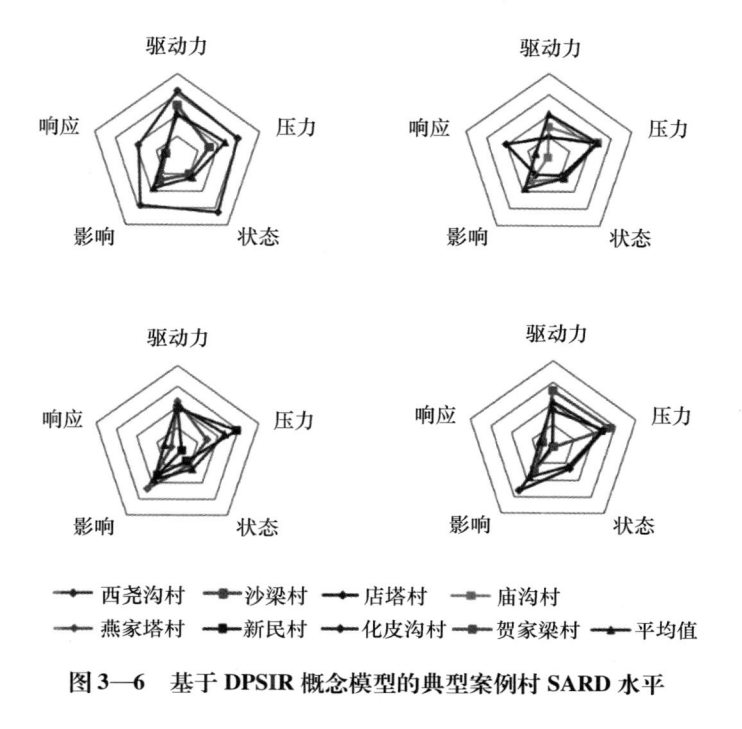

图 3—6　基于 DPSIR 概念模型的典型案例村 SARD 水平

强；由于该村压力层内村庄矿业用地占比最低、矿企及相关企业就业人数最低、农药化肥施用量较低、人均采矿分红最低、人均实际耕地面积较多（该村为煤矿采空塌陷区，2020 年以来，央企—神华国能集团三道沟煤矿出资 3000 多万元，在西尧沟村开展采空塌陷区综合整治，采取"矿山生态修复+脱贫攻坚+乡村振兴+高质量发展"的发展模式，村内矿业用地已全部整理复垦，其他塌陷区正在规划复垦），使得西尧沟村 SARD 进程中自然或人为原因对生态环境的负面影响极低；受状态层内村庄恩格尔系数最低、单位耕地面积产值最高、水土流失面积占比偏低、耕地撂荒率偏低、植被覆盖率偏高、农业有效灌溉率较高、农户对矿区水土污染状况的感知度低等因素的影响，导致该村 SARD 水平最高；受影响层内农户外出务工率极低、粮食单产和农户收入多样化指数偏高、农户对生态环境的满意度偏高等原因的影响，该村 SARD 进程中面对的生态环境负应力最低；虽然响应层内村庄矿产开发生态环境补偿以及农户气候变化适应策略的多样化指数等皆居 8 村之首、农业技术人员数占比亦居 8 村前列，但受非农收入较低以及村干部受教育程度偏低等因素的影响,该村 SARD 响应力得分较低,位居 8 村第 2 位。总体来看,表征该村"三生空间"功能的压力、状态、影响层的得分高,SARD 进程所处的生态环境质量较高。总体来看,采空区塌陷整治工程极大地带动了该村农业产业化发展水平和乡村建设水平。

第二,店塔村。该村各子系统得分排序依次为压力层、响应层、状态层、影响层和驱动力层,且状态层和影响层的得分相差无几(依次为 30.89、30.24)。虽然该村驱动力层得分居 8 村末位,但因其响应层得分居 8 村首位,故其 SARD 总分偏高。从该村准则层子指标变化情况来看,虽然驱动力层内村庄适龄劳动力占比较高、农户在外购买商品房比率偏低,但因村庄人口密度最高(该村为店塔镇镇政府所在地)、农产品商品化率极低,致使该村 SARD 的驱动力最弱;尽管压力层内村庄人均采矿分红为零、矿业占地面积为零、塌陷面积占比为零、矿企及相关企业就业人数为零、化肥农药施用量极低,但在人均实际耕地面积极少、农户年均生活水耗极高等因素的影响下,店塔村的 SARD 进程中因人为或自然原因造成的生态环境压力较高,得分位居 8 村第 6 位;尽管状态层内村庄水土流失面积占比极低、农业有效灌溉率最高,但因该村耕地抛荒率最高、农户对矿区水土污染状况的感知度极高、单位耕地面积产值极低、植被覆盖率偏低,导致该村 SARD 现状较差;尽管影响层内农户对生产条件的满意度较高,但受粮食单产最低、农户对生态环境的满意度最低、农户收入多样化指数偏低的影响,该村 SARD 进程面临的生态环境的负应力最高;虽然响应层内村庄农业技术人员数和矿业开发的生态环境补偿最低,但受村干部受教育程度和农户应对气候变化适应策略的多样化指数高以及非农收入占比、农户人均可支配收入偏高等因素的影响,导致店塔村 SARD 的响应力得分位居 8 村之首。

第三,化皮沟村。该村各子系统得分排序依次为影响层、压力层、驱动力层、状态层和响应层,影响层得分位居 8 村第 2 位,但因驱动力和响应力低下,其 SARD 仍属差等偏下水平,且自化皮沟村起案例区其余 6 村 SARD 水平皆为差等。从该村准则层子指标变化情况来看,虽然驱动力层内村庄耕地面积占比最高、老龄化率较低、农户在外购买商品房比率偏低，但因适龄劳动力占比最低、村庄人口密度偏高、农产品商品化率极低导致村庄 SARD 驱动力较低；虽然压力层内村庄人均采矿分红最低、人均实际耕种面积较多、地均农药化肥施用量极低、煤矿及相关企业中就业人数偏低，但是受农户年均生活能耗高、年均生活水耗偏高等因素的影响，该村的 SARD 面临的压力偏高，即人为或自然原因对生态环境的负面影响偏高；尽管状态层内村庄水土流失面积占比最低、农业有效灌溉率和植被覆盖率较高，但是受村内单位耕地面积产值极低、农户对煤矿开发污染的感知度较高（村内央企——神华国能集团陕西德源府谷能源有限公司配套建设的三道沟煤矿）、恩格尔系数较高等因素的影响，该村 SARD 现状较差；虽然影响层内农户对农业生产条件，特别是对村庄生态环境的满意度低，但因该村村民外出务工率最低、农户收入的多样化指数最高、粮食单产较高，促使该村的 SARD 进程面临的生态环境负应力极小，得分位居 8 村第 2 位；尽管响应层内农户气候变化适应策略的多样化指数较高，但是受村内农业技术人员数偏少、村干部受教育程度偏低、矿产开发生态补偿低、非农收入占比偏低等因素的影响，该村 SARD 响应力极弱。

第四，沙梁村。该村各子系统得分排序挨次为驱动力层、压力层、影响层、状态层和响应层，且除驱动力层以外，其他准则层得分平平，与化皮沟村一样，该村 SARD 水平同样为差等水平。从该村准则层子指标变化情况来看，虽然村庄农产品商品化率偏低，但因其老龄化率极低、适龄劳动力占比极高、农户购买商品房比率较低，促使该村驱动力层发展潜力较好，得分位居 8 村第 3 位；受压力层内村庄人均采矿分红最低、塌陷面积占比，以及采矿及相关产业从业人员占比最高和其他指标得分偏低等因素的影响，该村 SARD 进程中生态环境面临较大负应力；尽管状态层耕地撂荒率低、水土治理程度高，但因农户对水土污染状况的感知度极高、单位耕地面积产值偏低、农业有效灌溉率低、恩格尔系数较高，导致该村 SARD 现状欠佳（分值略低于化皮沟村）；由于影响层内农户对村内生态环境的满意度极低、粮食单产偏低、农户外出务工率偏高，加之其他指标得分平平，导致其 SARD 过程中面对的生态环境负应力相对偏高；虽然响应层内该村非农收入占比较高，但受村"两委"干部平均受教育程度较低、采矿生态补偿极低、农户人均可支配收入和农户应对气候变化能力较低等因素的影响,该村的 SARD 应对能力较差。

第五,贺家梁村。该村各子系统得分排序挨次为压力层、驱动力层、影响层、响应层和状态层。虽然其驱动力层得分位居 8 村第 2 位、压力层得分位居 8 村第 3 位,但因其他准则层得分低,特别是状态层得分偏低,导致该村 SARD 的水平属差等偏下。从该村准则层子指标变化情况来看,虽然准则层内耕地面积占比较低,但因老龄化率最低、村庄人口密度和农户在外购买商品房比率偏低,促使该村 SARD 潜力总体偏高,得分位居 8 村第 2 位;尽管压力层内村庄地均农药化肥施用量最高、煤矿及相关企业中从业人员占比极高,但因农户年均能耗最低、矿业用地占比极低、人均采矿分红低、人均实际耕种土地面积较多,促使村庄 SARD 面临的负应力极低,得分位居 8 村第 3 位;虽然状态层内村庄水土流失面积占比最低,但因村内植被覆盖率最低、农业有效灌溉率最低、单位耕地面积产值最低、农户对矿区水土污染状况的感知度最高,导致贺家梁村 SARD 现状最差,得分位居 8 村之末;由于影响层内农户对村庄生态环境的满意度极低、粮食单产偏低,加之其他指标位居 8 村中游等原因,导致该村 SARD 面临生态环境的负应力较大,得分位居 8 村第 6 位;尽管响应层内村庄农业技术人员数最高,但受该村非农收入占比最低、农户人均可支配收入最低、采矿生态补偿最低、村干部受教育程度较低等因素的影响,该村 SARD 的响应力偏差,得分位居 8 村第 5 位。

第六,燕家塔村。该村各子系统得分排序顺次为影响层、驱动力层、压力层、状态层和响应层,由于其 SARD 发展现状欠佳,特别是响应力极弱,致使村庄 SARD 总体呈差等居中水平。从该村准则层子指标变化情况来看,尽管驱动力层内农产品商品化率最高、村庄人口密度最低,老龄化率偏低,但因农户在外购买商品房占比最高、耕地面积占比和适龄劳动力占比偏低,导致该村 SARD 驱动力偏低;尽管压力层内村庄塌陷面积占比最低、采矿及相关产业从业人员占比较低、地均农药化肥施用量较低,但因该村矿业用地占比最高、农户年均生活能耗极高,导致该村的 SARD 面临的负应力较高;虽然状态层内村庄植被覆盖率最高、耕地抛荒和水土流失面积占比最低,但因该村单位耕地面积产值、农户对水土污染感知度非常高、恩格尔系数较高，导致村庄 SARD 现状水平较差；尽管影响层内农户对村庄生态环境的满意度极低、农户收入多样化指数较低，但因粮食单产最高、农户对农业生产条件满意度最高、农户外出务工率较低，促使该村的 SARD 面临的生态环境负应力极低，得分位居 8 村第 3 位；尽管响应层内村庄农户人均可支配收入最高、非农收入占比极高、农户应对气候变化适应策略的多样化指数较高，但受村内农业技术人员数、村干部受教育程度和采矿生态补偿极低等因素的影响，该村 SARD 响应力极差，得分位居 8 村第 6 位。

第七，庙沟村。该村各子系统得分排序顺次为压力层、驱动力层、影响层、状态层和响应层，因响应层、影响层、状态层和驱动层得分位居 8 村后列，故其 SARD 发展水平位居 8 村第 7 位。从该村准则层子指标变化情况来看，虽然驱动力层内村庄适龄劳动力占比极高、村庄人口密度偏低，但因老龄化比率最高、农产品商品化率极低、耕地面积占比低，致使该村 SARD 潜力总体偏低；尽管压力层内农户年均生活耗水最高、农户年均生活能耗较高，但因塌陷面积占比最低、矿业用地占比极低、煤矿及相关企业中的就业人数偏低、地均化肥农药施用量较低，致使该村的 SARD 进程面对的压力相对较低，得分位居 8 村第 5 位；虽然状态层内农户对矿区水土污染感知度最低、水土流失面积占比极低，但因农业有效灌溉率低、恩格尔系数极高、单位耕地面积产值极低，导致该村的 SARD 现状水平偏低；受影响层内农户对农业生产条件满意度最低、农户生态环境满意度偏低、村民外出务工率高等原因，庙沟村 SARD 面临的生态环境环境负应力较高；由于响应层内村庄农业技术人员数、采矿生态环境补偿、村干部平均受教育程度、非农收入占比偏低，导致该村 SARD 响应力属极差水平，得分位居 8 村第 7 位。

第八，新民村。该村各子系统得分排序依次为压力层、驱动力层、影响层、状态层和响应层，其 SARD 发展水平位居 8 村之末。从该村准则层子指标变化情况来看，虽然驱动力层内农户在外购买商品房比率最低、适龄劳动力占比极高，但因农产品商品化率最低、老龄化率偏高，导致其 SARD 驱动力较低；尽管压力层内村庄人均耕种土地面积较少、农户年均生活能耗较低，但受采矿分红和地均农药化肥施用量最低

(农产品主要满足家庭内部消费，其商品化率也极低)、煤矿及相关企业就业人员占比低、农户年均水耗低、矿业用地占比低等因素的影响，该村 SARD 面对的负面环境压力较低，得分位居 8 村第 2 位；尽管状态层内农户对矿区水土污染的感知度极低，但因村内水土流失面积占比极高、农业有效灌溉率极低、单位耕地面积产值极低、耕地抛荒率极高、外出务工率极高，导致该村 SARD 现状水平极差；尽管影响层内村民对村庄生态环境满意度最高，但因村民外出务工率最高、农户收入多样化指数最低、农户对农业生产条件的满意度低、粮食单产偏低，致使新民村的 SARD 面临的生态环境负应力偏高；尽管该村响应层内农户非农收入占比最高，但受农户人均可支配收入最低、农业技术人员数最低、采矿生态环境补偿最低、村干部受教育程度和农户应对气候变化适应策略的多样化指数最低等众多因素的影响，新民村 SARD 的响应力得分最低。

综上可知，粗放式能源开发对不同类型案例村 SARD 的影响不尽一致，虽然粗放式煤矿开发对案例村 SARD 的效应总体为负，但是生态修复整治可有效提升矿区村庄 SARD。各类矿区村庄 SARD 量化特征具体表现为无煤矿且非镇政府所在地以及有乡镇煤矿村庄的 SARD 得分偏低，可见国有权属煤矿微量的生态补偿金对矿区村庄 SARD 有一定的促进效应。

(三) 典型案例区村域尺度 SARD 障碍因子辨析

1. 准则层

典型案例区村域尺度准则层障碍度测算结果显示（见表 3—20），8 村 SARD 评价指标体系中准则层的平均障碍度由高至低依次为响应层、状态层、压力层、驱动力层、影响层，说明促成村庄 SARD 的响应力和现状情况普遍较差、面临的环境压力普遍较大、推进村庄 SARD 的驱动力普遍不强；分村来看，店塔、庙沟、化皮沟 3 村推进村庄 SARD 的驱动力较低，燕家塔、沙梁、西尧沟 3 村实现 SARD 的环境压力较大，贺家梁、新民 2 村生态系统对村庄 SARD 进程的负应力略高。各准则层障碍度成因分析如下。

表 3—20　典型案例区村域尺度 SARD 准则层障碍度测算结果

	驱动力	压力	状态	影响	响应
西尧沟村	8.29	11.80	14.91	8.43	56.57
店塔村	14.56	11.07	27.47	11.80	35.10
化皮沟村	9.99	8.84	21.50	5.40	54.28
沙梁村	7.11	12.58	23.56	8.99	47.76
贺家梁村	6.60	7.38	29.46	8.73	47.84
燕家塔村	7.70	12.79	23.60	5.97	49.94
庙沟村	10.19	8.71	21.09	8.53	51.48
新民村	8.45	6.32	23.87	7.90	53.46
平均水平	9.11	9.94	23.18	8.22	49.55

第一，响应层成为制约 8 个案例村 SARD 第一大障碍因素的原因在于，尽管促成 8 个案例村 SARD 的核心行动者——农户对村庄 SARD 的发展意愿强烈，但因其内生动力极弱，而其替代者——村"两委"实际发展能力也偏低，加之促成村庄 SARD 的关键行动者——镇政府财政拨款有限、未能与矿企达成一致治理协议、创新意识不足等原因，导致其对镇内各村的扶持较弱；绝大多数村庄矿产开发的生态环境补偿较低，不足以弥补其对村庄生态环境的破坏；此外，8 个案例村农田多为望天田，农业技术人员数极少、农业生产方式较为粗放。

第二，状态层成为制约 8 个案例村 SARD 第二大障碍因素的原因在于，在大规模煤矿开发、快速城镇化推进下，案例村粮食生产比较收益低下、耕地抛荒率高；案例村地处我国西北风沙草滩区，村内土地贫瘠，多依靠超量施用农药化肥增产（亩均化肥农药折纯施用量高达 50 多公斤），单位面积耕地实际产值低；案例村地处我国干旱半干旱地区，虽然其所在地多年平均降水量大于 400 毫米，但受极端降水事件增多、生产季节雨量供给与作物生长的匹配率低、村内水利基础设施薄弱等因素的影响，农业有效灌溉率低。

第三，压力层成为制约燕家塔、沙梁、西尧沟 3 村 SARD 第三大障碍因素的原因分别在于，村庄人均耕地面积少和农户生产生活耗能高、塌陷面积占比高和矿企就业人数较多、塌陷面积占比较高等。

第四，驱动力层成为制约店塔村、庙沟村、化皮沟村 SARD 第三大障碍因素的原因在于，村庄人口密度高（店塔村、化皮沟村）、老龄化率高（庙沟村）、农产品商品化极低率等。

第五，影响层成为贺家梁、新民 2 村 SARD 第三大障碍因素的原因在于，农户对生态环境的满意度极低、粮食单产偏低等，导致村庄 SARD 过程中生态环境对村庄经济社会发展的约束力较高。

2. 指标层

典型案例区村域尺度指标层障碍度测算结果显示（见表 3—21），制约 8 个案例村 SARD 的前五大障碍因子依次为：村干部受教育程度、矿产开发生态环境补偿、单位耕地面积产值、每万人中农业技术人员人数、农业有效灌溉率。其成因如下。

表 3—21　　典型案例区村域尺度指标层障碍度测算结果

村名	障碍因子及得分	第 1 位	第 2 位	第 3 位	第 4 位	第 5 位
西尧沟村	障碍因子	R_5	R_2	S_5	S_6	R_1
	障碍度（%）	40.56	6.82	6.77	6.48	5.06
店塔村	障碍因子	R_4	R_3	S_7	S_6	D_4
	障碍度（%）	18.99	12.99	12.94	6.92	5.52
化皮沟村	障碍因子	R_5	R_4	R_3	S_7	D_4
	障碍度（%）	22.86	15.39	11.06	8.84	4.7
沙梁村	障碍因子	R_5	R_4	S_7	S_6	S_5
	障碍度（%）	22.75	13.87	9.55	5.7	5.24
贺家梁村	障碍因子	R_5	R_4	S_7	S_5	S_6
	障碍度（%）	22.42	15.82	11	6.52	6.19
燕家塔村	障碍因子	R_5	R_4	R_3	S_7	S_6
	障碍度（%）	22.37	15.5	10.82	10.78	6.03
庙沟村	障碍因子	R_5	R_4	R_3	S_7	S_5
	障碍度（%）	21.71	15.35	10.5	9.84	6.31
新民村	障碍因子	R_5	R_4	S_7	R_3	S_5
	障碍度（%）	21.32	15.08	10.39	10.31	6.2
平均水平	障碍因子	R_5	R_4	S_7	R_3	S_5
	障碍度（%）	21.75	13.75	9.17	8.06	4.85

第一，村干部受教育程度方面。虽然案例村村干部学历皆为高中（5人）或中专（3人），但是笔者在实际访谈中发现案例村普遍存在村干部引领意识弱、工作干劲不足等问题。8村中仅有2位村干部有切实的村庄产业发展思路，其余6位村干部则认为村里的发展思路、环境治理遵照上级安排就好。

第二，矿产开发生态环境补偿方面。5个村内有煤矿开发的村庄的生态补偿额度极低，其中4村的生态补偿多以采空塌陷补偿为主（4600元/亩），且尚未全面开展复垦工作，导致村民对村庄生态环境的满意度低、对矿企的不满情绪高涨。

第三，单位耕地面积产值方面。8村耕地多为旱地，农户多种植玉米、马铃薯、糜子、豆类等，由于农户对种植经验、化肥的依赖性强，导致案例村单位耕地面积总产值普遍不高。

第四，每万人中农业技术人员人数方面。农户生产决策多为跟风种植，除西尧沟村、沙梁、贺家梁3村外，其他5村农业生产皆无农业技术人员指导。

第五，农业有效灌溉率方面。8个案例村中除西尧沟村、沙梁村的少数自然村外（共计1200亩），其他6村皆未推行节水灌溉技术且其水利基础设施投资极低，灌溉方式方面除西窑沟村、沙梁村等少数自然村采用滴灌和喷灌外，其他村以漫灌为主，农田整体有效灌溉率偏低。

综上所述，总体来看案例村SARD水平越低、村庄SARD障碍因子的趋同性越明显，但该趋同性与煤矿企业类型无相关性，表明煤矿开发对村庄SARD具有广泛的负外部性。具体表现如下：8个案例村中除西尧沟、店塔2村（村内皆无在采煤矿，西尧沟村是采空塌陷整治村）外，其余6村前两类障碍因子完全一样，皆为村干部受教育程度和资源开采生态补偿；制约这6个村庄SARD的第三至第五类障碍因子依次为单位面积耕地产值、每万人中农业技术人员数、农业有效灌溉率；此外，农户对矿区水土污染状况的感知度成为制约化皮沟、沙梁、贺家梁等6村SARD第六类障碍因子的现象表明神府煤田矿产开发引发的水污染、土壤污染、空气污染等已对研究区SARD核心主体——农户的生产生活造成了一定的干扰；而农产品商品化率成为制约案例村SARD第七类障碍因子的原因说明，亟待采取措施提高案例村农产品科技含量、大力发展乡村农产品加工业、拓宽农产品购销渠道。综上所述，制约案例村 SARD 的障碍因子具有趋同性，主要表现为村干部引领能力不高、生态环境整治修复力度弱、农业生产技术水平低、农业资金投入不足、村庄水利基础设施薄弱等。

对村庄 SARD 水平较高的西尧沟村和店塔村而言，前者是央企采空塌陷整治示范村，村内瓜果蔬菜、特色林果种植的单位面积产值高。虽然目前村内农产品加工业及休闲农业尚处起步阶段，研究区村民非农收入占比较低，但是后期若能采取有效措施提升村干部素质和农业有效灌溉率，村庄 SARD 提升的潜力极高。后者虽然是镇政府所在地，但因村内无生态补偿、无农技人员、单位耕地面积产值低、农户对矿产开发水土污染感知度高、农产品商品化低，以及受到矿产开发挤出效应的影响导致该村纯农型生计农户数量少、村民种地积极性低、耕地撂荒率高。亟须联动内外源力量，强化村庄生态污染修复与整治、加大农业技术投入、提升农产品技术含量、提高农产品产值及商品化率。

四 讨论

谈存峰针对甘肃省农业与农村可持续发展的研究证实，同属西部地区的甘肃省农业科技基础薄弱、农民文化程度低下严重影响其 SARD[201]。

马彦琳认为制约吐鲁番盆地 SARD 的主要障碍因子有水资源稀缺及其不合理利用、区位优势不足、农产品市场发育不完善、人口文化素质与民族内涵、资金投入不足等[212]，可见和国内其他省区的乡村地区一样，引进资金、技术和人才，充分发动乡村地域系统核心行动者内生动力、修复整治乡村生态环境、提升农业科技水平、切实提高农业产值是推进典型案例区 SARD 的首要任务。

8 个案例村中新民村是最值得关注的一个村庄，作为镇羌古堡所在地，其历史文化资源丰富。20 世纪 80 年代前该村是新民镇镇政府驻地。受新民镇镇政府搬迁、各类公共服务设施撤离、人均耕地面积少、采空塌陷区尚未治理等多重因素的影响，村内近七成的农户外出务工，导致该村农业衰退、村庄"空心化"现象极为明显。相较其他 7 村，该村老龄化率和外出务工人数比率极高，导致农业劳动力不足，村庄呈现发展内生动力极弱的态势，是 8 村中对 SARD 需求最为迫切的村庄。

结合实际调研可知，该村生态环境出现所谓"好转"的假象与村内无采矿分红、无煤矿及相关企业就业人员、矿业用地占比低、农产品主要满足家庭消费、农药化肥施用量最低等原因密切相关，是农业衰退引发的生态修复，而非村庄 SARD 响应力、驱动力增强引发的。此外，课题组曾连续 3 年追踪调研该村经济社会发展，发现 2018—2020 年新民村经济社会发展无明显改观，《新民村旅游发展规划》上的愿景与现实差距极大。暑假周末前来村内镇羌古堡参观的游客寥寥无几，表明因缺乏有力内外源行动者引领，在自组织状态下部分呈明显空心化的矿区村庄经济社会发展较为缓慢。因此，亟待由市—县两级政府牵头，新民镇政府作为关键行动者协同市—县主管部门，征召 NGO 等外源行动者以及资金、市场资源等非人类行动者，提升实际核心行动者——村"两委"引领力，激发村庄核心行动者——农户内生发展动力，以期促进案例村 SARD 进程。

第四节 本章小结

本章基于科学性、可操作性、全面性与典型性原则，分别建构市域尺度和典型案例区村域尺度 SARD 指标体系测度了我国资源型城市及典型矿区乡村村域尺度的 SARD 水平，并辅以障碍度模型诊断了制约两者 SARD 的障碍因素。研究结果如下。

第一，面向国内资源型城市构建了一套基于地级市数据，可开展多时空尺度分析的资源型城市农业农村可持续发展的评价指标体系，其涵括农业、农村 2 个维度、28 项评价指标。量化结果表明，由于 SARD 评价指标体系综合评判各资源型城市 SAD 和 SRD 发展状况，且指标体系偏向生态保育与农业绿色发展，故 2008—2019 年我国资源型城市 SARD 水平整体低下，且在波动变化中趋于弱增；SAD 和 SRD 两个准则层变化与 SARD 变化保持同步且 SRD 值总体高于 SAD 值；资源型城市 SARD 水平城际差异较为明显，SARD 高值和较高值资源型城市在空间呈分散分布且其占比极低，而近 90% 的资源型城市 SARD 值处于较低和低值水平。比较而言，注重生态保育和农业绿色发展的资源型城市 SARD 水平相对偏高。

第二，基于DPSIR概念模型构建了资源型城市典型案例区村域尺度包含5个维度、32项指标的矿区村庄SARD评价指标体系。评价结果显示，典型案例区村域尺度SARD水平整体偏低，且两极化现象极为严重；表征案例村"三生"功能间相互作用的压力、影响、状态子系统水平较弱，反映村域尺度SARD的"三农"发展动力的驱动力层得分较低且其响应层得分过低，表明目前案例村SARD发展现状条件差且其发展内生动力极弱。

第三，虽然粗放式煤矿开发对案例村SARD的效应总体为负，但生态修复整治可有效提升矿区村庄SARD；国有权属煤矿提供的生态补偿金对矿区村庄SARD也有一定的促进效应，而无煤矿且非镇政府所在地以及乡镇煤矿所在村庄因缺乏有效的生态整治措施导致村庄SARD得分偏低。

第四，案例村SARD水平越低、村庄SARD障碍因子的趋同性越明显，且该趋同性与煤矿企业类型无相关性，表明煤矿开发对村庄SARD具有广泛的负外部性；制约研究村SARD的障碍因子依次为村干部受教育程度、矿产开发生态环境补偿、单位耕地面积产值、村庄每万人中农业技术人员数以及农业有效灌溉率等。可见，制约案例村SARD的障碍因子具有较明显的普遍性，故需在乡村振兴进程中切实提升农业农村发展内生动力，即着力提升村干部引领能力、加快生态环境修复整治、提高农业生产技术水平和农业基础设施建设有效性，加快农业转型升级、提升农户生计的可持续性及其多样化和专业化水平。后续章节资源型城市SARD协调机制和制度创新探析，亦针对这些障碍性因素提出了有的放矢的建议。

第四章

资源型城市 SARD 协调机制的构建与实践

协调最早源于系统论和协同论的研究，其认为协调是指管理具有共同行动目标的各类行为主体之间的相互依赖关系的行为[255]，协调促使系统或组织达到协同状态，并促成系统或组织由无序走向有序，西蒙、周三多等学者都认为协调是优化管理的重要方法[256-257]。按照《现代汉语词典》的释义，"协调"意指"和谐一致、配合得当"，其中"协"取和谐之意、"调"取协作配合之意。由此可见，协调一词含义极为宽泛，涵盖协作、合作、调节、和谐等意。

机制一词在《现代汉语词典》中有四重释义，在机械学界代指器械的构造和运行原理；在生物学和医学界代指有机体发生变化时，各器官间相互作用、联系以及调节的方式；在物理学、化学界代指部分自然现象的物理、化学规律；在管理学、经济学、地理学等界代指组织或系统各组成要素之间相互作用的过程、方式、关系及其功能等。据此可知，机制主要关注各系统或组织各组成要素间的相互关联性、由相互关联和作用过程中产生的功能或效应、功能或效应的作用过程及其作用原理。在任何组织或系统内，良好的机制是促成组织或系统趋向自适应状态，并实现可持续发展的根本所在。

综上所述，可将协调机制理解为系统或组织基于目标导向，通过内外部协作集成多源行动者或资源形成的合作机制。为达成共同的目标其运行过程要求组织或系统成员需开展分工与协作，需有一定的机制约束与激励系统或组织成员行为以避免产生道德风险，需有效消除各系统或组织成员间异议和冲突，需不断调整系统或组织内外的关系以提高协作效率。协调机制的运行绩效一般通过绩效评价或协调度评价开展，即通过选定关键指标构建综合性指标体系，评价协调机制绩效。据此可知，协调机制的运行过程与基于 NEDT-ANT 耦合视角的资源型城市 SARD 协调机制具有一致性，皆希望通过优化乡村地域人地关系系统各类内外源行动者作用关系，通过多利益攸关方的通力协作，一致通过核心行动者制定的强制通行点——SARD 目标，此间系统各行动者相互协作的各类运行方式以及相应的规则等就是促成资源型城市 SARD 的协调机制。

考虑到目前我国绝大多数资源型城市乡村地区存在不同程度的环境污染和生态破坏问题、矿乡矛盾以及经济社会发展转型问题。此外，多数资源城市乡村地域系统中农户内生发展动力弱，而且目前作为 SARD 核心行动者的村"两委"组织带动力普遍较弱，作为 SARD 关键行动者的镇政府的资金、行政权限有限。据此，本章拟结合资源开发对资源型城市 SARD 的影响机制的基础分析以及我国资源型城市、典型案例区 SARD 测度结果和障碍因子分析结果，探究 NEDT-ANT 耦合视角下我国资源型城市 SARD 的协调机制。

第一节 资源型城市 SARD 协调机制的理论构建

一 基于 NEDT 的资源型城市 SARD 系统分析

相较于单纯的外源式发展与内源式发展，新内源式发展模式实现了内源系统（参与者、各类资源）、外源系统、协调机制等的全面优化，建立了以本地人类与资源为主体，充分借助有效的外源性力量、各利益主体通力合作和互惠共生的可持续发展模式。依据 NEDT 理论，我国资源型城市乡村地区 SARD 所涉及各类主体及其利益流向如下。

（一）内源系统

1. 人类主体

第一，本地农户。本地农户是我国资源型城市乡村地区最广泛的内源行动者，但是受快速城镇化、高强度资源开发等的影响，这些地方的青壮年人口流失严重。目前通化、白山、七台河、伊春、黑河、本溪、松原、鸡西、抚顺、牡丹江、吉林、咸阳12个资源型城市已成为我国人口流失数量居于前20的城市[258]，其乡村青壮年人口流失也由此略见一斑。再以本书典型案例区8村为例，虽然案例村适龄劳动力平均占比61.72%，但其平均外出务工率为35.18%，个别村庄甚至高达67.51%，导致村内实际居留人口较少，村庄"空心化"程度加剧；此外，案例村60岁以上老人占比达22.55%，且呈加剧化趋势，也在相当程度上弱化了村庄SARD的内生动力。

第二，村"两委"。村党支部委员会与村民委员会一个是党在农村的基层组织，一个是村民自治组织。村党支部对本村经济社会发展和重大事务具有决策权和监督权，村委会负责落实经党员大会或村民大会商议通过后的相关决策。

第三，本地组织。国内资源型城市乡村地区农业专业合作社、农业协会、经济联合社等本地组织是本地农户基于业缘、地缘和血缘关系缔结形成的经济合作组织，其中农业专业合作社数量最多、农协次之、经济联合会的数量相对较少，资源型城市乡村地区各类本地组织经营产品多以初级农产品及其粗加工为主。案例区8村现有各类经济组织22个，其经营范围包括销售蔬菜、苗木花卉、优质饲料、养殖猪羊等；公益组织1个（新民村慈善互助会），主要向困难农户提供临时的金融救助，起到了"乡村社会稳定器"的作用（见表4—1）。

2. 资源条件

第一，农业资源。我国资源型城市南北跨度大，地跨亚热带季风气候带、温带季风气候带、温带大陆性气候带、高山高原气候带四个气候带，包含山区、丘陵、平原等多种地貌类型，特色农业资源极为丰富，适合发展特色农业、生态农业、绿色农业、有机农业，目前研究区已登记农产品地理标志1218个（见附录1）。特色农产品优势区建设是最符合"在地性"理念的农业产业化发展路径，也是实现特色农业高质量发展的关键，可为本地行动者、地方名优特产品提供新的发展空间和途径。2017年至2022年，国家农业农村部先后发布的四个批次，共计308个中国特色农产品优势区中，资源型城市的认定数量为106个（见附录4），再次说明我国资源型城市乡村地区更适合发展特色农业。而且湖州市、亳州市、大同市、三门峡市、平凉市、陇南市、榆林市等相当一部分城市

表4—1 典型案例主要的本地组织

村名	合作社名称	成立时间	主要经营范围
燕家塔村	神木市孙家岔镇燕家塔村经济联合社	2018.11	集体资产经营与管理、集体资源开发与利用、农业生产发展与服务、财务管理与收益分配等
	神木市玉宽种养殖农民专业合作社	2014.6	农作物、经济作物种植、活畜饲养、农副产品初加工
	神木市腾川种养殖农民专业合作社	2018.4	种植、养殖、农产品初加工销售
庙沟村	神木市孙家岔镇庙沟村经济联合社	2018.10	集体资产经营与管理、集体资源开发与利用、农业生产发展与服务、财务管理与收益分配等
	神木市兴禄种养殖农民专业合作社	2021.5	一般项目：农业机械服务；谷物种植；薯类种植；蔬菜种植；水果种植 许可项目：种畜禽生产；牲畜饲养
	神木市山里旺种养殖农民专业合作社	2021.7	一般项目：谷物种植；薯类种植；蔬菜种植；花卉种植；园艺产品种植；水果种植；中草药种植；农产品的生产、加工、销售、贮藏及其他相关服务；农业机械服务；灌溉服务；农作物病虫害防治服务；农业专业及辅助性活动；农作物收割服务；农作物秸秆处理及加工利用服务 许可项目：牲畜饲养

续表

村名	合作社名称	成立时间	主要经营范围
店塔村	神木市草梁山农民专业合作社	2014.12	农作物、经济作物种植；活畜、禽、水产饲养
	神木市店塔镇店塔村经济联合社	2018.10	集体资产经营与管理、集体资源开发与利用、农业生产发展与服务、财务管理与收益分配等
	神木市店塔镇店塔村阳塔小组经济合作社	2020.12	集体资产经营与管理、集体资源开发与利用、农业生产发展与服务、财务管理与收益分配等
贺家梁村	府谷县"绿宝"散种养殖合作社	2018.5	许可经营项目：无 一般经营项目：猪、家禽养殖；农作物种植
	府谷县庙沟门镇贺家梁村红花梁集体经济合作社	2018.6	集体资产经营与管理、集体资源开发与利用、农业生产发展与服务、财务管理与收益分配等
	府谷县庙沟门镇贺家梁村经济联合社	2018.12	集体资产经营与管理、集体资源开发与利用、农业生产发展与服务、财务管理与收益分配等
	府谷县华仁散种养殖农民专业合作社	2019.3	许可经营项目：无 一般经营项目：农作物种植；家畜禽养殖；农产品加工及销售

续表

村名	合作社名称	成立时间	主要经营范围
沙梁村	府谷县庙沟门镇沙梁村姬家峁子自然村股份经济合作社	2018.8	集体资产经营与管理、集体资源开发与利用、农业生产发展与服务、财务管理与收益分配等
沙梁村	府谷县庙沟门镇沙梁村经济联合社	2019.4	集体资产经营与管理、集体资源开发与利用、农业生产发展与服务、财务管理与收益分配等
	府谷县庙沟门镇清泽养殖专业合作社	2013.7	家畜、禽养殖（奶畜除外）；饲草种植，储存，加工
	府谷县庙沟门镇生华养殖农民专业合作社	2013.8	养羊
西尧沟村	府谷县庙沟门镇西尧沟村刘家自然村集体经济合作社	2018.6	集体资产经营与管理、集体资源开发与利用、农业生产发展与服务、财务管理与收益分配等
西尧沟村	府谷县庙沟门镇西尧沟村西尧沟组经济合作社	2018.10	集体资产经营与管理、集体资源开发与利用、农业生产发展与服务、财务管理与收益分配等
化皮沟村	府谷县庙沟门镇化皮沟村经济联合社	2018.11	集体资产经营与管理、集体资源开发与利用、农业生产发展与服务、财务管理与收益分配等
	府谷县新民镇金宏湾养殖专业合作社	2016.4	鸡、鸭、猪、羊、牛、驴养殖
新民村	府谷县新民镇新民村经济联合社	2019.4	集体资产经营与管理、集体资源开发与利用、农业生产发展与服务、财务管理与收益分配等
新民村	府谷县新民镇新民村慈善互助会	2018.3	在本村村民生产、生活中遇到突发性困难时，给予短期无息借款周转；与其他公益慈善组织开展相互学习交流工作

的县区已被认定为中国特色农产品优势区,再次表明我国资源型城市发展特色农业、生态农业等的比较优势极为明显。此外,国内资源型城市乡村地区还分布有较为丰富的全球重要农业文化遗产,目前国内15个入选全球重要农业文化遗产的传统农业项目中资源型城市就占据了6个席位,依次为云南普洱古茶园与茶文化、内蒙古赤峰市敖汉旱作农业系统、陕西榆林市佳县古枣园、浙江湖州桑基鱼塘系统、江西赣州市和湖南娄底市的南方山地稻作梯田系统。另外,研究区还有数量众多的中国重要农业文化遗产,如黑龙江牡丹江市宁安响水稻作文化系统、辽宁阜新市阜蒙旱作农业系统等。

典型案例区位于榆林市黄土梁峁向风沙草滩区的过渡区,区内耕地总面积4028.2公顷,占到土地总面积的17.91%,人均耕地占有量0.37公顷/人,远高于全国平均水平。案例区农业发展历史悠久,种养业因地施策技艺相对纯熟。主要的粮食作物有玉米、马铃薯,经济作物有荞麦、小麦、谷子、糜子、黄豆等。区内特色农业优势明显,获得国家农产品地理标志登记保护的有神木黑豆、神木山地苹果、府谷海红果、府谷小米、府谷黄米以及神木、府谷马铃薯等(见图4—1)。农耕时近80%的

图4—1 典型案例区部分国家地理标志产品与典型村庄土地复垦状况

案例区农户租赁使用拖拉机、微耕机等便于操作的中小型农耕器械，生产效率相对较高。随着高强度煤矿开采的持续推进，案例区内少数矿产资源枯竭的村庄在煤矿开采企业的帮助下开展了矿山修复和土地复垦（见图4—1）。

第二，矿产资源与森林资源。中国地级资源型城市主要矿产资源包括能源矿产、金属矿产、非金属矿产，其空间分布极为不均衡。如能源矿产资源主要分布在榆林、大同、长治、鄂尔多斯、乌海等市。金属矿产资源中的铁矿主要分布在鞍山、本溪、唐山、邯郸等市，钨矿集中分布在赣州等市，稀土矿集中分布在鄂尔多斯、榆林等市；非金属矿产资源中的磷矿主要分布在曲靖、宜昌等市。

案例区矿产资源以能源矿产为主，自20世纪80年代（1982年陕西一八五煤田地质勘探队在陕北榆林市发现煤田）以来，案例区矿产开发规模不断增大，主要的煤矿企业有龙华煤矿、陕西德源电厂、三道沟煤矿、沙梁煤矿、东鑫垣煤化工厂、泰达煤化工厂、万达煤矿、金宏湾煤矿、金万通煤电厂等（见图4—2）。这些矿企特别是央企矿业集团是我国"西煤东运""北煤南运"的重要承担者。

图4—2 典型案例区煤矿企业

我国资源型城市丰富的森林资源分布在吉林市、白山市、黑河市、伊春市、牡丹江市、大兴安岭地区、丽江市 7 个森林工业城市。

第三，文化资源。我国资源型城市地域跨度较大，南北跨纬度 51.67°、东西跨经度 31.5°，包含多个文化区。区内包含关东文化、燕赵文化、黄土高原文化、中原文化、齐鲁文化、淮河流域文化、巴楚文化、荆湘文化等十余种地域文化，其地域文化资源、历史文化资源、宗教文化资源、民族文化资源和民俗文化资源等极为丰富。如山东泰安以及山西晋中、大同等市的历史文化资源，陕西延安、榆林等市的红色文化资源，内蒙古呼伦贝尔、新疆阿勒泰和巴音郭楞等地区的民族文化资源，山西忻州等市的宗教文化资源等。

案例区地处北方农牧交错带，是农牧文化交织之地，其中的沙梁村、新民村既是历代屯兵堡垒、兵家必争之地，又是当年的商贸集散之地，村内历史文化资源较为丰富。新民村境内的镇羌古堡属榆林市长城文化重要展示区，属府谷境内保存最为完好、最具代表性的长城防御古堡，古堡内红色资源、边塞风情、佛教文化相互交融，自然景观与建筑遗址浑然一体，于 2019 年入选陕西省级历史文化名村；庙沟门镇沙梁村于 2019 年获批"榆林市乡村振兴示范村"、2020 年入选陕西省"第三批省级历史文化名村"；庙沟门镇化皮沟村内占地面积 1000 多平方米的裴家大院建于清朝同治年间，属典型明清风格的四合院。虽然院落已破败不堪，但是其院内青石铺就的花坛、雕花的松柏门窗、榆木的大门依稀能够映射昔日的繁华，典型案例区内部分历史文化资源如图 4—3 所示。

第四，基础设施与公共服务设施。乡村基础设施和公共服务设施是为村民生产和生活提供服务的各类公共性、服务性设施的总和，包括交通通信、农田水利、水电供给、商业物流，以及科教文卫、社会福利、金融行政等类的基础设施和服务设施。这两类设施是农业综合生产能力的重要组成部分，但目前也是资源城市 SARD 主要短板之一。新农村建设以来，资源型城市乡村基础设施与公共服务设施建设层次与水平不断提升，"五通村"（即通电村、通邮村、通电话村、通公路村、通自来水村）、农村市场数以及农村文教、卫生、体育和社会福利设施数显著增加。但是总体来看，资源型城市基础设施与公共服务设施的区域差异较为明显，东部资源型城市农村市场个数以及文教等社会福利设施数量高

化皮沟村裴家大院

新民村（镇羌古堡）

新民村（镇羌古堡）

沙梁村古镇

新民村鼓楼

图 4—3　典型案例区主要历史文化资源

于中西部地区，特别是农村市场和医疗卫生设施的个数。自"乡村振兴"战略提出以来，资源型城市的市—县—镇三级政府积极推动编制乡村空间规划和乡村振兴规划，着力改善村庄人居环境与公共服务水平。各城市应紧抓中国历史文化名镇（村）、中国传统村落、全国美丽乡村示范村、省级美丽乡村示范村、全国休闲农业与乡村旅游示范县等建设机遇，整合财政专项资金完善并提升乡村地区基础与公共服务设施配套水平。

案例区有初级中学 1 所（店塔初级中学）、小学 3 所、幼儿园 9 处（店塔村有幼儿园 6 处，其余 7 村共有幼儿园 3 处），教育资源空间分布极为不合理。除庙沟村外，其余 7 村皆配备有村级卫生室，占地面积皆在 80 平方米以上。案例村村内便利店均沿主要道路或在村庄重要公共空间处布局，新民村电商站点位于村内文化广场，健身广场位于村委会附近。案例村通村道路全部硬化，但因村民住房空间布局疏密不一，案例村通组道路硬化率高低不一，仍有 4 个案例村通组道路未全部硬化。案例村家庭供水、供电服务基本完备，能满足村民日常需求。案例村互联网覆盖率达 100%，在便于与外界的信息交流的同时，也进一步缩小了案例村"数字鸿沟"，案例村公共服务设施如图 4—4 所示。

图 4—4　典型案例区村庄乡村公共服务设施

（二）外源系统

1. 中—省—市—县—镇五级政府

各级政府提供的资金、政策、技术、人才支持等措施，成为矿区乡村 SARD 的助推力。比如国务院印发《全国资源型城市可持续发展规划（2013—2020 年）》，将榆林市划归为成长型城市，表明应规范其有序发展。榆林市主张建设"国家森林城市"，要求市内聚居点林木绿化率达到

31%，其余村庄达到 16%。又如府谷县人民政府联合多部门启动了科学素质行动计划和农业农村系统普法和依法治理工作，着力提高农民科学文化素养与乡村治理水平。再如府谷县新民镇镇政府支持"党支部+"的发展模式，推行"三变"（资源变股权、资金变股金、农民变股民）改革以盘活资源；与此同时，重视保护性开发新民村（镇羌古堡）历史遗产，认为应充分发挥边塞古迹的文化价值和旅游价值，加强提升文化形象和旅游品位，重点推动文化和旅游的功能融合、产业融合、经营管理融合，构建特色鲜明、富有创意、聚合力强的传统村落文化旅游融合发展载体。并与陕西省城乡规划设计研究院合作编制旅游规划，设计了府谷一日游旅游线路。

此外，自"乡村振兴"战略提出以来，神府煤田两县市—镇两级政府积极推动编制乡村振兴规划，着力改善村庄人居环境与公共服务水平，拟将府谷县新民镇打井塔村打造为市级示范村，可望为研究区 SARD 提供有效借鉴，府谷县环保局委托专业机构对该村开发项目进行了环境影响评价，并制定了相应的对策措施。

2. 各类资源型企业

我国资源型城市，特别是西部资源型城市大多是计划配置资源下产生的，由此导致国有大中型资源型企业成为关乎资源型城市乡村地区 SARD 的环保责任主体及企业社会责任（CSR）的主要履行者，除此之外还有一定数量的乡镇资源型企业。涉足我国资源型城市资源开发的主要央企矿业公司包括中国石油天然气集团公司、中国石油化工集团公司、神华集团有限责任公司、中国五矿集团、国家能源投资集团、中国有色矿业集团有限公司、鞍钢集团有限公司、攀枝花钢铁集团公司、中国冶金建设集团公司、中国黄金集团等。

在案例区，中—省国营矿企以及乡镇私人矿企依托神府煤田矿产资源，发展煤炭开采、加工等产业。为缓解"矿乡矛盾"，矿企通常会为本地农户提供少量就业岗位。此外，受矿产开发溢出效应的影响，本地运输业与餐饮、住宿等相关服务业也随之兴盛。为缓解尖锐的"矿乡冲突"，各类矿企特别是乡镇煤矿企业通常会给遭受水土污染的村庄、农户提供现金与实物补偿（定期发放冬季燃煤与米面油等生活必需品，而现金补贴方式主要为一次性发放）。以神府煤田典型村为例，由于村内乡镇私人矿企发放的此类福利多高于中—省企业，加之央企给地方提供的就业岗位有限，农户对央企开采煤矿怨言颇多，戏说"央企吃肉、地方喝汤、老百姓啃骨头"。

3. 其他非政府组织（Non-Governmental Organizations，以下简称 NGO）

涉及资源型城市 SARD 的 NGO 主要包括各类科研院所、各类企业（包括文旅企业、农业产业化龙头企业等）、新乡贤、各行业专业人员等，其通过输入人才与技术、注入资金等非人类主体，助推资源型城市 SARD 进程。如科研院所可通过获取资源型城市乡村及其邻近地区生态环境损害等野外勘察数据，探索矿产开发综合整治或专项整治策略，为研究区政策制定提供理论基础；建筑、规划设计等行业的专业人员可为研究区中宏观层面的用地布局、设施配置、绿地系统、道路系统，以及微观层面的建筑设计、街巷空间、景观意向提供指引，营造富有乡土特色和认同感的乡土空间；生态整治修复类企业、规划企业、农业产业化龙头企业、文旅企业可借助相关优惠政策盈利或基于乡土情结介入案例区 SARD，在资源型城市乡村地区因地制宜发展生态农业、特色农业以及基于休闲农业等的乡村旅游业等。例如，农业产业化龙头企业可与神华集团合作开发神府煤田西尧沟千亩农业现代农业产业园、西尧沟村万亩生态林区，发展特色农业、休闲农业，并基于此发展社区支持农业，引导和扶持矿区乡村农户发展乡村旅游业。

（三）利益流向

从资源型城市乡村产业发展的利益流向来看，目前矿产开发收益中仅有极小部分收益流向本地农户，矿企占据了绝大部分收益，却疏于整治修复环境，生态环境修复整治、利益分配不均等由此成为本地矿乡冲突的焦点。随着 NEDT-ANT 耦合视角下的资源型城市乡村地区 SARD 行动者网络的搭建，后期依据资源型城市乡村资源禀赋进驻的外源性文旅企业、农业产业化龙头企业数量的增多，流向本地农户的利益也趋于增加。一般情况下，外源式开发模式下的乡村产业开发收益大多流向企业，只有极少部分流向本地农户。因此，为切实提高资源型城市乡村地区农户收益，需联合中—省—市—县财政支付 + 资源型城市矿企 CSR，以"资源产业反哺农业"形式持续注资培育扶持地方乡村文旅、农业产业的新型经营主体，扶持本地农户承接文旅企业、农业龙头企业管理与运营等职能，在开展资源型城市乡村地区生态整治修复的同时，促成更多的利益流向本地农户，即以本地农户作为开发主体、培育本地乡村的可持续发展能力，以期真正符合新内源式发展愿景。

二 基于ANT的资源型城市SARD过程分析

资源型城市乡村地区SARD发展阶段及其特点因内外源驱动力变化而异。划分资源型城市乡村地区SARD演变阶段，辨析不同阶段影响其SARD的内外生动力，确定亟须组建行动者网络的关键阶段，建构该阶段行动者网络，观察网络变化如何促成"三生空间"重构，讨论"三生空间"重构对网络发展的影响是随后探究NEDT-ANT耦合视角下的协调机制的关键所在。据此，本节基于过程思维和关系思维导向分析资源型城市乡村演变历程。

（一）乡村演变历程分析

依据不同阶段影响资源型城市乡村地区SARD的内外源行动者、"三农"问题特征、"三生空间"表征，可将我国资源型城市乡村演变划分为资源开发前期、粗放式资源开发期、转型发展期、可持续发展期四个阶段（见图4—5）。不同阶段期影响资源型城市乡村地区SARD的内外源行动者、SARD状态，以及资源型城市乡村地域系统的"三农"问题及"三生空间"特征皆有较大差异。

第一，资源开发前期。该阶段资源型城市SARD的驱动力主要源自低水平均衡的农业生产，其对生态环境的影响相对较小，"三生空间"整体呈自然山水型生态格局，"三农"皆属低水平均衡状态，除此之外无突出的"三农"问题。乡村生产空间用地以农业生产和生活用地为主，生活空间类型以就业空间、居住空间、交往空间为主。彼时矿企特别是国营矿企尚未入驻，作为外源人类行动者的中—省—市—县四级政府投入资金和政策有限，NGO中除少数回乡养老的离退休人员外极少有人涉足此地，其他外源性资金等亦是同此，本地农户和村"两委"是主要的人类行动者。虽然彼时的重要议题亦是SARD，但是，因为核心行动者——农户内生动力弱，其替代行动者——村"两委"遵照执行市—县—镇三级政府农业、农村行政指令，关键行动者——镇政府身处体制困局多数充当宣传上级政策、措施的"传声筒"，亦未充分发挥其乡村基层社会治理的关键作用。

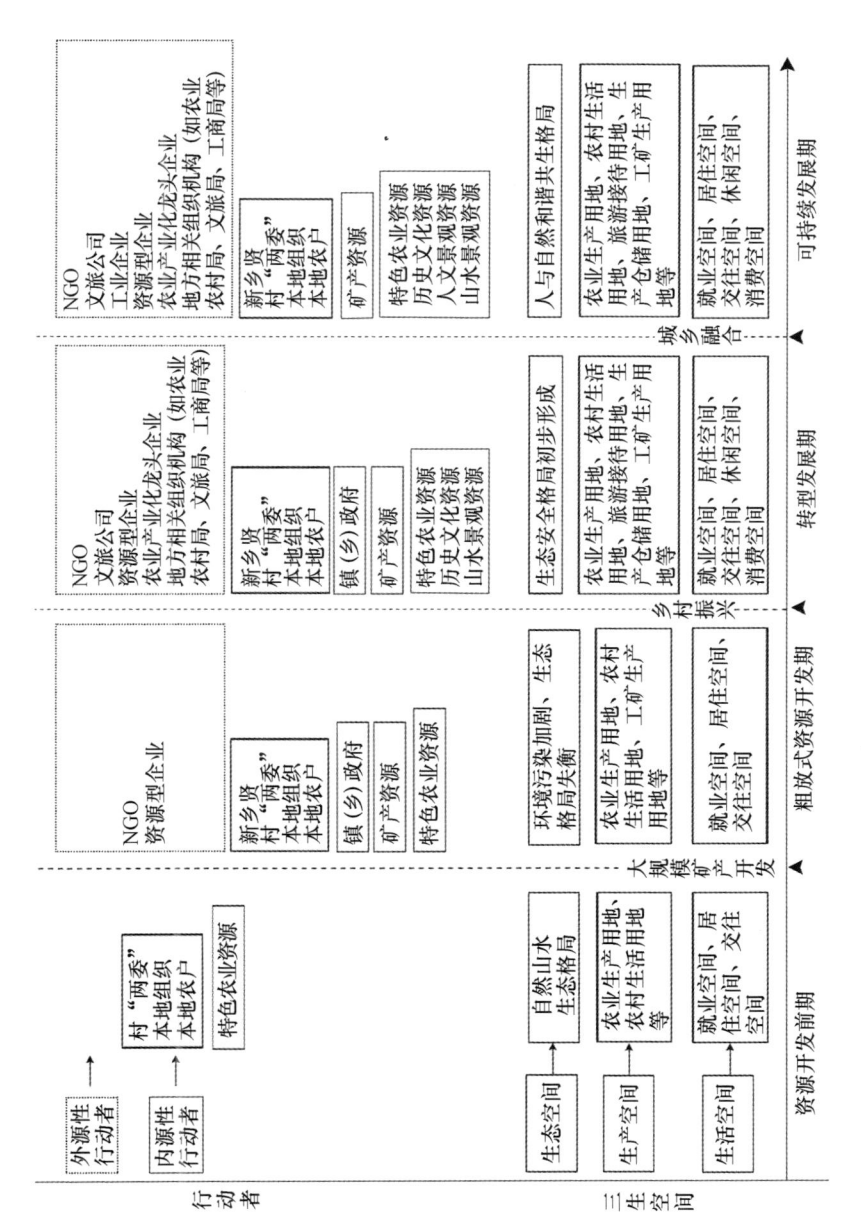

图4—5 资源型城市乡村地区演变历程

第二，粗放式资源开发期。该阶段各类矿企特别是国营矿企开始进驻，粗放式资源开发对地方生态环境的破坏较为严重，区域生态格局失衡，农民贫富差距增大、乡村社会矛盾加剧等"三农问题"逐渐加剧。彼时乡村生产空间中矿业开发规模扩大、农业日益衰败，生产空间虽然仍以就业、居住、交往空间为主，但是空间中的就业类型开始以矿业开发和农业生产为主；生活空间类型仍以其内变化为主，未出现新的空间类型。中—省政府及地方和非地方企业家注资成立的各类权属的资源型企业成为此时资源型城市乡村地区重要的外源性人类行动者，粗放式资源成为导致生态失衡的主要驱动力。中央政府对资源型产品的价格干预和管制以及生态补偿机制低标准式"一刀切"政策，导致资源价格收益分配关系的长期失衡，致使各资源型城市乡村地区生态环境事件频发、矿乡矛盾不断。中—省—市—县四级政府开始关注该区域生态环境问题和乡村经济社会发展问题，部分新乡贤和NGO亦开始关注或资助该区域，SARD成为该阶段的OPP，核心行动者、关键行动者及其角色则未发生根本性变化。

第三，转型发展期。此处所指的转型期是资源型城市乡村发展模式的转型阶段，并不完全对应资源型城市的转型发展期，且一般情况下前者开始时间晚于后者，也有部分乡村地区出现提前的情形。彼时随着中—省—市—县四级政府对粗放式资源开发期行动者网络中异议的关注，以及区域经济社会可持续发展建设和乡村振兴战略的持续落地，资源型城市乡村地区生态安全格局初步形成，乡村"三农"问题逐渐缓解。乡村生产空间用地类型开始多元化，出现了旅游接待用地、农业设施建设用地、生产仓储用地等新的用地类型，生产活动以农业生产为主、矿业开发和乡村文旅产业为辅；随着农业产业化龙头企业、文旅公司等人类行动者相继进驻，乡村休闲空间和消费空间开始出现并逐渐壮大；随着矿区乡村生态环境修复整治措施的持续推进，乡村生态空间安全格局逐渐形成。此时，农业企业和文旅公司规模效益持续扩大，农业农村局、文旅局、工商局等地方相关组织机构也相继进驻乡村地区。此外，更多的新乡贤和NGO亦不断参与到地方SARD网络中。虽然此时村"两委"仍然是核心行动者，但是，本地农户和村"两委"内生动力不断增强，而且随着新乡贤等人才的加入，本地农户发展能力更是不断提升。

第四，可持续发展期。该阶段资源型城市乡村地区生态环境、经济、社会协同高质量发展，人与自然和谐共生格局开始形成，"三农"问题得到根本性解决，实现了"三农"的富强美。多行动者协同参与资源型城市乡村地区自然、人文资源开发，受"马太效应"的影响，更多的人才、资本、技术相继注入本地。本地农户取代村"两委"成为资源型城市SARD的核心行动者，村"两委"则逐渐取代镇政府成为关键行动者。生产空间用地类型更趋细化，农业生产及乡村文旅产业活动趋于专业化；生活空间中休闲空间、消费空间占比不断增加，就业空间趋于多元化；生态空间呈现出人与自然和谐共生格局。

由上可知，资源型城市乡村地区SARD行动者网络具有动态变化性和过程性，不同资源开发期组建的行动者网络差异较大，其内外源行动者、"三生空间"表征及"三农问题"特征也不尽相同。比较而言，粗放式资源开发期及其过渡期是资源型城市乡村地区农户内生动力最弱、生态环境问题最突出、矿乡矛盾最剧烈、行动者网络异议最多的时期。因此亟须关注、组建并优化该阶段的行动者网络，以期内外源行动者协同、内外源资源并举促成研究区SARD。

（二）行动者网络组建

在行动者网络理论中，"转译"过程为多个孤立行动者提供联络线，促使多方行动者基于共同利益诉求，形成以核心行动者为中心的网络联盟。其中的问题呈现揭示了行动者所需突破的困境和期待达到的稳态；随后核心行动者通过允诺相应行动者以特定利益，向其分配固定任务并动员其加入行动者网络，由此启动网络运转；异议则是由于各行动者间因利益背离而产生的潜在风险，需及时发现并全力化解。鉴于资源型城市主要以矿业城市为主，且其矿业开发对乡村地区生态环境的影响和破坏大于森林工业城市的和冶金城市的，加之粗放式资源开发期及过渡期组建的行动者网络中异议最多，故本节以矿业城市粗放式资源开发期及其过渡期为例组建资源型城市乡村地区SARD行动者网络。

1. 行动者与强制通行点（OPP）

由图4—5可知，如果分别构建不同时期资源型城市SARD行动者网络的话，会发现这些网络及行动者间的关系是动态变化的，不同时期的行动者及利益赋予方式和异议等有一定差异。如前所述，由于粗放式资源开发期及其过渡期内源行动者发展动力弱、外源行动者协助不足、生态环境破坏严重、矿乡矛盾剧烈，是行动者异议最多、最复杂的阶段。另外由于该时期本地农户内生动力弱，乡村地域系统 SARD 的任务执行一般由核心行动者村"两委"发起征召，中—省—市—县四级政府可协助落实部分乡村振兴基金，本地农户、村"两委"、本地组织、矿企、镇政府是该时期的主要行动者。另外，通过对比研究区目标系统发展现状可指出各方经历强制通过点 OPP 时所面临的障碍。本地农户是资源型城市乡村地区发展建设的中坚力量，解决其发展动力问题是实现其所在村庄农业与农村可持续发展的关键，故将 SARD 作为网络中其他行动者目标的（OPP）（见图4—6）。

2. 转移过程分析

第一，问题呈现。问题呈现是组建资源型城市 SARD 行动者网络的首要步骤，网络中问题的出现体现了各行动者的价值取向与目标诉求，针对资源型乡村地区行动者网络中各行动者特别是本地农户、村"两委"、镇政府面临的主要问题是"乡村生态经济社会发展不可持续，如何促成本地 SARD?"。据此，各类行动者受关键行动者征召与动员，以核心行动者为主体，组建资源型城市 SARD 行动者网络。具体来看，各行动者面临的主要问题如下。

（1）农户层面。受农业比较效益、农业劳动生产率低下，以及乡村生产类基础设施老化、落后等多重因素的影响，资源型城市乡村地区青壮年劳动力涌入城市务工比例普遍高于一般的乡村地区（如本书第四章中个别典型矿区村庄外出务工率甚至高达 67.5%）。目前资源型城市乡村留守人口以老弱妇幼为主，由此导致研究区乡村地区农业生产规模化及产业化缺乏有力的组织实施主体。且部分矿区村庄农户对矿企资源开发及环境污染和破坏忧心忡忡，笔者在神府煤田调研时，神府煤田矿区村庄留守老人高某说，国营矿企就是咱的地塌陷了啥的，才管管。一般是让人一搬了之或复垦还田、给点补偿后就不太管老百姓了！地方企业的老板相对好点，还给矿区百姓发钱、米面油和煤。矿区村庄留守老人刘某和李某说，开矿后的地可赶不上以前的老地好种，现在看着娃娃们都进城了，要是以后在城里挣不下钱，回来也没个好地种，往后可咋过活？

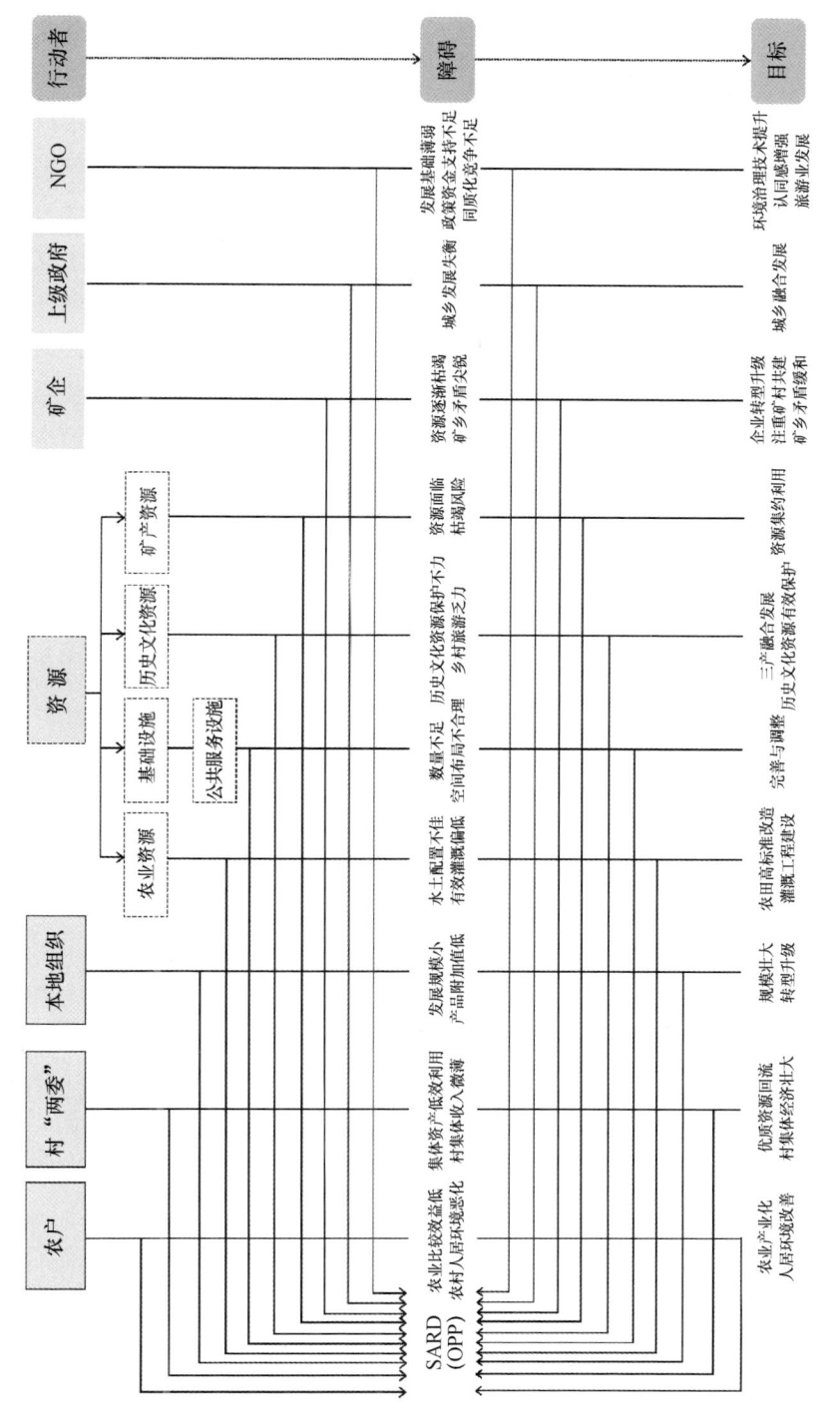

第四章 资源型城市 SARD 协调机制的构建与实践 / 157

图4—6 粗放式资源开发期及其过渡期资源型城市乡村地区行动者与强制通过点（OPP）

（2）村"两委"层面。在与部分资源型城市市—县级分管农业农村工作的领导访谈时，他们指出目前所在城市的村干部队伍普遍存在年龄结构偏老、综合素质总体不高、致富引领能力不足、村民自治异化以及村级后备干部储备不足等问题。以近 4 年笔者所调研的神府煤田典型矿区乡村 18 个村庄为例，村"两委"干部学历虽以高中、中专为主（平均年龄 51 岁），但其创新意识和致富带头能力普遍不高。在论及村庄发展设想时，多希望借助外力摆脱村庄目前发展面临的困境。具体表现在他们或希望政府出资完善生产性、生活性、流通性基础设施和其他公共服务设施；或希望上级政府引入 NGO 等外源行动者扶持发展产业；或希望矿企以消费扶贫方式带动本村经济发展；或只是泛泛而论如何整治本村生态环境、发展高科技农业。真正愿意扎根乡村、有切实产业发展思路的村干部并不多见。在 8 个案例村中，仅有 2 位村干部对本村产业发展有想法，其余 6 位存在不同程度的懒政思想，缺乏工作动力和激情，甚至有极个别村干部滥用职权、徇私舞弊。

（3）本地组织层面。自 2008 年党的十七届三中全会提出"发展集体经济，着力培育农民新型合作组织"号召以来，国内资源型城市乡村地区相继成立了提供农产品产、加、销、运等服务的多类农民专业合作社（其合作形式一般分为紧密型和松散型两种，后者的参社农户参与入股，前者的则不）、农业协会、农村经济合作联合社、企业等。带动成效明显的本地组织有百色市田阳区九里香芒果专业合作社、洛川洛果园苹果专业合作社、长治市禾盛小米开发专业合作社、石嘴山市惠农区燕子墩乡枸杞合作社等。总体来看，这些本地组织在激发农民生产积极性、盘活村集体资源、联合治理乡村社会等方面发挥了积极作用，但仍有部分组织存在参社农户整体素质不高、技术人才缺乏、组织分散、集聚化程度不高、核心竞争力不强、"互联网+"时代的乡村地方品牌打造意识弱和品牌效应极弱等问题。典型案例村多数农业生产合作社、经济合作联合社等多成立于近 5 年内，本地农户多基于血缘、地缘、业缘关系缔结成各类合作组织。多数合作组织刚刚起步、生产规模普遍偏小，产品多以养殖产品、果蔬等初级产品为主，部分村内甚至存在空壳农业合作社。可见，案例村合作社和生产企业的组织管理、生产规模与收益水平亟待提升。

(4) 本地资源层面。

(a) 乡村农业资源。我国多数资源型城市水土资源配置优势不突出，国内资源富集区大多位于生态脆弱区[259]。依据《全国重要生态系统保护和修复重大工程总体规划（2021—2035 年）》，多数资源型城市属全国重要生态系统保护和修复重大工程中"两屏三带"（"青藏高原生态屏障""黄土高原—川滇生态屏障"和"东北森林带""北方防沙带""南方丘陵山地带"）的重要组成部分（见表4—2）。可见，我国多数资源型城市的乡村地区生态环境脆弱，并不适合发展规模化农业。加之绝大多数资源型城市人均水资源拥有量过低，故资源型城市乡村地区 SARD 更适合因地制宜推进特色农业、生态农业、有机农业、基塘农业等体现"在地性"理念的农业产业化发展模式。

表4—2　　全国重要生态系统保护和修复重大工程

	分区	涉及省（区）	所含国家重点功能区
三区	青藏高原生态屏障区	西藏、青海、四川、云南、甘肃、新疆	7 个国家重点生态功能区：三江源草原草甸湿地、若尔盖草原湿地、甘南黄河重要水源补给、祁连山冰川与水源涵养、阿尔金草原荒漠化防治、藏西北羌塘高原荒漠、藏东南高原边缘森林
	黄河重点生态区（含黄土高原生态屏障）	青海、甘肃、宁夏、内蒙古、陕西、山西、河南、山东	1 个国家重点生态功能区：黄土高原丘陵沟壑水土保持生态功能区
	长江重点生态区（含川滇生态屏障）	四川、云南、贵州、重庆、湖北、湖南、江西、安徽、江苏、浙江、上海	6 个国家重点生态功能区：川滇森林及生物多样性、桂黔滇喀斯特石漠化防治、秦巴山区生物多样性、三峡库区水土保持、武陵山区生物多样性与水土保持、大别山水土保持；2 个湿地区：洞庭湖、鄱阳湖
四带	东北森林带	黑龙江、吉林、辽宁、内蒙古	3 个国家重点生态功能区：大小兴安岭森林、长白山森林、三江平原湿地

续表

分区		涉及省（区）	所含国家重点功能区
四带	北方防沙带	黑龙江、吉林、辽宁、北京、天津、河北、内蒙古、甘肃、新疆（含新疆建设兵团）	3个国家重点生态功能区：大小兴安岭森林、长白山森林、三江平原湿地；1个发展区：京津冀协同发展区；6个国家重点生态功能区：阿尔泰山地森林草原、塔里木河荒漠化防治、呼伦贝尔草原草甸、科尔沁草原、浑善达克沙漠化防治、阴山北麓草原
	南方丘陵山地带	福建、湖南、江西、广东、广西	1个国家重点生态功能区：南岭山地森林及生物多样性；1个山地丘陵区：武夷山重要山地丘陵区
	海岸带	辽宁、河北、天津、山东、江苏、上海、浙江、福建、广东、广西、海南等省（区、市）的近岸近海区	12个重点海洋生态区：辽东湾、黄河口及邻近海域、北黄海、苏北沿海、长江口—杭州湾、浙中南、台湾海峡、珠江口及邻近海域、北部湾、环海南岛、西沙、南沙；1个国家重点生态功能区：海南岛中部山区热带雨林

注：摘自《全国重要生态系统保护和修复重大工程总体规划（2021—2035年）》。

另外，《全国农业可持续发展规划（2015—2030年）》依据各地农业资源承载力、环境容量、生态类型和发展基础等因素划分的农业可持续发展分区结果显示，国内多数资源型城市位于适度发展区和保护发展区内，相当一部分资源型城市乡村地区农业生产特色鲜明，但其生态本底脆弱（见表4—3）。

(b) 乡村社会资源。资源型城市乡村文教、卫生等公共服务设施以及技术性人才等人力资源的空间差异一般因资源型城市SARD而异，具体表现为资源型城市SARD水平愈高，其乡村基础、公共服务设施以及技术性人才配置水平相对愈高，反之则不然。2019年119个资源型城市农业有效灌溉率仅为43.3%，全国同期平均水平为55.9%；2019年资源型城

表 4—3　　　　　　　　全国农业可持续发展分区

分区名称	包含区域	包含省、区	农业可持续发展的优劣势
优化发展区	东北区	黑龙江、吉林、辽宁，内蒙古东部	农业生产条件好、潜力大，但也存在水土资源过度消耗、环境污染、农业投入品过量使用、资源循环利用程度不高等问题
	黄淮海区	北京、天津、河北中南部，河南、山东、安徽、江苏北部	
	长江中下游区	江西、浙江、上海、江苏，安徽中南部、湖北、湖南大部	
	华南区	福建、广东、海南	
适度发展区	西北及长城沿线区	新疆、宁夏、甘肃大部、山西、陕西中北部、内蒙古中西部、河北北部	农业生产特色鲜明，但生态脆弱，水、土资源配置错位，资源性和工程性缺水严重，资源环境承载力有限，农业基础设施相对薄弱
	西南区	广西、贵州、重庆、陕西南部、四川东部、云南大部、湖北、湖南西部	
保护发展区	青藏区	西藏、青海、甘肃藏区、四川西部、云南西北部	青藏区是我国大江大河的发源地和重要的生态安全屏障，高原特色农业资源丰富，但生态十分脆弱；海洋渔业区发展较快，存在着渔业资源衰退、污染突出的问题
	海洋渔业区	我国管辖海域	

注：摘自《全国农业可持续发展规划（2015—2030 年）》。

市每千人拥有医务人员数为 1.74 人，远低于生态城市 2.8 人及以上的建设标准。相对来说，东中部资源型城市乡村地区社会资源较西部地区丰富。从典型案例区来看，案例村"三跑田"（跑水、跑土、跑肥）坡耕地占比高；地形复杂、地表沟壑纵横，大中型农用机具难以大规模推广应用；案例村地处干旱半干旱地区，水资源严重不足、农业有效灌溉率极低；以教育、医疗设施为代表的公共服务设施配置空间分布不均衡，8 个案例村仅有 1 所中学、3 所小学，4 个村庄道路通组尚未实现完全硬化，多数村未建设灌溉设备；8个案例村中仅新民村（镇羌古堡）、沙梁村、化皮沟村以及西尧沟村初步具备发展乡村旅游的条件。

（5）资源型企业层面。如前所述，资源型城市内主要的资源开发企业有森工企业、矿业企业（如煤矿企业、石油企业、天然气企业、黑色金属矿企、有色金属矿企等）。在这些企业中，石油企业对地方生态环境的破坏程度相对较小、煤矿企业最为严重[260]，由矿业开发引发的生态环境问题和乡村社会矛盾最为突出。典型案例区8村内矿企皆为煤矿企业，新民村矿产资源面临枯竭，矿产开发遗留问题较多；燕家塔等4个案例村内因煤矿开采利益分配不均、外部负效应等引发的"矿乡矛盾"随着村民参照依赖效应下环保意识、维权意识的增长，矿企—地方政府—农户三方间的生态补偿纠纷、环境污染等纠纷有加剧倾向。此外，多数资源型企业除必须缴纳的资源补偿费等程序外，对所在村庄经济社会发展的辐射带动作用极弱，构建矿村共建、共享机制的资源型企业数量也极少。

（6）上级政府。粗放式资源开发期及其过渡期资源型城市乡村地区环保责任主体是矿企，"伪取代"本地农户成为核心行动者的村"两委"要求乡镇煤矿矿主履行环境保护主体责任尚且困难重重，更不要说要求国有重点和国有地方矿企履行环保主体责任了。因此，县—镇两级政府作为有力的行政征召者，特别是后者就成为资源型城市SARD重点的关键行动者，由其调查核实矿企环保主体责任落实情况，并代为下达上级相关指示。此外，中央政府层面主要面临缩小资源型城市与非资源型城市乡村发展差距、促进资源型城市乡村振兴等问题；资源型城市所在省—市—县三级政府主要面临乡村地区农业转型升级压力大、乡村人口流失、SARD内生动力缺乏、乡村发展的基础、公共服务设施短板突出等问题。

（7）其他非政府组织层面（NGO）。参与我国资源型城市SARD的主要NGO有各资源型城市科研院校，特别是涉农院校、科研机构，以及各省市级城乡规划设计院、建筑设计院、交通规划设计院、社会团体等。而具体参与典型案例区SARD的主要NGO有西北农林科技大学、陕西师范大学、西北大学、西安科技大学、陕西省规划设计院、西安市规划设计院、榆林市农科院等，主要参与案例区新农村建设参与主体协调机制研究、生产生活基础设施建设、乡村空间规划和振兴规划、医疗卫生服务供给和农牧业发展等。总体来看，这些 NGO 组织与资源型城市乡村地区间多限于项目合作联系，实际帮扶指导不足。

第二，利益赋予。利益赋予是行动者网络中核心行动者（依据 ANT 理论，资源型城市乡村地区农户本该是行动网络中的核心行动者，但因其发展内生动力、协调组织能力弱，村"两委"便成为替代行动者，接手资源型城市乡村 SARD 行动者网络中核心行动者的任务）基于一定的协议或约定，给网络内的"人类行动者"分配利益或资源，从而号召其他行动者积极参与资源型城市 SARD 进程的手段，也可以理解为核心行动者为巩固行动者网络中的其他行动者而采取的稳定手段。研究区主要利益赋予如下：借助前期以行政拨付为主的乡村振兴基金，补齐基础设施与公共服务设施短板，创新区域水土资源治理模式和多样化乡村经济发展模式，全方位提升农户生产条件、生活水平、生态环境，是村"两委"能赋予本地农户的利益；以乡村文旅产业发展为契机，吸引外源性文旅企业或社会资本保护性开发矿区村庄历史文化资源，共享开发利益是村"两委"能赋予外部企业的利益；以村集体带动为主，吸引外部资金或村集体＋社会资本，以及完全引入外部资金等三类模式因地制宜发展特色农业、生态农业（特别是社区支持农业）、休闲农业、基塘农业等以修复生态环境并获取良好收益是村"两委"能赋予外来创业者、龙头企业的利益。

第三，征召。征召是行动者网络中核心行动者赋予各个行动者一定的任务。赋予一定任务后，行动者网络的节点及连线基本完成，动员完成后行动者网络将正式组建。资源型城市乡村地域系统内外源行动者可采取多种征召与动员形式组建网络。

（1）行政征召。市—县—镇三级政府通过出台地方发展规划和实施方案确定发展方向，村"两委"依据上级政府制定的工作方案，结合本地特色与发展意愿组织村庄农业转型升级、生态环境和人居环境整治工作，讨论通过切实可行的实施策略；引入环评机构测评存在污染隐患的生产项目的环境影响，以灵活监督资源型城市乡村地区生态环境质量建设目标。

（2）乡贤能人带动。资源型城市各村可征召本地发展观念先进、市场敏锐度高、抗风险能力强的乡贤能人牵头募集资金、土地和社员,组织适度规模生产;有意向的乡村旅游开发行动者可以通过向本地农户普及旅游产业合作化发展的经营方式和盈利手段,帮助农户选择适宜的旅游产品、旅游服务类别,引导本地参与者获取一定的旅游业发展收益。

(3)文化征召。资源型城市内具备一定文化旅游资源的村庄,可以紧抓建设中—省历史文化名村、中—省传统村落评选等契机,征召内外源行动者,充分利用本地文化资源,充分挖掘研究区文化历史资源,借助中—省财政支持,发展乡村文旅产业。

(4)市场征召。资源型城市乡村地区本地新型农业、文旅产业及相关服务业扩张引发的乘数效应可为农户提供更多的本地就业机会,吸引外出人口进一步回流,为乡村发展重注活力。

第四,动员。动员是组建资源型城市 SARD 行动者网络的又一重要阶段。该阶段关键行动者——镇政府和核心行动者——村"两委"作为资源型城市乡村地域系统代言人,动员各类矿企、农业产业化企业、文旅公司、新乡贤、本地组织、社会资本或工商资本、本地农户参与到研究区 SARD 进程,企业和新乡贤、村"两委"再动员农户,经行政和经济手段动员后对这些转译者使用一定的权利,以促成资源型城市 SARD 网络的稳定。例如:镇政府除负责监督矿企环境整治修复行为,还会协同村"两委"、本地组织等开展招商引资等行动。

第五,异议。异议是指资源型城市 SARD 行动者网络中各人类行动者之间因利益相悖而出现的冲突关系。具体表现在如下三个方面。

(1)核心行动者内动力不足。多数资源型城市乡村发展主体老弱化常常导致村庄发展的号召方与响应方普遍素质不高、能力不足、生动力弱、易于满足现状、对政策的依赖性较强。加之,实现 SARD 过程中尚存少量离心农户滋生"等靠要"思想,只关注能否获得更多的惠农补贴或资源开发补助,对村庄发展则不太关心,由此成为乡村内部的"反对性力量"。此外,由于部分资源型城市尚存在牺牲生态环境换取短期经济发展效益、对矿企开发监管不严等现象,导致农户生产生活条件恶化、矿区村庄"空心化"现象不断加剧,村庄内生动力进一步弱化。此外,受行政村合并、撤村并镇等行政区划调整的影响,资源型城市大量村级小学撤并,导致教育资源空间分布不均,部分村庄出现入学难、入园难问题。另外，受现行体制影响，资源型城市乡村地区普遍存在基础设施提档升级、公共服务设施提质扩容的问题。

（2）粗放式资源开发与矿乡冲突。以国营矿企为主的粗放式资源开发模式、村民维权意识和环保意识的增强、不同权属矿企差异化的企农关系处理方式，以及地下资源与地上土地使用权的分离引发的利益分配不均和生态环境修复整治责任承担等的争执是导致"矿企—农户"冲突的主要诱因。而矿企—地方政府冲突的诱因在于双方发展目标的非一致性，前者以利润最大化为目标，后者以地方经济社会生态协调发展为目标，由此导致矿企特别是因为"国家剥夺链条"下中央矿企上缴利税的非本地性、赔付自然资源开发低生态补偿费率等行为与当地政府地方保护主义情节之间的冲突。

（3）异质行动者信息传导机制缺失。异质行动者间的协调主要指网络内行政指令层层落实的单向沟通，缺乏有效的反馈机制，突出体现在矿企追求企业利润最大化与村民期望生产生活提升和村庄环境整治利益取向的不一致性。由于缺乏有力的自组织、农户—政府—企业的沟通力度不足、意见表达不畅致使农户异议突出，可能导致研究区行动者网络解体。如上所述，在粗放式资源开发期及其过渡期，由于本地农户内生动力不足、引入外源动力的号召力有限，无法促成资源型城市乡村地区的 SARD。为响应中—省—市—县—镇五级政府乡村振兴的号召，乡村行动者网络中的核心行动者发生"伪取代"，相当数量不真正体现农户意志、实际引领能力不强的村"两委"成为行动者网络的实际核心行动者，这也成为可能导致网络解体的另一诱因。

综上所述，再结合我国资源型城市农业劳动生产率较低（2019年的平均值仅为26483.3元/公顷，全国同期平均水平为48901元/公顷）、农业土地产出率普遍不高（2019年研究区均值为93636.4元/公顷，虽然高于全国74392.7的平均值，但是城际差异极为明显，去除湖北鄂州以及四川、云南部分城市高值后，其他资源型城市农业土地产出率均值在60000元左右，最低值仅为21068.1元/公顷）、农业有效灌溉率较低（2019年资源型城市平均有效灌溉率为43.3%，全国同期水平为55.9%）、人均水资源拥有量偏低等量化结果，以及典型案例村村干部引领力弱、农业技术人员数极少、60岁以上的老人平均占比高（8村均值为22.45%，个别村接近30%)、农户生态环境满意度不高、矿产开发生态补偿费率偏低、非农收入偏低、村内历史文化资源开发力度低等实际情况，搭建促成资源型城市乡村的 SARD 行动者网络，网络需以县—镇两级政府为主导、以行政征召为主要号召力、以各级镇政府为关键行动者、以矿区乡村村"两委"为核心行动者、以自上而下的行政力量赋予异质行动者相应的任务，各类行动者协同并进，组建粗放式资源开发期资源型城市 SARD 行动者网络（见图4—7）。

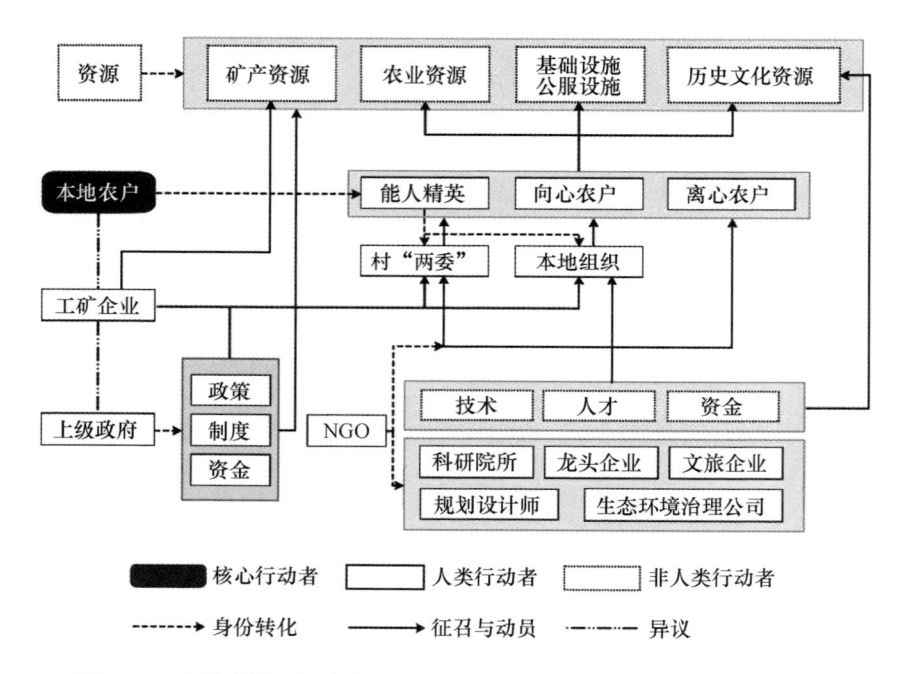

图4—7 粗放式资源开发期及其过渡期资源型城市 SARD 的行动者网络

三 基于 NEDT-ANT 耦合的资源型城市 SARD 协调机制设计

（一）NEDT-ANT 的耦合性分析

根据 ANT 与 NEDT 的理论分析与实证研究可知两者各有所长，故可结合各自优势开展资源型城市的 SARD 分析。据图4—8可知，ANT、NEDT 理论各自优势明显，皆强调人地关系地域系统演变过程中人类行动者与非人类行动者的对等性、内外源力量的平等性，以及各行动者的广泛参与与认同。

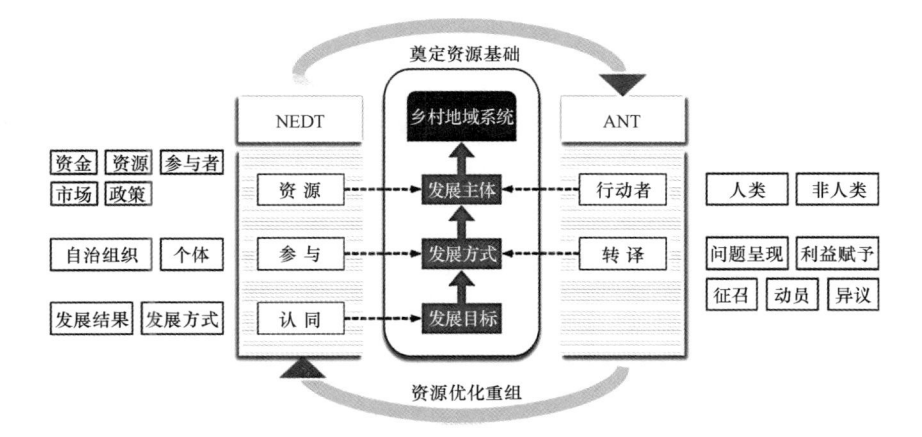

图 4—8　NEDT-ANT 耦合机制

1. 人类行动者与非人类行动者的对等性

ANT 强调在推动事物发展变化的过程中人类行动者与非人类行动者扮演同样积极的角色，NEDT 理论主张将人类行动者与非人类行动者进一步细化为个人与团体、自然环境、生态环境、文化传统与知识技艺等具体内涵，这在实际观察和分析中挖掘乡村特有的自然、人文资源禀赋，发展特色农业、生态农业、有机农业，增强矿区村庄竞争力方面更具指导意义。

2. 内源性力量与外源性力量的平等性

NEDT 理论主张模糊内外参与的明显界限，ANT 直接将空间视为社会关系再生产的场所，使地方发展网络的构建直接打破地理距离的限制。可见两者都主张内外源力以平等的方式参与人地关系地域系统发展过程。

3. NEDT-ANT 耦合视角与行动者网络组建

在剖析乡村地域系统各行动者及其作用机制时，NEDT 理论与 ANT 各有所长、相互依存。NEDT 理论在辨析提炼发展主体层面更为翔实，ANT 的长处在于引进科学实验的方法系统、动态地解析各行动者间的互动，故可基于 NEDT 与 ANT 耦合机制组建资源型城市 SARD 行动者网络，以活化与重组乡村资源，实现内外源人类行动者与非人类行动者间的良性互动，构建发展福利流向本地的利益格局，突破当前乡村地域系统低水平均衡陷阱。

(二) 资源型城市 SARD 协调机制构建

由上可知，NEDT 理论与 ANT 在促进可持续农业农村发展方面各有所长。NEDT 理论强调挖掘乡村非人类行动者的内涵与特色，主张尽可能扶持内源性力量，推行体现"在地性"理念的乡村转型发展模式，促成乡村地域系统全面发展。ANT 的长处在于以过程思维和关系思维组建人类行动者和非人类行动者并重的异质性乡村行动者网络，提倡整合内外源资源为己所用。据此，国内资源型城市 SARD 建设应基于 NEDT-ANT 耦合视角内外力并举、内外源资源共享，促成以本地行动者为核心的多行动者参与的乡村振兴（其间允许外资企业以竞标方式参与资源型城市 SARD，特别是生态环境修复整治、人居环境整治提升、乡村特色产业发展等）。对外方面，各资源型城市应紧抓国家政策体系中乡村振兴战略、黄河流域生态保护和高质量发展、京津冀协同发展、长三角一体化发展、长江经济带、粤港澳大湾区等国家级区域发展战略实施机遇，以及"国家级农业科技园区""国家重点农业龙头企业""中国特色农产品优势区""省级特色农产品优势区""国家级田园综合体建设试点""省级田园综合体建设试点"等建设机遇，凭借这些外力优势争取中—省财政支持和政策优惠；对内方面，各资源型城市应秉承乡村发展，坚持本土组织认同和规划先行的理念，通过主动嵌入自上而下的国家政策体系和地方行政体系，开展"自下而上"和"自上而下"双结合式的生态规划、产业规划、人居环境整治规划，最终基于 NEDT-ANT 耦合视角优化重构乡村"三生空间"，有效解决"三农"问题，创建资源型城市农业、农村可持续发展的新格局。其具体耦合方式详见图 4—9。

第一，生态空间修复整治方面。依据 NEDT 理论借助外部推力（监测技术）辨析破坏或污染成因、认定环保责任主体，依据 ANT 确定参与行动者借助关系思维开展修复整治，为本地农户因村制宜的生态产业、特色产业发展奠定生态基础和自然环境条件，提升农村生态环境质量。

第二，优势特色生产空间建设方面。依据 NEDT 理论充分考虑资源型城市乡村地区"地气水土生"资源（地貌、气候、水文、土壤、生物资源）配置实际，依据 ANT 组建人类行动者与非人类行动者充分互动、内源动力与外源动力协同的网络，因地制宜发展特色农业、生态农业和乡村文旅业等。特色农业及其产业化建设方面，亦可多村联合开展优势农

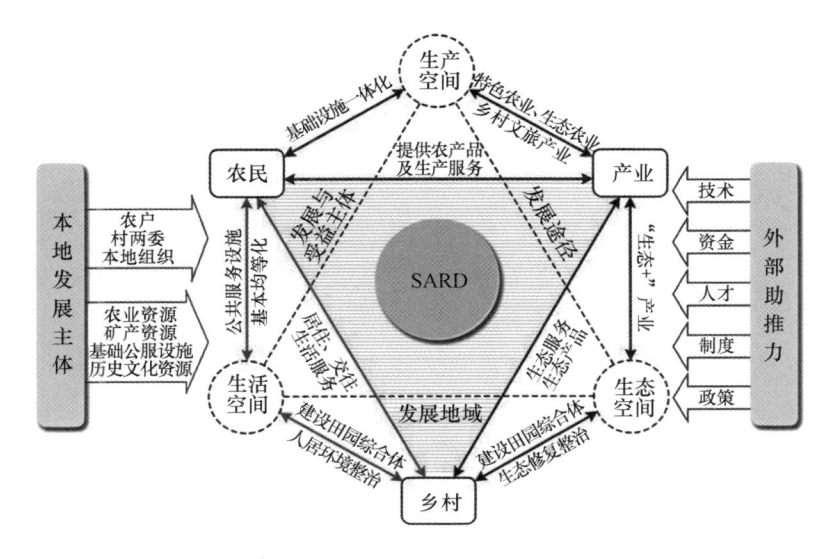

图 4—9　NEDT-ANT 耦合视角下的资源型城市 SARD 机制

产品区域建设，以切实增强矿区乡村特色农业竞争力。

第三，宜居生活空间建设方面。依据 NEDT 理论综合考虑本地自然、人文资源优势开展乡村人居环境整治，结合 ANT 网络关系思维充分协同地方政府—企业（矿企作为矿区乡村环保责任主体，应遵照矿企社会责任报告充分发挥 CSR）—村 "两委" 多方力量分非经营性、准经营性、经营性三类，以基础设施一体化、公共服务设施基本均等化理念开展资源型城市乡村地区基础设施和公共服务设施建设。非经营性基础设施和公共服务设施由省—市政府拨付专项资金建设，市—县交通部门委托镇村养护；准经营性基础设施和公共服务设施可由市—县两级政府采取多种方式引入社会资本以联建联管方式筹集资金建设；经营性基础设施和公共服务设施基本采取市场化方式建设。此外，由于矿企是矿区乡村生态环境修复整治的环保责任主体，在行动者网络中其应该作为主要承担者以主要出资方的角色开展准经营性、经营性基础设施和公共服务设施的扩容提质建设工程。通过上述耦合发展机制，基于生态优先、特色发展、以人为本理念修复提升矿区乡村生态空间、转型升级矿区乡村生产空间、整治提升矿区乡村生活空间，有效促成农民增收致富、农业增效提质、农村增美振兴。

第二节 资源型城市 SARD 协调机制的实现路径

本节拟基于资源型城市、典型案例村 SARD 水平测度及障碍因子量化分析结果，以及 NEDT-ANT 耦合视角下资源型城市乡村地区关键期——粗放式资源开发期及其过渡期 SARD 机制分析，探析 NEDT-ANT 耦合视角下的资源型城市 SARD 协调机制。具体来看，应以资源型城市的市—县两级政府为主导性外源人类行动者、镇政府为关键行动者，将村"两委"作为实际的核心行动者带动本地农户，结合转译过程中的问题呈现（资源型城市乡村地区农业与农村的不可持续发展），以规划先行和"参与式规划"（又称参与式设计，是指在规划制定过程中，规划设计师与多利益攸关方基于 NEDT-ANT 理念以地方资源充分利用为前提，共同参与规划设计、决策、建造，以及监管等的全过程，体现因地制宜性和动态性的互动规划模式）为准则，以协议、合同等方式赋予网络行动者利益，以多元化方式征召与动员多方内外源人类行动者、整合多类内外源资源，探析基于"共生"理念修复整治矿区乡村生态环境、基于"在地性"理念振兴乡村特色产业、基于一体化和基本均等化理念完善提升矿区乡村基础设施和公共服务设施、基于"人本理念"整治提升乡村人居环境、基于"三治融合"理念重构乡村治理体系等多类协调机制，以期促成资源型城市 SARD。与资源型城市 SARD 相关的部分政策、文件和规划名单详见附录 5。

另外，依照利益相关者理论、企业社会契约理论以及企业社会责任等理论，为保证企业生存这一第一目标，企业应当在追逐利润最大化目标时，对消费者、生产者、环境乃至社区承担应负的社会责任。20 世纪 70 年代中期以来，随着经济合作与发展组织《跨国公司行为准则》及其修订版的发布，欧美发达国家及其企业纷纷开始关注企业社会责任 CSR（Corporate Social Responsibility）的履行，企业社会责任运动蓬勃兴起。20 世纪 90 年代中期以来，我国也开始关注企业社会责任的落实，并于 2006 年将企业社会责任写入《公司法》。相关研究证实，在企业社会责任外生假设下，CSR 的履行对企业财务绩效存在显著正向影响[261]。

考虑到矿企对地方生态环境、经济社会发展的负外部性大，并且矿企是矿区乡村生态环境问题的主要责任主体，加之矿企特别是国营矿企存在严重的矿产资源地税收偏离问题，这又在极大程度上减少了地方税收收入，继而对资源开发地生态环境、经济社会产生较为严重的负面影响[262]。此外，目前国内现有的矿业企业社会责任（CSR）报告多从股东的责任、对员工的责任、对客户的责任、对社会的责任、对环境的责任五方面强调企业社会责任的履行，具体针对矿村共建互动的责任内容甚少提及。据此，矿企特别是国营矿企更应在矿区乡村生态环境修复整治、经济社会发展等方面履行CSR，各资源型城市的市—县两级政府应在落实矿企环保责任主体的基础上，因地制宜鼓励一定规模以上的矿企发布企业社会责任报告，要求矿企在报告中明确其在矿村共建和互动方面应承担的环境经济社会等方面的责任，结合企业实际制定矿村共建及互动计划并罗列具体的资助条目和款项，即矿企应在矿区乡村生态环境修复整治、乡村人居环境提升、基础设施和公共服务设施配套完善、振兴乡村特色产业发展等方面发挥应承担的CSR。所以本节结合资源型城市SARD协调机制的探析，探讨了矿企应在矿区乡村SARD中需履行的企业社会责任，并在制度创新章节融入了相关内容。基于NEDT-ANT耦合视角的矿区乡村协调机制的行动者网络逻辑框架详见图4—10。

一 基于"和谐共生"理念修复矿山生态环境

人与自然和谐共生是可持续发展的本质要求，建设山水林田湖草沙冰生命共同体则是可持续发展中国化的具体方法论[263]，也是古代道家"天人合一"思想的现代诠释。考虑到国内资源型城市多数位于全国重要生态系统保护和修复重大工程建设范围内，绝大多数资源型城市乡村地区因粗放式资源开发引发的生态破坏和环境污染问题较为突出，亩均农药施用量、亩均化肥施用量严重超标（依次为12.1公斤/公顷、459.7公斤/公顷）、人均水资源拥有量过低（仅为878.7立方米，远低于国际公认的用水紧张警戒线1700立方米以及全国标准），以及典型案例村农户对生态环境满意度指数较低、农药化肥使用过高等实际情况。据此，本节提出基于人与自然和谐共生理念，借助NEDT-ANT耦合视角因地制宜修复整治资源型城市乡村生态环境，具体做法如下：恪守矿区乡村生态

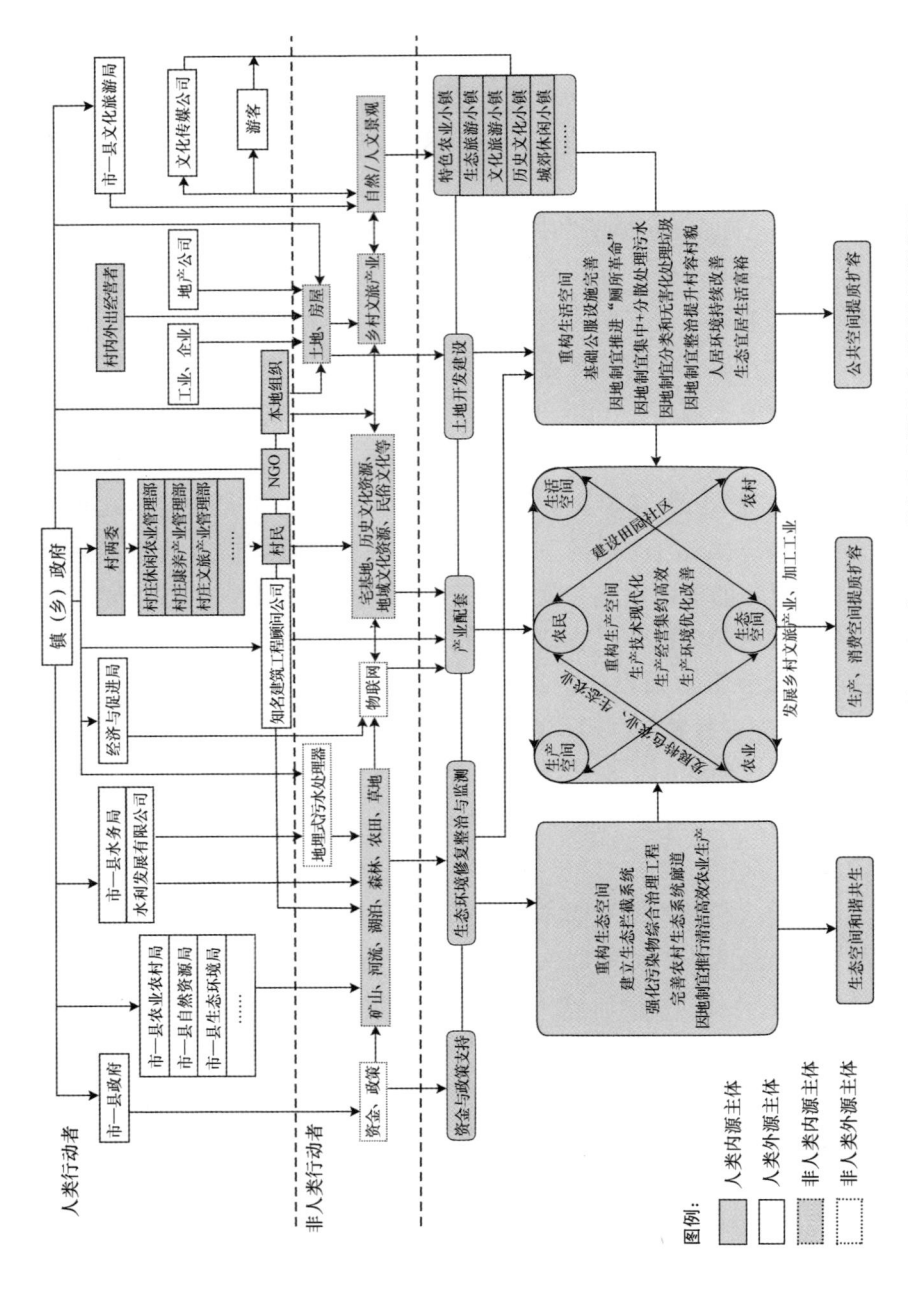

图4—10 NEDT-ANT耦合视角下的资源型城市SARD协调机制的行动者网络逻辑框架

修复整治规划先行以及问题导向型"参与式规划"理念,以市—县两级政府为引导,规划设计单位为主体,镇政府联合市—县主管部门作为外源行动者,在本地组织、本地农户等广泛参与和认同的基础上,因地制宜科学制定矿山国土空间生态修复规划。如图4—10所示,资源型城市的市政府需遵行规划先行原则,结合市内矿区乡村实际,在"自上而下""自下而上"双向结合式制定矿山生态环境工作规划、塌陷区治理方案、矿山治理资金管理办法等文件后,结合市情编制招标公告面向海内外公开招标(国外规划公司或设计师亦可参与招标)。中标单位在开展规划设计时,须首先在宏观层面上严格遵照《中华人民共和国城乡规划法》等法规,积极对接《全国国土规划纲要(2016—2030年)》《全国重要生态系统保护和修复重大工程总体规划(2021—2035年)》等国字号规划;对标"国家级田园综合体建设试点""国家生态文明建设示范区""省级田园综合体建设试点""生态省""生态市"等建设标准。其次,还须在中观层面衔接市—县国土空间规划(对接资源型城市"三线"——城市开发边界、永久基本农田红线和生态保护红线;"三区"——城镇空间、农业空间、生态空间),明确生态空间的刚性底线和弹性范围;衔接省—市矿产资源总体规划,正确识别矿区村庄在矿产开发主矿区和矿产资源辐射影响区所处位置,明确矿山修复的功能定位和规划重点,分类细化整治与修复措施,开展矿区乡村分区并实行差异化保护和开发策略;对标"省级田园综合体建设试点""生态市"建设标准。最后,微观层面上,开展问题导向式的"参与式规划",市—县两级政府牵头,镇政府作为关键行动者征召矿企及生态修复企业、科研院所等外源行动者,以及本地农户、本地组织、村"两委"共同参与矿区乡村土地复垦和生态环境修复与整治规划编制,规划方案建设时序和规模需经村"两委"、本地农户认可。

规划实施过程中,镇政府需在严格要求矿企发布CSR报告的基础上外联行政外力,以及生态环境治理公司等NGO的经济、技术外力,内接本地农户等内源动力,坚持以"山水林田湖草沙冰是生命共同体理念"推进矿区生态修复整治。如图4—10所示,具体实施过程中资源型城市的镇政府需借助市—县两级政府行政外力,紧抓"中国特色农产品优势区""省级特色农产品优势区""国家级田园综合体建设试点""省级田园综合体建设试点""生态省""生态市"等建设机遇,借助多措并举促使矿企环保责任主体发布针对矿村空间的责任 CSR 报告。即依法明确矿区生态修复的环保责任主体及其权责范围，对于正在开发中的矿区，依法要求矿企边开发边修复，修复后验收合格的耕地可优先运用于矿企开发活动所需用地的占补平衡，且矿企需严格履行 CSR 责任；对于历史遗留废弃矿山和采矿塌陷区，市—县两级政府征召环评机构评估生态受损价值，征召环保责任主体履行修复责任，并遵照已明确责任主体矿企的 CSR 报告开展矿村共建活动；确实无法落实修复责任人的，由市—县两级政府委托镇政府作为关键行动者借助 PPP 模式开展整治修复。随后，由市—县两级政府牵头，镇政府联合市—县农业农村局、自然资源局、生态环境局等的主管部门，以及矿企、生态环境治理公司、建筑工程顾问公司等 NGO 等外源行动者和本地农户、本地组织、村委会等内源行动者，充分发挥外源性资金、技术、政策等非人类行动者作用，借鉴淮北采煤沉陷区综合治理、平顶山北部矿区生态环境治理、唐山古冶区矿区生态修复等成功经验，借助合作开发等模式因地方生态本底而宜，坚持以"山水林田湖草沙冰是生命共同体理念"推进矿区生态修复整治。具体实施过程中可运用"矿山修复来造景、矿坑 + 沉陷区治理来建湖、矿山造林来绿化、村庄整治 + 土地复垦来增田护田、部分草地修复来还草"等理念，因地制宜开展全方位、多层次、立体化修复模式，通过因地制宜建立矿区乡村生态修复拦截系统，强化生产、生活污染物治理工程建设，持续完善矿区乡村生态系统廊道和生物多样保护廊道等多方措施，建设因地制宜的"山水林田湖草沙冰生命共同体"。

矿区乡村生态修复整治启动资金由矿企 CSR 经费拨付 + 资源型城市首期乡村振兴基金申请（详见第五章），以及 NGO 及本地组织和本地农户筹集三部分组成，后期生态修复整治资金可持续借助 PPP 模式筹集。

以市—县两级政府为引导，镇政府协同市—县主管部门征召动员矿企、生态修复企业、科研院所、NGO、本地农户等多源人类行动者，强化矿区乡村生态环境修复整治监督与管护工作。如图 4—10 所示，首先，市—县两级政府牵头，委托资源型城市 SARD 行动者网络关键行动者——镇政府协同市—县生态环境局、市—县自然资源局、市—县农业农村局等主管部门借助矿区生态环保大数据服务平台严格监管矿区乡村生态环境，加大生态环境修复后再度破坏的处罚力度，要求矿企严格履行 CSR

矿村共建责任,并积极推动整治修复技术、材料等的科研成果转化,同时适时以行政手段适度干扰外来资本和主体的过度介入;其次,市—县两级政府需征召地质学、环境学、管理学、经济学、农学等相关领域的科研机构和专家作为矿区乡村 SARD 行动者网络中的第三方行动者,因村制宜制定生态修复整治管护方案和运维指南,编制相关技术导则,科学指导矿区乡村修复整治后生态环境的后续管护工作;最后,市—县两级政府牵头,镇政府协同市—县生态环境局、农业农村局等主管部门等发起征召,动员网络中的核心行动者——村"两委"加大地质灾害和噪声、空气污染巡查中的公众参与力度,增设村庄护林员、环境巡查员及义工等岗位,巡查结果需定期录入矿区生态环保大数据服务平台,并将其分级纳入资源型城市 SARD 行动网络中矿企绿色矿山建设、生态环境局以及镇—村人类行动者的考核体系,还可以将其作为因矿企发挥 CSR 减免税费的依据,以期奖优罚劣,鼓励矿企积极履行 CSR 报告内承诺的责任。

二 基于"在地性"理念振兴乡村特色产业

"在地性"(locality)源于拉丁语"in-situ"一词,意为根植于本地、当地或原位。最初由社会学者用于描述小范围空间人与人之间的集体记忆与认同感[264],随后建筑学、地理学等学科纷纷引用"在地性"表征地方建筑、地方经济特色及其发展[265-266]。不同学科背景的学者对其概念的界定见仁见智,但都承认其属于小范围空间,对应和体现的是个性化的环境。在时下的全球化(globalization)背景下,地方发展应因地制宜充分发挥当地非人类行动者——自然、人文资源的价值和作用。据此,书中将"在地性"理解为体现本地自然、人文资源的独特属性,具有相对性、原生性和体现区域差异性、动态变化性的多元性特点。其中的相对性是指"在地性"需与外来理念、力量等比较后方能凸显;原生性指"在地性"需在原生环境中形成、发展,根植于地方自然环境与历史文化;多元性则是指"在地性"因地而异,存在空间异质性明显、动态变化性显著的特点。具体落实到资源型城市乡村地区可持续发展领域时,"在地性"是指应充分发挥本地自然、人文资源独特属性,通过唤醒和强化"地"之要素,发展符合"地"之特性的产业,建设体现"地"之特性的乡村,因地制宜打造区域田园综合体。从这个意义上来看,发展

"在地性"产业,特别是"在地性"的农业产业就是发展体现地域特色的多功能农业,是多功能农业的地方化。

如前所述,由于我国绝大多数资源型城市生态环境脆弱、人均耕地面积和水资源占有量较低、粮食单产并无竞争优势(2019年资源型城市的粮食单产值为365.8公斤/亩,略低于全国平均值381公斤/亩)、农业劳动生产率较低(2019年的平均值仅为26483.3元/公顷,全国同期平均水平为48901元/公顷)、农业有效灌溉率偏低(2019年的值低于45%,低于同期55.9%的全国平均水平)。此外,2019年资源型城市农产品地理标志认证总数为976个,表明区域发展特色农产品优势较为明显;2019年我国119个资源城市拥有的国家农业科技园区总数仅为64个、国家重点龙头企业总数为433个,表明这些园区和企业对地方农业企业的培育和对地方小农户关联带动力有限。而且如前所述,多数城市位于全国重要生态系统保护和修复重大工程范围内,加之典型案例村农户对农业生产条件满意度低、收入多样化指数偏低。据此,建议基于"在地性"理念,因地制宜发展多功能农业、建设多功能农村,形成极富地方特色的田园综合体,以期促成资源型城市乡村地区生态保育区建设和乡村振兴齐驱并进。具体落实时同样需在厉行乡村产业振兴规划先行的前提下,结合研究区实际,基于多功能农业和多功能乡村理论因地制宜发展产业。其协调机制如下。

严格遵循规划先行和问题导向型"参与式规划"理念,由市—县政府牵头,镇政府协同市—县农业农村局等主管部门征召动员规划设计单位、NGO等外源行动者,整合各类新型农业经营主体(内外源行动者兼有)以及村"两委"、本地农户等内源行动者意见,以"多功能农业和多功能农村理念"为内核,以"田园综合体"为建设目标,以发展体现"在地性"的特色农业、生态农业为引擎,因地制宜制定资源型城市乡村产业规划。首先,市—县两级政府牵头,镇政府一定要协同市—县农业农村局、市—县生态环境局等主管部门,广泛征召并征询矿企、农业产业化龙头企业、NGO特别是农艺学、农学、地质学、土壤学、生态学、建筑学专家等外源行动者,以及专业大户、家庭农场、农民合作社、村"两委"、本地农户等内源行动者意见,充分论证农业产业规划的可行性,尽量化解行动者异议,提高本地认同度。与研究区生态环境修复整治规划方案编制过程一样，规划设计单位需在宏观层面严格遵照《中华人民共和国城乡规划法》等法规，对接《全国国土规划纲要（2016—2030年)》《全国重要生态系统保护和修复重大工程总体规划（2021—2035年)》《全国乡村产业发展规划（2020—2025年)》《全国农业可持续发展规划（2015—2030年)》等，参照《特色农产品区域布局规划（2013—2020年)》《"十四五"推进农业农村现代化规划》《现代农业示范区建设规划》《农业绿色发展技术导则》等国字号乡村产业规划，对标"国家级农业科技园区""国家重点农业龙头企业""中国特色农产品优势区""国家级田园综合体建设试点""省级特色农产品优势区""省级田园综合体建设试点"等建设规范；中观层面承接各省省级优势农产品区域布局规划、各市县乡村产业规划；微观层面联合资源型城市行动者网络中的关键行动者——镇政府协同市—县农业农村局、市—县文化旅游局等主管部门，全面征召并征询矿企、农业产业化龙头企业、生态修复企业、科研院所专家等外源行动者，以及村"两委"、本地组织、本地农户等内源行动者意见，充分结合地方自然和人文资源禀赋优势后编制乡村产业发展规划。

规划实施过程中，市—县两级政府牵头，镇政府联合市—县主管行业部门征召内外源行动者充分利用资金、技术、人才等优势，因地制宜发挥"在地性"资源优势，构建彰显多功能农业和多功能农村理念、关联"三农"、三产融合、"三生空间"统一的资源型城市乡村特色农业产业体系，并为中—省"田园综合体"示范试点奠定基础。具体落实时，建议借鉴江苏无锡市"田园东方"、浙江湖州市"田园鲁家"、云南保山市"万亩生态观光农业园"、河北唐山市"迁西花乡果巷"、山西临汾市"近郊创意休闲农业田园综合体"、山东临沂市"朱家林田园综合体"等资源型城市田园综合体国家试点建设经验，以及"中国特色农产品优势区""省级特色农产品优势区""省级田园综合体建设试点""生态省"等的建设标准，分产业组织实施。实施过程中已落实环保责任主体的矿企需配合镇政府和市—县主管部门依据企业社会责任报告相关内容积极履行CSR，矿村共建促进资源型城市SARD。

1. 乡村一产发展方面

针对国内绝大多数资源型城市生态环境脆弱、人均耕地面积和水资源占有量低、耕地产值低、农业有效灌溉率低、矿产开发生态环境补偿过低、水土污染较严重,多数位于全国重要生态系统保护和修复重大工程范围内,且典型案例村农户对农业生产条件满意度低、农产品商品化率和收入多样化指数极低等实际问题,建议形成市—县两级政府引导,金融机构和社会资本参与,市—县政府两级政府牵头,委托资源型城市SARD行动者网络中的关键行动者——镇政府协同市—县农业农村局、市—县自然资源局、市—县生态环境局、市—县水务局等主管部门征召动员龙头企业、农业研究机构、投资公司等外源行动者以签订协议或合同方式的利益赋予形式参与,以龙头企业+村集体经济+村级合作组织内外源行动者组合为主体,秉承多功能农业、多功能农村发展内核,如图4—10所示,结合"中国特色农产品优势区""省级特色农产品优势区"建设契机,高效利用本地水土气资源,开展本地特色产品体系建设和各类节事活动的策划,并基于此积极发展特色农业、生态农业、休闲农业、创意农业、社区支持农业(Community Support Agriculture,以下简称CSA)、康养农业等"在地性"农业。此外,还需关注一产从业人员培训及村级管理人才选拔工作,即由市—县政府牵头,资源型城市SARD核心行动者镇政府协同市—县农业农村局等主管部门征召动员涉农类高校、村"两委"、本地组织,建立省—市—县三级新型职业农民培训基地或职业农民田间学校,实施新型职业农民培育工程,开展适应农业生产周期的分段式、参与式的实用技能培训;涉农类高校、科研机构与本地组织通过研发合作、技术许可、作价入股等方式实现科研成果推广运用;新型经营主体以及龙头企业等行动者还可征召动员本地农户,通过签订合同等利益赋予方式开展家庭经营、合作经营等各类适度经营模式;市—县—镇三级政府或龙头企业征召,定期开展农产品博览会、展销会等,推介特色农产品品牌;市—县两级政府委托镇政府征召保险公司、新型经营主体、村"两委"、本地农户购置天气指数保险、价格指数保险等灵活的农业保险,提高农业抗风险能力;市—县—镇三级政府联合征召互联网企业在本地建立产销一体的农业服务平台,发布农业市场信息和自然灾害预警信息,提高矿区乡村农业产业信息化水平;市—县—镇三级政府及行业相关部门需以利益赋予方式吸引乡贤能人(回乡创业农民工和退伍军人、大学生村官等引领力强的"双创"型人才)等回乡创业,并逐步将此类人群培育成为矿区乡村 SARD 的核心引领者。

2. 乡村二产发展方面

同样以市—县两级政府为引导，以政府补贴＋金融机构贷款＋社会资本为财力支持，镇政府为关键行动者协同市—县主管部门征召动员村"两委"、本地组织等内源行动者，围绕体现"在地性"的特色农业、生态农业以及历史文化资源、地域文化资源等本地资源，引入外源技术、人才，建设绿色农业产业园区，在合理延伸种养业产业链条的基础上积极发展特色农产品加工工业、绿色食品加工工业、有机食品加工工业、工艺品加工工业、生物技术产业、清洁能源产业、新材料产业等第二产业（见图4—10）。

3. 乡村三产发展方面

同样遵循多源行动者参与、内外资源齐动的发展原则，即由市—县两级政府牵头，镇政府协同市—县农业农村局、市—县生态环境局、市—县自然资源局等行业主管部门征召各类新型经营主体和村"两委"、本地农户等内源行动者，灵活运用合资、出资＋资源合作，以及合作＋开发等多种合作模式充分发挥外来技术、人才、资金优势，基于"在地性"理念融合地方自然资源和人文资源，积极拓展休闲农业、创意农业、特色农业、生态农业、社区支持农业的价值链，大力发展乡村休闲旅游产业、创意文化产业、康养产业、文旅产业，并据此积极培育中—省历史文化名镇、农业特色小镇、文旅特色小镇、生态旅游特色小镇及中—省历史文化名村，为建设乡村田园综合体奠定基础（见图4—10）。此外，还可以由市—县政府牵头，镇政府协同市—县能源局、市—县文化旅游局、市—县农业农村局等主管部门征召动员规划设计单位、矿企、村"两委"、本地农户等内外源行动者，策划、开发矿区工业遗产文旅项目。即市政府配合县政府出台相关政策，镇政府协同市—县能源局、市—县文化旅游局、县农业农村局等主管部门征召动员规划设计单位、矿企、传媒公司、文旅企业、村"两委"、农户等内外源行动者，论证工业遗产项目规划可行性，借助 PPP 模式开发矿区工业遗产文旅项目，充分利用资金、政策、工业遗产资源等非人类行动者，规划工业遗产旅游线路，打造煤炭研究实验室、主题展示馆、矿井观景塔、观光隧道等主题旅游项目。

综上所述，通过因地制宜充分发挥本地自然、人文资源优势，依据

"在地性理念"形成以特色和生态农业为基础、以地方历史文化资源为灵魂、以特色和生态农业+产业为路径、以参与式体验为价值,以三产融合、"三生空间"统一、三农"富强美"为根本目标的资源型城市 SARD 产业振兴模式。

三 基于"以人为本"理念提升乡村人居环境

"以人为本"理念最早是在改善城市人居环境时提出的,要求人居环境的设计和建造要尽可能地营造和谐的社会关系、体现一定的"返璞"景观与生态、促成人与自然相和谐等[267]。随着我国脱贫攻坚任务的全面完成以及乡村振兴战略的全面推行,"富强美"成为"三农"工作的重心,建设"以人为本"的宜居乡村也由此成为资源型城市 SARD 的重要板块。目前资源型城市存在人均水资源拥有量偏低且城际差距较大,以及典型案例村人口外流严重、乡村"空心化"加剧,粗放式资源开发下乡村地区生态环境恶劣化、社会机理脆弱化等现象,还有典型案例村农户生活、生态环境满意度低等实际情况。建议基于"以人为本"理念针对本地内源行动者合理诉求,整合地方政府、规划设计单位、企业、NGO 等外源行动者的力量,以及村"两委"、本地组织、本地农户等内源行动者的力量,充分发挥本地自然、人文资源要素,因地制宜开展矿区乡村人居环境整治与改善工作。具体实施内容:严格奉行规划先行以及问题导向型"参与式规划"理念,以市—县两级政府为主导,以卫生厕所推广普及、农村垃圾处理、污水治理和村容村貌整治为主要任务,镇政府协同市—县主管部门、中标规划设计单位整合多外源行动者力量,在本地内源行动者广泛参与和认同的基础上因地制宜科学制定矿区乡村人居环境整治规划,即以市—县政府为主导,SARD 关键行动者——镇政府和市—县城市管理行政执法局、市—县水务局、市—县农业农村局、市—县生态环境局、市—县自然资源局等主管部门协同中标规划设计单位,全面征询建筑学专家、地质学专家、文化遗产学专家、景观学专家等多领域外源性行动者意见,经本地组织、村"两委"、本地农户等内源人类行动者全面参与并认同后,充分利用地方资源禀赋优势,基于本地自然山水格局、历史文脉、村庄传统肌理,因地制宜以卫生厕所推广普及、农村垃圾处理、污水治理和村容村貌整治为主要任务,编制试点村人居环境整治规划。试点规划推行成功后，再由镇政府和市—主管部门县协同规划设计单位，广泛征询各外源行动者意见，并在本地内源行动者参与、认同的基础上因地制宜编制规划。试点村及后续村庄人居环境整治规划编制过程中，规划设计单位需在宏观层面严格遵照《中华人民共和国城乡规划法》等法规、严格对标国家村镇规划标准等，有效对接《全国国土规划纲要（2016—2030年）》《全国重要生态系统保护和修复重大工程总体规划（2021—2035年）》《国家乡村振兴战略规划（2018—2022年）》《农村人居环境整治提升五年行动方案（2021—2025年）》等国字号相关规划，对标"国家级田园综合体建设试点""省级田园综合体建设试点""生态省""生态市"以及浙江省"千村示范、万村整治"工程等建设标准；在中观层面有效衔接市—县—镇国土空间规划、乡村社区建设规划等；在微观层面，镇政府和市—县主管部门协同规划设计单位等外源行动者，借鉴浙江湖州市等资源型城市乡村人居环境整治经验，先行编制人居环境整治试点村规划，试点村规划推行后结合试点村人居环境整治规划因地制宜研讨和修订，并在内外源行动者共同参与，特别是本地行动者参与和认同的前提下编制规划，合理确定村庄人居环境整治目标和整治建设路线图、建设时序、建设标准。

规划实施过程中，以市—县两级政府为主导，镇政府协同市—县主管部门以行政征召和市场征召并举的方式征召相关内外源行动者，以签订协议、合同等利益赋予方式动员其参与村庄人居环境整治与改善工作。依照图4—10，因地制宜持续改善矿区乡村人居环境，建设田园综合体，即市—县两级政府为主导，镇政府协同市—县城市管理行政执法局、市—县水务局、市—县工商行政管理局、市—县质量技术监督管理局、市—县农业农村局等主管部门以行政征召和市场征召并举的方式征召动员矿企、垃圾处理公司、污水处理企业、卫浴企业、文旅企业、农业产业化龙头企业、投资机构、NGO等外源行动者，以及村"两委"、本地组织、本地农户等内源行动者，以卫生厕所推广普及、农村垃圾处理、污水治理和村容村貌整治为主要任务，借助签订协议、合同等利益赋予方式动员其参与整治工作。首先，需充分借助资源型城市前期在国家经济发展中的贡献积极争取更多的中央财政专项支持、积极申请第五章中所提的乡村振兴基金、使用矿企履行CSR提供资金的同时，县—镇两级政府还需借助 PPP 模式筹集其余人居环境整治与后期运维资金。其次，分批因地制宜开展乡村人居环境整治工作，优先开展普及推广卫生厕所、农村垃圾处理、污水处理和村容村貌整治提升工程。推广卫生厕所方面，市—县两级政府牵头，镇政府协同市—县主管部门征召动员矿企、环保设备企业、卫浴企业、本地组织、本地农户等行动者结合县（区）村庄布点规划，在充分尊重本地组织和本地农户意愿，以其能负担为前提因地制宜地推进卫生厕所入院入户、粪污处理设备入院工程，加快特色小镇内村庄以及传统村落内公共厕所建设工作，借助环保企业和卫浴企业研发力量设计并推广节水型设施，镇政府还需协同市—县工商行政管理局、市—县质量技术监督管理局等主管部门出台农村改厕产品质量、采购以及监管政策；因地制宜推进资源型城市乡村地区分户＋集中＋并入市政污水管网等多管齐下的厕所粪污、禽畜粪污利用与处理模式，推进农村厕所改造与生活污水一体化建设。农村垃圾处理方面，由市—县两级政府牵头，镇政府协同市—县主管部门征召动员矿企、垃圾处理公司、本地组织、本地农户等行动者实施垃圾分类和无害化处理。农村垃圾经严格分类减量后，由负责清运的外源行动者在村级收集的基础上，通过镇级清运、县级无害化处理体系，以垃圾处理市场化倒逼机制提高本地农户生活垃圾无害化处理率。农村污水处理方面，需由市—县两级政府牵头，镇政府协同征召矿企、污水处理公司、本地组织、本地农户等内外源行动者合作开展工程措施＋生态措施、集中与分散模式相结合的建设方式和治理工艺；鼓励治污企业和 NGO 等外源行动者和村"两委"、本地组织、本地农户探索高效、低成本的污水处理技术特别是低成本的生态处理工艺；由市—县政府牵头，镇政府协同市—县水务局、市—县城市管理行政执法局主管部门征召动员治污企业、NGO 等外源行动者以及村"两委"、本地组织、本地农户等内源行动者多措并举开展村庄河塘沟渠湖清理工作。村容村貌整治提升方面，由市—县两级政府牵头，镇政府协同市—县公路管理局、市—县卫生健康局、市—县农业农村局、市—县文化旅游局等主管部门征召动员矿企、文旅企业等各类内外源行动者借助矿区乡村基础设施和公共服务设施配套完善契机，就地取材建设通村组路及入户道路；结合历史文化名镇、历史文化名村、田园综合体建设契机，弘扬传统文化，建设"山水林田湖草沙冰生命共同体"，优化乡村人居环境。

此外，需以市—县政府为引导，镇政府协同市—县主管部门征召多源行动者形成村庄人居环境长效管护机制，有效巩固矿区乡村人居环境整治成效，即市—县政府牵头，镇政府协同市—县城市管理行政执法局、市—县农业农村局等主管部门征召矿企、NGO、治污企业等外源行动者以及本地内源行动者共同制定科学的乡村人居环境整治规划的总体目标和整治标准；因地制宜引入市场化、专业化建设运维模式，鼓励东部和中部条件较好的村庄或者城郊村庄率先实行城乡一体化的垃圾污水规划、建设和运维；针对农村垃圾和污水处理的准经营性，因地制宜探索农村垃圾和污水处理的准市场化机制，逐渐形成财政补贴+农户付费的市场化运行机制；矿区乡村SARD的实际核心行动者——村"两委"通过完善村规民约和村级党组织、先锋农户的示范带头作用，征召动员农户参与村庄人居环境整治，建立基于地理邻近性的责任模块，镇内村庄联合开展一年一度的美丽乡村评比、村庄人居环境整治红黑榜等，以期有效巩固矿区乡村人居环境整治成果。

四 基于"一体化"理念均等化配置乡村设施

完善基础设施配置、均衡供给公共服务是盘活乡村生产要素、提升生活品质、推进乡村治理体系现代化、促成资源型城市乡村地区SARD的重要基石，因此推进SARD必须实现基础设施和公共服务建设先行。基于NEDT-ANT耦合视角的资源型城市乡村地区基础设施与公共服务设施规划和配套完善应在矿区乡村SARD行动者网络中形成以市—县两级政府为主导、以本地公共需求为导向，以行政征召、动员方式建设非经营基础设施和公共服务设施，以政企合作或纯市场征召、动员方式建设经营性和准经营基础设施和公共服务设施，并通过以工代赈等灵活方式市场征召行动者网络中本地农户主动承担公共服务部分的建设和运营职责。期间矿企作为地方基础设施等的共同使用者，必须切实履行其企业社会责任报告中的承诺，出资出力扶持地方基础设施和公共服务设施的配套完善。

此外，考虑到实际走访时山西大同、忻州市以及甘肃白银、陇南市等中西地区资源型城市多数乡村地区普遍存在动力电、集中供水系统等基础设施设备陈旧、老化，通村硬化路设计标准较低，难以满足产业化发展需求，以及总体上资源型城市乡村地区基础设施和公共服务设施供求失衡、使用效率低、管护责任不到位、设施损坏等现实问题。结合2019年资源型城市农业有效灌溉率仅为43.3%，低于同期55.9%的全国平均水平；每千农业人口拥有医务人员数仅为1.7人，低于生态城市2.8人及以上的建设标准；虽然2019年资源型城市公路密度平均值较高（94.5公里/平方公里，全国同期平均值为52.21公里/百平方公里），但是城际差异极大（同期大兴安岭地区仅为8.8公里/平方公里）；2019年资源型城市城镇化率为55.5%，低于同期全国60.6%的平均值等实际情况。另外，考虑到典型案例村农田水利建设相对落后、农业有效灌溉率低，以及资源型城市城际同类指标差异较大等现实情况，参考《农村人居环境整治提升五年行动方案（2021—2025年）》《关于推动农村人居环境标准体系建设的指导意见》等国字号文件，建议从下述三方面因地制宜完善并提升研究区乡村地区基础设施和公共服务设施。

第一，严格执行规划先行及问题导向型的"参与式规划"理念，由市—县两级政府牵头，镇政府协同相关行政主管部门征召动员多外源行动者，广泛征采本地内源行动者意见，以满足本地需求和预留弹性留白空间为导向，基于"一体化""基本均等化"理念因地制宜开展规划，即严格遵行规划先行及"参与式规划"理念，由市—县两级政府牵头，以镇政府为核心行动者协同市—县交通运输局、市—县农业农村局、市—县文化旅游局、市—县工业和信息化局动员矿企、投资公司、NGO等多外源性行动者，经广泛征询本地组织、村"两委"、本地农户等内源行动者意见，以满足本地农户需求和村庄未来优势产业发展预留空间为导向，全面考虑各地乡村自然、人文差异，基于"一体化""基本均等化"理念因地制宜开展资源型城市乡村地区基础设施和公共服务设施规划。规划制定过程中，宏观层面需严格遵照《中华人民共和国城乡规划法》、严格对标国家村镇规划标准等，还需衔接中—省综合交通运输发展规划、公共服务规划、乡村振兴规划等相关规划，对标"生态省""生态市"建设标准；中观层面需对接市—县自然灾害防治规划、综合交通发展规划、公共服务设施综合规划、自然历史文化保护区规划等规划，最重要的是需遵循集中与分散相结合的规划原则，严格对接县（区）村庄布点规划；微观层面规划设计单位应全面征采外源行动者——规划类专家、矿企、农业产业化龙头企业、投资公司、镇政府，以及内源行动者——本地组织、村"两委"和本地农户等各利益攸关方诉求，充分论证规划项目可行性，以求尽可能消除各行动者异议，因地制宜以平等协商的方式编制规划。

第二，规划落地过程中，以市—县政府为引导，借助财政专项资金+PPP（Public-Private Partnership）模式等多元化方式，征召、动员内外源行动者，特别是核实行动者责任的矿企，基于"一体化""基本均等化"理念因地制宜持续配套提升村庄基础设施和公共服务设施。如图4—10所示，因地制宜围绕"三生空间"重构，多管齐下筹措基金配套和完善乡村设施建设，除使用中—省—市—县财政专款，以及申请使用第五章所提矿区乡村振兴基金专用款项外，矿企还应结合企业社会责任报告内容出资扶持，另外由市—县两级政府牵头，委托镇政府协同市—县主管部门征召其他企业、科研院所等其他NGO，以及矿区乡村SARD行动者网络中的核心行动者本地组织、村"两委"等借助PPP模式征召社会资本，并采取股份制、投资基金、经营权转让及财政贴息、承诺等方式筹集资源型城市乡村基础设施和公共服务社会建设资金。筹得基础设施和公共服务设施建设资金后，作为外源行动者的县市政府及相关行业部门授权矿区乡村SARD关键行动者——镇政府管理资金；在强化与各类规划和建设项目相衔接的基础上，内、外源行动者共同审核各村上报的基础设施、公共服务设施建设项目，严防重复建设；本地内源行动者——村务监督委员会以及外源行动者NGO等组成第三方监督机构监督资金使用，各项资金使用必须有利于实现矿区乡村OPP——SARD。村庄基础设施和公共服务设施建设过程中，非经营性项目由政府征召、动员修建，准经营性和经营性项目以公开招标方式，征召、动员相关企业等外源行动者修建。此外，须由市—县政府征召市—县自然资源局、市—县环保局、市—县水务局协同矿区乡村关键行动者和核心行动者做好村庄水土整治工作。

第三，以市—县两级政府为引导，镇政府协同市—县主管部门征召矿企、其他企业、本地组织、本地农户等多类行动者管护基础设施和公共服务设施，基于"一体化""基本均等化"理念因地制宜形成多源行动者参与的矿区乡村基础设施和公共服务设施管护机制。首先，市—县两级政府牵头，镇政府协同相关行业部门行政征召、市场征召方式并举，多渠道筹措基础设施和公共服务设施管护经费，期间因矿企存在与地方共享基础设施和公共服务设施的情况，同样可由矿企协助管护相关设施。关键行动者——镇政府征召村"两委"，以行政村为单位设立村庄乡村基础设施和公共服务设施管护台账，将公路、农田水利、绿化等非经营基础和公共服务设施等管护责任落实到村。其次，镇政府征召核心行动者——村"两委"和农户组建专职或兼职管护队伍，结合精准扶贫工作和乡村振兴的衔接工作，以利益赋予方式动员矿区各村贫困监测户或贫困劳动力管护基础设施和公共服务设施；经营性设施如电力等设施可借用养护收益的利益赋予形式以综合产业链打包的模式征召动员社会资本养护；准经营性基础设施和公共服务设施管护可采取特许经营、合同外包等形式征召其他外源行动者管护以及本地管护相结合的模式。最后，市—县两级政府牵头，镇政府协同市—县主管部门征召动员各行政村组建专项考核小组，考核并调整管护人员，确保责任到人。县政府征召设立镇级基础设施和公共服务设施管护红黑榜，定期开展镇际交叉分项打分考核各镇管护工作，奖惩分明，并将考核结果计入干部年终绩效和干部任职选拔任用条例。此外，考虑到部分资源型城市乡村地区以及典型案例村中小学等教育资源短缺实际情况，建议市—县两级政府牵头，镇政府协同市—县主管部门征召、动员内外源行动者筹集资金提供寄宿制服务和校车等，以期提升教育设施的可达性。

五 基于"三治融合"理念完善乡村治理体系

"治理"一词较权威的定义是由全球治理委员会提出的，认为应通过机构设置、规章制度、风俗习惯等正式与非正式的手段，调节异质行动者的冲突。"乡村治理"是指在乡村地域系统中，以自治组织为基础，各利益攸关方通过一定的组织架构与制度建设共同参与乡村公共事务管理的过程[268]。学者们认为乡村治理体系的建设需结合国家供给、基层民主自治、多源行动者参与的协同作用，因地制宜提升自身适应能力[269]，并认为虽然乡村治理趋于多元化，包含政府、企业、村集体、村民与NGO五类，但乡村治理仍存在治理主体、治理政策变更频繁以及行政过度干预等问题[270]。目前，结合部分资源型城市访谈时提出的村民自治水平不高、行政过度干预、乡村自治主体弱化、村民参政意识薄弱等问题，结合典型案例村同样存在此类问题的实际情况，提出重构基于"三治融合"理念的矿区乡村治理机制，即创新矿区乡村基层治理机制和议事协商模式，构建以本地农户为主体，以村"两委"—新乡贤为核心行动者，以自治为基、法治为本、德治为先的矿区乡村治理体系。其具体实施内容如下。

第一，自治方面：充分发挥各级党组织在乡村治理过程中的引领作用，明晰村委会作为群众性自治组织在村务管理中的核心权益。建立"资源型城市市级党委—县级党委—镇党委—村党委—党员中心户"的系统性联动工作体系，始终将党的领导内嵌于乡村基层治理网络中；选派优秀农业科技人才等外源行动者参与乡村治理，配强基层党组织队伍；向全国百强村致富领头雁取经，邀请其来村宣讲指导，借助现场教学、外出观摩、党校培训等多种方式增强村"两委"，特别是村委会村务管理能力和致富带头能力。坚持市—县—镇政府等外源行动者在乡村治理中的服务者角色。理顺市—县—镇政府，特别是镇政府与村级组织之间的关系，建立村级治理事项清单，推动资源、权力下放至镇级、村级，同时借助乡村振兴基金、PPP模式以及鼓励金融机构参与多种方式完善基础设施和公共服务设施配置的投入机制，以切实增强村级组织自治能力。夯实本地农户在乡村治理中的主体地位。完善村级小微权力清单，梳理村级日常事务和重大事务的权责主体，构建以县域为基本单位的全域治理平台和协作渠道，建立乡民议事沟通平台和人才交流平台，打造实时掌控农村生产生活环境变化动态的数字平台，完善意见收集、议题讨论、议事决策和满意度测评等环节的治理制度，增强本地农户作为矿区乡村SARD行动者网络中核心行动者的信息权、话语权、参与权、监督权。发挥以新乡贤为核心行动者的带头作用。以乡愁为纽带，实施新乡贤回归的宣讲工程，依据回归人才的行业、技能、意愿分门别类纳入人才数据库，推动智力回乡、技术回乡、资金回乡和人气回乡，倡导乡贤争当乡村致富领头雁和参谋官。

第二，法治方面：依照2018年"中央一号文件"、2019年《中国共产党农村工作条例》"建设法治乡村"，以及《关于加强法治乡村建设的意见》《乡村振兴促进法》相关任务和规定，始终以法律为准绳和保障治理乡村，因地制宜畅通法治乡村建设"最后一公里"。紧紧围绕"完善涉农领域立法、规范涉农行政执法、强化乡村司法保障、加强乡村法治宣传教育、完善乡村公共法律服务、健全乡村矛盾纠纷化解和平安建设机制、推进乡村依法治理、加快'数字法治·智慧司法'建设、深化法治乡村示范建设"九大乡村法治任务,充分发动外源行动者——市—县两级政府行政力量、市—县司法局和市—县法院、市—县律师事务所,以及矿企特别是央企和国企的法务部等多元司法力量,组建乡村法治服务分队,构建"2+5"司法下乡的村庄法律服务网络,矿企的法务部则可以结合 CSR 履行开展多层次的法律咨询服务。"2+5"司法下乡即指给每个行政村配齐由抽调司法干部组成的乡村法治服务分队,"2"即周末 2 天开展宣讲+现场法律咨询服务;"5"即周内 5 天分队司法干部充分利用互联网平台,搭建无人律所以及法治乡村服务一体机等智能终端平台提供法律服务,引导农户用法律手段维护自己的权益、解决身边的各项事务,形成县—镇—村一体化的良性法治宣传和维权机制。

第三,德治方面:充分发挥德治在乡村社会教化中的引导作用。推举村内德高望重的村民或乡贤担任村务监督委员会名誉主任,试行邻近村庄片区化监督委会名誉主任换岗制,每隔 6~12 月轮岗一次,以充分发挥公平监督、以德服人的监督机制;开展村庄"好人榜""和谐家庭""文明户"等评议和激励活动,颂扬热心助人、以孝传家的新风尚;挖掘乡村好家风好家训好家规,营造嘉德向善的乡村德治风尚。

第三节 本章小结

SARD 理念是优化农民、农业、农村与生产空间、生活空间、生态空间的先进发展理念,故需基于 SARD 理念因地制宜结合地方内源动力与外源助力,系统讨论"三生"与"三农"的耦合发展机制。

第一,基于 NEDT 的资源型城市 SARD 分析表明,研究区 SARD 系统包含内源系统和外源系统,内源系统中的本地人类行动者有村"两委"、本地组织、本地农户等,本地资源主要包括农业资源、矿产资源、历史文化资源、基础设施,外源系统包含政府、矿企、NGO 及其投入的资金、技术、人才、政策等,本地行动者目前获得的受益包括本地全部农业发展收益、部分旅游业发展收益和微薄的矿业发展福利。

第二，依据影响资源型城市乡村地区 SARD 的内外源行动者、"三农"问题特征、"三生空间"表征，可将资源型城市乡村地区的演变划分为资源开发前期、粗放式资源开发期、转型发展期、可持续发展期四个阶段。说明资源型城市乡村地区 SARD 行动者网络具有动态变化性和过程性，不同资源开发期组建的行动者网络差异较大，其内外源行动者、"三生空间"表征及"三农"问题特征也不尽相同。比较而言，粗放式资源开发期及其过渡期是资源型城市乡村地区农户内生动力较弱、生态环境问题最突出、矿乡矛盾最剧烈、网络异议最多的时期。

第三，基于 NEDT-ANT 的综合分析结果显示，我国多数资源型城市位于全国重要生态系统保护和修复重大工程建设范围内，水土资源配置优势不突出，且多数城市位于全国可持续农业发展分区中的适度发展区和保护发展区内。因此，建议在我国资源型城市乡村地区因地制宜推进特色农业、生态农业、有机农业、基塘农业等体现"在地性"理念、富有多功能性的特色农业产业化融合发展模式，并据此构建地方现代农业生产体系，提升农业效益和市场竞争，助推地方 SARD 进程。切忌罔顾实际一味偏好规模，集中连片推进大规模农业。

第四，基于 NEDT-ANT 的资源型城市 SARD 耦合协调机制表明，资源型城市 SARD 的实现需尊重和壮大本地组织、本地农户的力量，充分协同内外源力量，搭建利益共同体和生命共同体，助推矿区乡村地区"三生""三农"耦合协调发展。

第五，借助 NEDT-ANT 耦合视角建构了粗放式资源开发期及其过渡期资源型城市以镇政府为关键行动者、以村"两委"为核心行动者，"自下而上""自上而下"双结合式的粗放式资源开发期及其过渡期矿区乡村 SARD 行动者网络。并结合市域、村域尺度 SARD 测评结果探析了基于"和谐共生"理念修复矿山生态环境、基于"在地性"理念振兴矿区乡村特色产业、基于"以人为本"理念提升乡村人居环境、基于"一体化理念"均等化配套乡村设施、基于"三治合一"理念完善乡村治理体系等形成资源型城市 SARD 协调机制的实现路径。

第五章

资源型城市 SARD 制度创新与设计

资源型城市是我国基础能源和重要原材料的供应地,其资源开发在我国国民经济发展中占据重要地位,其为新中国独立完整工业体系的建设、国民经济的发展做出了历史性的贡献。囿于技术条件及各地社会经济发展实际,多数资源型城市未能及时有效开展资源的保护性开发与利用,矿农复合区特别是矿区乡村地区经济社会发展问题、生态环境问题由此成为制约资源型城市乡村地区 SARD 的瓶颈。此外,农业是国民经济的基础性产业,其生产力发展水平和生产率的高低在一定程度上制约着其他国民经济发展部门[271-272],也是促成农民增收的重要途径,农村则是中国现代化的稳定器和蓄水池。因此,资源型城市农业与农村发展问题同样成为制约其可持续发展的短板。

资源型城市乡村地区 SARD 的实现不仅取决于资源禀赋、区位特征、地方政府发展能力等因素,还取决于促成乡村地区发展的制度创新,适时适度的技术革新和制度创新是防止自然资源丰裕度制约区域经济增长的有效途径[273],也是促成农业与农村可持续发展的有效途径[274]。其中的制度创新是指为获取追加利益而对现有体制及运行机制的变革[275],制度创新往往会带来明显的效率收益或报酬递增[276]。农业与农村制度创新则是指为实现农业、农村全面发展,调整和完善现有的各项规章制度,通过创新正确处理经营者、生产者、所有者之间的各类关系,充分保障农民各项权益,优化组合各类生产要素并发挥其最大潜能。因地制宜开展农业、农村制度创新是探索解决"三农问题"的重要途径。学界一般基于定性或定量两类方式评价农业农村制度创新绩效,政界除借用定性、定量方法测评制度创新绩效外,还会引入第三方测评其绩效。

受大规模粗放式资源开发的影响，多数资源型城市特别是矿业城市乡村地区生态环境遭到不同程度的破坏，社会机理脆弱化，经济发展水平相对较低，而且受不合理资源开发收益分配制度、生态环境治理制度、产业扶持制度等的影响，矿区乡村整体发展水平滞后于其他乡村地区。因此，亟待结合资源型城市乡村实际，协同内外源力量，提出可能的制度创新建议，以期结合矿企 CSR 履行充分激发矿区乡村内生动力，充分发挥地方资源禀赋优势，因地制宜激发本地农户发展内生动力，促进其 SARD 进程。更重要的是，还需依据发达国家资源型城市乡村 SARD 研究和实践成果中"自下而上"式发展理念、"自上而下""自下而上"双结合式协同发展理念，因地制宜探究国内资源型城市 SARD 制度创新。

第一节　资源型城市农业制度创新

资源型城市已有的农业制度创新主要包含土地制度、农业生产经营制度等方面的创新。其中的土地制度创新包括与土地管理制度创新相关的耕地保护制度创新、宅基地管理制度创新、土地征收制度创新，以及与土地产权制度创新相关的土地使用权流转交易制度创新、土地三权分置制度创新、集体经营性建设用地入市制度创新等；而农业生产经营制度创新则包括农业基本经营制度创新[275]、农业组织制度创新、农业支持与保护制度创新、农业科技与推广制度创新、农产品市场交易制度创新、农业支撑保障制度创新等。农业劳动生产率的提高大部分源于制度创新[276]，鉴于我国绝大多数资源型城市乡村地区特色产业优势较为突出、生态环境脆弱、存在不同程度的生态破坏和环境污染问题和水土资源配置优势不佳、农业劳动生产率较低、农药化肥施用量超标、农业土地产出率普遍不高，以及典型案例村生态环境脆弱、矿产开发环境污染问题突出、农药化肥施用量过高、单位耕地面积产值低等现实情况。此外，考虑到在与部分资源型城市县、镇领导访谈时，他们皆认为目前矿区村庄普遍存在村干部引领力不足、乡村管理和服务型人才缺乏等问题，故参考《国家农业可持续发展试验示范区（农业绿色发展先行区）管理办法（试行）》《农业绿色发展技术导则》《全国重要生态系统保护和修复重大工程总体规划（2021—2035 年）》等文件和规划，建议内外力并举、内外源资源并用因地制宜实行下述农业制度创新。

一 多功能农业发展制度

目前，小农户仍是我国农业生产的重要组成部分，随着其生产与生活方式的社会化、市场化，小农产业的灵活性和农业多功能性在国内农业政策变迁的过程中仍有较大的发展空间[277]，而且在 CAP 支持下多数欧盟国家的多功能农业也是以小农产业为基础，其附加值和多功能价值极高[278]，显然，小农户多功能农业可在保障我国粮食安全、经济发展、社会稳定和文化传承等方面发挥极为重要的作用。因此，资源型城市乡村地区在引入农业类型或项目时，需审查其因地制宜性以及是否具有多功能性，即农业除了经济发展功能外还具有文化功能、社会功能、政治功能与生态功能等多种功能[279]。此外，我国多数资源型城市乡村地区生态环境脆弱，水、土资源配置错位，且相当一部分资源型城市位于我国重要生态系统保护和修复重大工程布局范围内，加之国内衰退型、成熟型城市矿农复合区和矿区乡村整治环境、保护生态又是当务之急，结合资源型城市人均水资源拥有量不高、农业有效灌溉率偏低、农业劳动生产率较低、农业土地产出率普遍不高及典型案例区层面单位耕地面积产值、农业技术人员占比、农业有效灌溉率偏低和农产品商品化过低等现实情况，建议在资源型城市乡村地区实行多功能农业发展制度，即结合各地资源禀赋，因地制宜切实依托小农户发挥农业多元化的价值功能。具体创新如下。

第一，严格执行农业准入预审制度。即引入的农业类型必须体现农业多功能性，还需综合考虑我国资源型城市乡村地区资源禀赋优势，引入充分发挥多功能性的特色农业、生态农业、休闲农业等项目和类型。

第二，强化生态本底修复整治制度。良好的生态环境是发挥 MFA 多功能性的首要前提，针对多数资源型城市乡村地区环境问题突出、生态本底脆弱的现实情况，建议由市—县两级政府牵头，农业农村局联合生态环境局、自然资源局等主管部门，基于人与自然和谐共生理念因地制宜开展矿区乡村生态修复整治工作，分地区开展石漠化、荒漠化以及盐碱地等的治理工作，以切实提高土地资源的多功能利用能力；建议执行严格的"三同时"制度、生态环境事故管理制度、矿乡生态环境监测制度，以及乡村化粪池、沼气池等标准化建设及问责制度，切实提升研究区生态环境质量；建议执行严格的农产品投入品减量使用制度，积极奖补农家肥、有机肥使用农户，以生物农药替代高剧毒农药，减少养殖业饲料添加剂、抗生素等的使用，以求从根本上保护农业生态环境。

第三，建立新型农业经营主体培育机制。针对资源型城市乡村青壮年劳动力流失、农业老龄化现象日益加剧的问题，建议基于多功能农业因地制宜强化政策支持，依托职业农民培育工程强化职业技能培训与技能鉴定；出台相关政策和法规支持在乡、返乡、入乡人才创办新型农业经营主体，鼓励NGO中的涉农类科技人才进乡到农民合作社、农业产业化龙头企业任职，奖补与家庭农场、专业大户开展帮扶合作的科技人才；在涉农类院校设立"三支一扶"培养计划和大学生村官培养计划以拓展新型经营主体培养范围。

第四，构建全过程的农业社会服务体系运行机制。目前服务小农户的产业服务内容仅涉及农资提供、农技培训等单一性服务，具体针对农业多功能性发挥的服务内容近乎空白，建议市—县—镇三级政府发挥政府服务职能，主动通过发展社区支持农业、农夫市集、巢状市场等社群营销模式联结地方小农户名特优产品与大市场，解决小农户多功能农产品销路问题；充分发挥龙头企业、文旅公司等外源行动者的引领作用因地制宜借助特色小镇建设以及"中国特色农产品优势区""省级特色农产品优势区"创建机遇，积极发展休闲农业、观光农业、旅游农业等；创新多功能农业服务内容和方式，鼓励龙头企业、农业技术推广站等组织拓展服务内容和范围，围绕农业生产开展全环节专项服务和综合服务，建立健全农业社会化服务标准和操作体系建设；强化村"两委"干部多功能农业技能培训，增加农业社会化服务的资金、技术和人才支持。

第五，建立特色农业文化传承制度。入选全球重要农业文化遗产、中国重要农业文化遗产的传统农业项目是资源型城市乡村地域系统中人与自然环境长期适应过程中产生的独特的农用地系统和农业景观，其经济效益明显且其文化传承和增收稳定性极好。但是，这些全球重要农业文化遗产以及中国重要农业文化遗产传承和保护中尚存在随着城镇化和大规模资源开发、发展规模农业和资本农业挤出效应下的衰落和消失。据此，建议实行如下制度创新：首先，多管齐下"活化"特色农业文化，以"还俗"民间、保留"原汁原味"等多种方式活化农业文化，在特色农业、休闲农业、观光农业等"在地性"多功能农业发展中充分融入体现地方特色的农业文化活动，以农业文化＋生态旅游的模式保护性发展特色农业文化，并注意不能过度商业化；其次，提升农产品文化附加值，借助"文化商标""地理商标""地域商标"注册等方式将地方农业文化内化于农产品中，增加地方农产品文化附加值，加快农产品与地方文化的有效衔接，实现经济、社会、生态效益的多赢。

二 社区支持农业发展制度

20世纪60年代起源于日本的社区支持农业（Community Supported Agriculture，简称CSA）发展模式以"风险共担、利益共享、公平互信"的运作机制建立起了可持续性的地方食品体系[280]，其在提供本地食品供应控制、振兴小规模农业方面发挥了极大的作用[281]。这种本地化的生态农副产品生产与消费模式既能兼顾城市社区消费者对健康生态农副产品的需求和农民增收需求[282]，又能以高农业劳动投入的生态种养实践[283]实现农业生产力求品质和安全兼得的本质，并在弘扬农业文化、加快乡村旅游业繁荣的同时，促成农村的可持续发展。另外，依据《全国农业可持续发展规划（2015—2030年）》《全国重要生态系统保护和修复重大工程总体规划（2021—2035年）》，我国资源型城市多数位于国家重要生态系统保护和修复重大工程范围内，属国家可持续农业发展分区中的适度发展区和保护发展区，且只有极少数城市属于粮食主产区和重要农作物生产保护区。因此，这些资源型城市乡村地区很适合发展体现"在地性"理念、兼顾生态和经济效益、振兴小规模农业的CSA。据此，鉴于我国资源型城市和典型案例区城乡居民收入差距较大、农业劳动生产率和农业土地产出率及粮食单产普遍不高、农户销售农产品无定价权，2019年度资源型城市城镇居民年人均可支配收入已突破3.5万元的实际情况，以及城市中等收入群体对食品的绿色消费特征与CSA生态内涵的有效契合性[284]，建议因地制宜在运行成本相对较低的资源型城市乡村地区开展如下CSA制度创新。

第一，完善CSA专用土地整治供应制度。针对各地CSA发展中存在后续土地无法持续保障的问题，由资源型城市的市政府出台经专家论证和公众参与的 CSA 发展文件，委托资源型城市农业农村局联合市自然资源和规划局，结合本地气候、水土资源，综合考量当地区位、交通条件，在城郊不同方位划定 CSA 发展专区，建立市—县两级 CSA 土地整治监测管理系统，并在其周围储备相当数量的农用地以备城市建设用地特别是房地产开发超额利润对城郊农用地的挤出效应，以确保市—县两级 CSA 的后续用地；以 PPP 模式建立 CSA 农场，允许 CSA 经营者流转土地，转出土地的农户可成为农场产业工人，实现经营者创收、村民增收的双赢。

第二，制定 CSA 技术人才专项培养计划。针对 CSA 专业人才缺乏的实际情况，建议由资源型城市所在省农业农村厅、人力资源和社会保障厅共同实施 CSA 技术人才专项培育计划，采取分类实施、农业专家送教到县、技术帮扶等模式，借助线下、线上多种培训方式提升农村新型经营主体从事 CSA 的专业技能，从省级以上科研院所聘请专家组建 CSA 创业导师团队，积极培育在乡、返乡、入乡人才成为 CSA 专业经营人员。

第三，强化 CSA 消费者的食品信任。针对 CSA 发展模式中消费者食品信任问题，资源型城市的市—县—镇三级政府可通过开展农产品进社区、农产品进高校、社区居民进农村等活动，以及让城市居民体验种植快乐、消费有机农产品，还有与超市有机农副产品比价等多种方式鼓励城市居民借助微信、QQ、淘宝等平台成为 CSA 消费者。前期可以通过省—市两级农业财政补贴鼓励种养大户、专业大户、家庭农场、合作社、农协等积极对接城市社区发展 CSA，还可以由省市统一补贴组织鉴定有机农副产品，增强消费者信心；发动省市文化和旅游部门适当有偿组织生产者参观邻近城市乃至北京小毛驴市民农园等 CSA 的成功案例，坚定 CSA 从业信心、坚定消费者忠实 CSA 的信心[285]；借鉴成都安龙村等 CSA 推出的"劳动份额""城市农夫"等运作模式，建立城市居民自营式食品信任；发挥 CSA 这一多功能农业发展模式中的教育功能，开启周末农园、农耕体验、少年儿童自然教育，坚定家庭主妇消费信心。

第四，推行农产品定制式配送模式。针对 CSA 提供农产品种类单一与消费者需求多样化不对称的问题，可效仿日本 Teikei Box（提携系统）[280]、英国 vegetable box scheme（蔬菜箱计划）[285]，针对市民个性化需求，建立消费者口味偏好数据库，实行个性化订单式配菜方案，以满足消费者多样化需求。

三 农药化肥减量替代长效保障制度

化肥、农药是传统农业最重要的农业生产资料，在促进我国乃至全球粮食增产和农业发展方面发挥了重要作用，然而持续过量施用化肥和农药不仅浪费资源、增加农业生产成本、降低经济效益，而且还会带来水体富营养化、温室气体排放、土壤酸化和病虫害加重等一系列环境问题[286]。研究结果显示，在现行农业投入品质量监管、农业投入品使用管理等制度下，我国资源型城市以及8个案例村化肥、农药等农业投入品总量依旧呈严重超标态势，2019年资源型城市平均化肥施用量为459.7公斤/公顷、农药施用量为12.1公斤/公顷、神府煤田地区庙沟门镇贺家梁村化肥施用强度（700多公斤/公顷）均远超生态城市建设标准上限值250公斤/公顷。过量施用农药化肥已成为留守村民，特别是留守老人增产的不二选择，而且相当数量的农户已步入化肥农药增收陷阱，即为增加产量，施用大量农药化肥，土地产量越不尽如人意，农药化肥施用量就越多。对多数资源型城市乡村地区本不丰厚的生态本底而言，农药化肥的超量施用犹如雪上加霜，导致乡村水土污染加剧、生态环境质量江河日下。因此，迫切需要探索现阶段农业生产过程中农药化肥施用的减量替代长效保障机制，推行绿色农业乃至多功能农业，以期从根本上转变化肥农药使用方式[287]。经参照《2010年全国测土配方施肥补贴项目实施指导意见》《农业绿色发展技术导则（2018—2030年）》《全国农业可持续发展规划（2015—2030年）》等文件，建议从如下几方面创新农药化肥减量替代的长效保障制度。

第一，因地制宜减量增效。可在因地制宜精准测量资源型城市乡村土壤肥力状况、肥料效率的基础上，考虑我国资源型城市水、土资源配置错位及生态环境脆弱的实际情况，着力发展体现"在地性"理念的多功能农业，因地制宜优化作物品种、调整种植结构，宜农则农、宜林则林、宜牧则牧、宜渔则渔。

第二，精细化管理。推广测土配方分类准施肥、水肥一体化、缓释肥料、绿肥还田等技术，有效降低化肥用量；施用可以改善土壤质量和提高生产力的有机无机结合肥，地方财政奖补农家肥使用农户，逐步提升基础地力，从根本上保证长期稳定提高化肥养分利用效率与耕地均衡施肥。

第三，在实行"地票流转与交易"制度的基础上，普及适度规模经营管理模式。研究显示，一定范围内以统一生产为基础的规模化经营和专业化可降低生产中的化肥投入水平[288-289]。据此，在加快资源型城市土地整治、形成适度规模经营的同时，逐渐加大生物农药、生物化肥、有机化肥施用量，在保护修复生态环境的同时，切实提升农产品品质。

第四，加大农药化肥减量增效政策的支持力度。建议省—市两级政府专项奖补资源型城市乡村地区应用绿色生态措施的生产者或补偿其额外增加的生产成本。主要的补偿类型和范围如下：一是产品方面包括新型农药（低毒生物农药）、新型肥料（有机肥、水溶肥料、缓释肥料）、新型高效农药机械、绿色防控设备等。二是服务方面包括科学施肥服务、专业化统防统治、废弃农药包装以及农业废弃物资源化利用等。

四　农业重点项目名录式专项监管考核制度

创新重点农业项目资金管理方式是高效推进各类农业项目扎实落地的关键所在，也是当前乃至今后相当长一段时期国内农业农村工作的重点[290]。如前所述，特殊的地理区位以及矿产、森林资源的大规模开发活动决定了我国大多数资源型城市最适宜发展可实现生态、经济、社会效益兼得的生态农业和特色农业。此外，结合我国资源型城市及典型案例区普遍存在农村居民可支配收入偏低、农业劳动生产率较低、非农收入占比低、农业土地产出率普遍不高等现实问题，以及资源型城市国家重点农业龙头企业数偏少等实际情况，建议在资源型城市乡村地区因地制宜实行如下针对特色农业、生态农业等的重点项目名录式专项监管考核制度，以期提高农业资金使用效率，确保农民增收享实惠。

第一，实行农业重点项目资金投向名录式管理制。各资源型城市在统筹整合市内农业项目和资金的基础上，须以特色农业、生态农业或有机农业等为方向，结合各地实际每个方向重点扶持3~5个重点项目，每个项目的资金投向按照实施主体、内容、地点、资金投入、绩效目标、监管模式等，确立农业重点项目名录。

第二，建立第三方参与的农业重点项目监管制度。建议各资源型城市因地制宜成立以涉农类科研院所等业内专家为主的农业重点项目第三方监管制度，分类监管项目实施情况，实行农业项目申报、招标、评审、立项、审批、竣工验收、运行的全过程监管[291]，建立起制度规范、全程监管、绩效跟踪的监管机制，确保项目接受多方监督，切实提高重点项目实施的公信度。

第三，健全农业重点项目资金专项管理制度。建议以省—市财政专项资金为主导，引入社会、工商资本，依据资源型城市矿区村庄实际情况，因地制宜按照不同使用方向设立专项资金管理制度；实行农业重点项目资金支出进度考核制度，市—县农业农村局联合镇政府等定期组织人员抽查项目进展、审核资金使用情况，并在省、市"政府信息公开"栏公示农业重点项目明细账，对抽查和反馈中不符要求的予以资金收回、信用度降级等惩罚，并将参与农业重点项目资金使用审查人员的监管情况与其年终工作绩效挂钩；建立农业重点项目法人责任制，项目法定代表人须全权负责农业项目工程质量及运行情况的监管，全程负责农业项目的建设、生产、经营、管理。

第四，建立农业重点项目绩效评价制度。资源型城市在建立农业重点项目资金投向名录时，需同步制定绩效考核目标，并构建规范、可量化的农业重点项目资金使用绩效评价指标体系，由市—县农业农村局主管处室以此为依据定期开展绩效考核，并使用政策允许范围内设立的农业项目绩效专项奖励制度，奖优罚劣。

五　地票流转与交易制度

随着城镇化、工业化、大规模资源开发进程的推进，众多资源型城市农民进城务工，乡村地区出现了大量的弃耕抛荒地和空废住宅。土地既是农业生产的基本资料，也是乡村振兴的核心资源，盘活乡村闲置土地资源不仅能提高土地产出率，同时还能有效解决资源型城市乡村地区不断加剧的"空心化"问题。然而，我国多数城市农村土地使用制度滞后于农村经济社会发展实际，这极大地限制了农村土地资源合理的流动性，导致农村大量土地闲置、土地资源浪费，未能充分发挥其资源、资产和资本的权能。2008年时任重庆市市长的黄奇帆提出的"地票制度"是将农村建设用地复垦为耕地等农用地，并经县级国土资源部门审批后，给复垦农户发放地票，继而将农村复垦耕地转移为新增建设用地指标。

随后，城市房地产开发商可通过购买地票获取城市建设用地指标，地票购买收益的大头归农户，小头交村集体，但村集体拥有该耕地的所有权。地票制度的实行在提高重庆市农村土地集约利用水平、缩小城乡间收入差距等方面做出了一定的贡献。但其在实行过程中也出现了下述问题：通过打包竞拍方式进行地票交易，不同复垦等级土地标注同样价格，导致高等级复垦土地被挤出市场；利益分配机制不健全，地票落地过程中征收的土地用于经营性建设，作为复垦土地供给者的农户只能参与收益初次分配，地票落地时形成的极差地租溢价归土地经营权人所有，导致利益分配不公；复垦耕地验收、交易监督制度不完善，虽由国土资源主管部门组织本地多部门验收复垦土地，但仍存在复垦土地实际品质参差不齐以及地票交易价格波动幅度较大等问题[292-295]。

考虑到资源型城市多数乡村地区存在粮食单产不高、农业土地产出率普遍不高、农村居民可支配收入偏低等问题。据此，建议借鉴重庆地票制度，在国内资源型城市乡村地区因地制宜分批分区实行"地票流转与交易"制度。

第一，创新交易制度。可取消目前的打包交易方式，扩大交易主体范围，实行资源型城市矿区乡村农户可直接参与交易的模式，县级国土资源部门可根据复垦面积对地票实行标准化，将一分土地（或更小的土地面积单位）设定为一个地票单元（每张地票包含整数个地票单元），方便农户参与地票交易；与此同时，允许地票异地流转，即允许地票在同一行政村，乃至跨村不出市流转，拟流转地票报批县级国土资源部门审核后，可变更地票归属地。

第二，创新分配制度。县级自然资源局主管部门可因地制宜依据增值额向开发商等土地经营主体征收一定的土地增值税，以减少收益分配主体之间的收益分配差异问题[296]。

第三，创新市场竞争机制。鼓励各市因地制宜建立公开、公正、公平的地票流转环境，充分发挥优化资源配置的市场机制，选择地票流出的最佳经营对象，实现土地的最优配置，切实提高农地使用效率。

第四，创新监督制度。首先，复垦验收监督方面，建议实行县农业农村局主管部门组织相关部门、镇（乡）政府等验收，市农业农村局主管部门定期抽检，县级自然资源主管部门终审的验收模式，以确保复垦土地的质量；其次，地票交易监督方面，建议由市财政拨款建设市级地票交易监管数据库，鼓励地票持有者在线注册并申请地票交易，市—县自然资源局主管部门可实时监督地票流转供需情况及其交易信息、交易价格等。

六 农村集体经营性建设用地入市制度

2016年以来，我国先后有33个试点地区试行了农村集体经营性建设用地入市制度，浙江省湖州市、四川省泸州市2个资源型城市的试点县分别以异地调整入市、退出宅基地转化入市模式开展集体经营性建设用地入市，入市后试点地区农民增收、土地增效明显，农村宅基地转化为集体经营性建设用地的进程显著加快[297]。新版的《土地管理法》已依据试点结果，明确提出农村集体经营性建设用地可以入市交易。另外，我国资源型城市及典型案例区SARD测度结果显示，我国资源型城市乡村地区特别是西部资源型城市的农业土地产出率普遍不高、农业劳动生产率较低、城乡收入差距较大，典型案例村农户收入多样化指数偏低（均值仅为1.6）、部分村庄外出务工率高达67%。此外，结合当前国内乡村集体经营性建设用地制度尚存土地使用权不明确、监督管理落实不到位、流转过程不顺畅等问题，建议开展如下农村集体经营性建设用地入市制度的创新。

第一，构建矿区乡村收益分配制度。建议在矿区乡村农民群体出让建设用地使用权时，因出让性质而异，采取不同的分配制度。对于常年性流转收益的，纳入村集体年度收益，到年底按股分红；对于一次性流转收益的，建立收益公积金，多余部分按集体被征用地面积，进行合理分配，制定收益清单，做到有证可查、公平公开透明。

第二，改进集体经营性建设用地监督管理制度。资源型城市乡村集体经营性建设用地出让、出租等，须经合作社等本地集体经济组织召开村民会议，且三分之二以上成员代表的同意；由市—县自然资源局主管处室逐一核查已投入使用的集体经营性建设用地的土地使用权证，确保集体经营性建设用地的合法入市；开设网络举报平台、开通举报热线，发动村民及其他群众参与有奖举报。

第三，厉行集体经营性建设土地用途核查制度。由县自然资源主管部门定期组织镇（乡）政府、街道办事处定期核查建设用地用途，并通过设立集体经营性建设土地用途举报热线、微信平台等监督其用途，确保农村集体经营性建设用地的用途符合地方规划和用途管制，严防部分用地被巧借"民宿"等类名目开发房地产。

第二节　资源型城市农村制度创新

国内已有的农村制度创新主要包括农村经济制度创新、农村金融制度创新、农村社会保障制度创新、农村公共品供给制度创新、农村行政管理制度创新、农村户籍制度创新等。其中农村经济制度创新包括农作制度创新、农村价格制度创新、农村财税制度创新等；金融制度创新包括农村金融产权制度创新、农村金融组织制度创新等；农村社会保障制度创新包括农村社会互助制度创新、农村合作医疗制度创新、农村养老保险制度创新、农村最低保障制度创新、农村福利基金制度创新等；农村公共品供给制度创新包括公共品成本分摊制度创新、公共品生产管理制度创新、公共品使用或分配制度创新等；农村户籍制度创新包括农村劳动力转移人口户籍制度创新等。经考虑我国资源型城市绝大多数属于生态脆弱区、多数位于全国重要生态系统保护和修复重大工程内、多数资源型城市位于国家划定的可持续农业适度发展区和保护发展区内；鉴于各资源型城市生态修复整治及乡村振兴资金缺乏、基础设施老化、农村居民可支配收入偏低（2019年资源型城市的平均值为15162.7元，低于16020.7元的全国平均值）、农业劳动生产率和土地产出率普遍不高，以及典型案例村村干部素质亟待提升、矿产开发生态补偿低、单位耕地面积产值低、村庄每万人中农业技术人员过少、农业有效灌溉率低等现实情况，应着力实行制度创新。

一　矿区乡村生态环境监测与修复整治制度

资源开发特别是粗放式的矿产开发会对资源型城市乡村地区的大气、水文、植被、地貌、地质等自然环境要素产生较为严重的负外部性，还会破坏这些地区的人居环境乃至相关群体的生命健康[298]。国内现行的资源开发、环境监测管理制度导致自然资源和生态环境等部门权能严重交叉，矿区环境监测与整治过程中"铁路警察各管一段"的现象频频出现[299]，造成了资源开发管理混乱、掠夺性开发、监察效率低下等不良局面。此外，我国资源型城市现行的土地复垦制度、矿山地质保护制度、绿色矿山建设制度在实行过程中的资源补偿费费率过低，加之中央专项基金资助范围有限，导致矿区乡村生态环境修复整治工作推进缓慢、治理效率有限。据此，本书针对我国资源型城市乡村地区生态环境问题相对突出、水资源短缺以及典型案例村农户生态环境满意度低等现实情况，建议开展如下制度创新。

第一，建立以镇（乡）政府为管理主体的矿区环境监测制度。环境监测工作是开展和实施各类环境保护制度的基础[300]，针对矿区乡村生态环境污染纠纷中环保责任主体推诿责任、逃避治理等实际情况，建议市—县生态环境局主管部门与矿区所在镇（乡）政府签署合作协议，镇（乡）政委托村"两委"监管，村"两委"可委派专人利用小型、易操作的监测工具（如无人机等）开展每天八小时的固定监测以及每天不定时的突击监测，以确保矿区乡村生态环境监测的全面性和全时性。

第二，建立矿区乡村生态环境修复整治制度。针对我国资源型城市不同程度的生态破坏与环境污染问题以及典型案例村水土污染严重等实际问题，设立资源型城市矿区环境修复治理专项基金，其经费从"资源产业反哺农业"式乡村振兴基金中列支，由市—县两级政府委托第三方因地制宜开展矿区乡村生态环境修复整治；矿企作为矿区乡村环境问题责任主体，应严格遵照其发布的企业社会责任报告，在矿区环境修复整治方面履行 CSR，缔结良好的矿村共建及互动机制；创新矿区乡村环境保护与治理的奖惩机制，严格落实"谁保护谁收益、谁破坏谁受罚、谁污染谁治理"的开发原则，借助行政、法律、经济等手段共同推进环境事件中环保责任主体的认定，一经确定环境破坏、污染责任主体，则由市—县两级政府责其定期修复，市生态环境局定期检查其治理成效，治理不力者，重者立案处罚、轻者处以罚款并责令定期整改、治理有效者报市政府减免其一定额度的"两税一费"等以资鼓励；构建矿区乡村特色水循环处理制度，矿企或联村国企可通过与 NGO 合作或引入社会资本，因地制宜实施水体净化工程、节水灌溉工程等，以期从根本上解决矿区乡村水资源污染和短缺问题，切实保证村民生产生活用水的数量和品质。

第三,建立矿区乡村地方政府—矿企—农户联席会议制度。由资源型城市的市—县两级政府牵头,定期组织矿企代表、镇村工作人员、村民代表等召开矿区乡村环境修复整治会议,针对当前出现的问题,广泛听取矿企代表和村民代表的意见和建议,地方政府—矿企—农户三方经协商后采纳合理化的意见和建议,并交由矿企统一落实整改。

二 行政体系权责改良制度

行政体系又称行政管理体制,是国家行政机关为推行其政务所建立的权责体系、运行机制、组织机构体系和法律制度的总称,其核心是权责体系,主要负责行政权力与责任的划分与配置[301-302]。在国家行政管理体制中,农村治理是基础,近年来,农村基层政治、经济、社会、生态等发生了深刻的变化,现行的村级行政管理制度存在的权责划分不清、村民诉求难以表达、基层腐败等问题日益凸显,给乡村基层社会治理带来了新的问题和挑战,严重阻碍了我国乡村可持续发展,亟待改进和创新[303]。行政管理体制创新是我国整体改革的关键环节,党的十八届二中全会明确提出,行政体制改革是推动上层建筑适应经济基础的必然要求。我国资源型城市乡村地区行动者网络体系呈现的问题主要是本地农户对村庄发展的参与度和积极性不足、缺少发言权;部分村"两委"在协调矿企—农户关系时不作为、对民情体察不足、对相关政策的执行力度不够;上级政府通过村"两委"间接处理村庄事务,缺少有效引导,办事效率低下。故需对现行行政体系权责制度进行整改,着重推动管理结构扁平化、资金合理分配、民众监督参与、职能体系完善等方面的权责分配内部改良。结合我国资源型城市乡村实际,可从如下方面开展制度创新。

第一,强化村"两委"治村理政制度。资源型城市各行政村村"两委"需加强自身建设,提升服务与管理水平。要体察民情、积极引导村民参与村庄事务,村"两委"还要积极协调矿企与村集体的关系,扮演好利益协调和整合的角色,并做好与上级政府的衔接工作,推动政策的高效、准确落实,创新现有权责制度体系,做到权随责走、权责清晰[304]。

第二,理顺行政管理体系贯彻简政放权制度。首先,应依法规范各级政府职能。正确处理管理部门上下级间的关系，构建由市政府牵头、县政府引导、镇政府负责的行政管理体系，厘清各部门职责，建立一种高效的权力运行机制。其次，向地方放权。在资金审批、项目规划等方面将部分权限适度下放至镇级、村级，从纵向上整合市、县、镇、村的社会治理职能，从横向上整合政府各部门下放至村的职能，构建上下联动、内外联动、部门联动、社会广泛参与的新型公共服务体系，实现权责制度改良和平衡配置，进而改良现行权责体系，充分调动地方和基层的积极性。

第三，完善村民自治制度。成立村级监督组织和村民代表大会，搭建利益表达平台，尊重村民的利益和意愿，赋予村民表达利益和监督村"两委"的权利。通过制度创新，可有效提高村"两委"办事效率，确保权责一致、分工合理、决策科学、执行顺畅、监督有力，建立民主自治、权责明晰、相互制衡、公开透明、操作规范、简便高效、监督有力的农村基层权力运行机制[305]。确保村干部能真正全心为民谋福，杜绝权力滥用、以权谋私等管理中的弊端，进一步约束权力的执行，确保监督村级自治制度的完整性、有效性。

三 村干部选拔任用与考核制度

我国是一个农业大国，"三农"问题始终是我们党和国家工作的重中之重，广大乡村地区的稳定更是保证我国经济社会稳定健康发展的重要前提。村干部作为国家开展乡村工作的一线人员，其素质水平是关乎各类方针政策的切实落地、我国250多万个村庄发展的质量和效益以及资源型城市农业与农村可持续发展的关键所在。新时期以来的乡村振兴战略对村干部队伍的建设提出了更高的要求，俗话说"火车跑得快全靠车头带"，村干部作为农村发展的领头雁、开路人，其思想素质、能力水平直接决定着农业与农村的可持续发展[306]，故亟待创新资源型城市村干部选拔任用制度，把好资源型城市乡村振兴的人才关。结合当前资源型城市因工作压力大、待遇偏低等导致村干部弃职流失，村干部队伍趋于老龄化、村干部创新意识普遍不足，以及典型案例区村干部选拔任用制度不健全、村干部自身素质和工作能力不能满足村庄可持续发展的需要，村干部监督制度不完善、考核制度流于形式、考核结果的实际参照度低等实际问题，建议从下述四方面创新资源型城市村干部选拔任用与考核制度。

第一，创新村干部人才选拔任用机制。资源型城市乡村产业结构的转型升级与优化发展亟须有创新意识的致富领路人，因此可通过全市公开招考、公开竞选、市县部门选派等多种形式遴选领导能力强、有奉献精神、有创新思维的退伍军人、返乡创业人才、企事业单位职工、大学毕业生等人才组建资源型城市村干部后备人才库，经县镇级组织部门审核后统一委派库内人才到村任职，建议村党组织书记和村委会主任"一肩挑"；推行村级后备干部助理制，为后备干部设置村委会主任等助理岗位，通过压担锻炼和输送培训，提升其领导能力和工作水平[307]。另外，委派到村任职满一年的村干部须经村民公投，同意票高于80%以上后方能留任。

第二，创新村干部考核激励机制。首先，建立"基本薪酬+任职年限薪酬+考核薪酬+绩效薪酬"的村干部工资制度，并将前三类薪酬和村级组织工作经费纳入财政预算；其次，建立集村庄经济效益、生态效益、社会效益考核"三位一体"的干部绩效考核体系，以综合绩效定绩效薪酬，此外市—县两级政府拨付转款另设年度村干部绩效奖励基金，奖励做出突出贡献的村干部，真正做到用事业留人、用待遇留人，充分调动农村干部工作积极性，激发其创造性和活力，从根本上稳定农村基层干部队伍[308]；再次，创造村干部晋升平台，加大从优秀村干部中考录乡镇公务员、选任乡镇领导干部的力度，让基层农村干部中想干事的人有机会，能干事的人有平台，干成事的人有地位，最大限度地激发农村基层干部的工作积极性；最后，对确实有领导能力的后备人才，可动用市级乡村振兴基金人才选拔专款高薪聘任，并解决其家庭后顾之忧，让其全心全意带村致富。

第三，创新基层民主监督机制。首先，定期考核村干部思想道德修养，要求村干部具有正确的荣辱观，严于律己、遵纪守法、廉洁奉公、以身作则、爱岗敬业，不断加强自身思想道德建设[309]；其次，接受任命的村干部须签署任职承诺书，郑重承诺其应履行的责任和义务以及拟要达到的绩效目标，履责过程中需主动接受村民和上级政府的监督，任期结束未完成承诺任务者，重者接受问责、轻者全县通报批评；最后，建议搭建"五考合一"的村干部监督考核制度体系，综合参考镇政府相关部门考核小组、村干部绩效考核第三方评估小组、村际干部互考、村监督委员会、基层群众考核小组五方意见打分，形成"自上而下"与"自下而上"双结合以及横纵结合的考核监督机制。

第四，建立健全村庄财务公开制度。针对我国村级干群矛盾主要集中在村级财务管理这一实际情况，切实扩大村民民主监督权，加大村级各类补助、救济等资金拨付、使用情况的监督力度，在防治村民自治异化的同时，给老百姓一个明白、还村干部一个清白，持续提升村干部工作公信力。

四 乡村人才下乡激励制度

2018 年"中央一号文件"《中共中央国务院关于实施乡村振兴战略的意见》提出，实施乡村振兴战略必须破解人才瓶颈制约，将人力资本开发放在首要位置，畅通智力、技术、管理下乡通道，造就更多乡土人才，聚天下人才而用之。此外，中央明确鼓励社会各界投身乡村建设，各地建立有效激励机制，吸引企业家、党政干部、专家学者、医生教师、规划师、建筑师、律师、技能人才等下乡助力乡村振兴。结合目前资源型城市的乡村地区创新型人才、经营型和服务型人才匮乏，以及典型案例村人才激励制度不完善、人才引不来留不住等普遍性问题，建议开展下述制度创新，以期吸引更多的人才留在乡村和流回乡村[310]。

第一，完善人才返乡创业扶持制度。设立专项扶持资金，用于落实乡土人才返乡培训补贴、创业补贴等；引导乡土人才结合资源型城市乡村实际，因地制宜发展特色农业和生态农业及其加工工业等，为其提供相应的贴息贷款和资金担保等[311]，以减少其创业资金压力；借助宣传和适当的奖励手段，吸引思想政治素养较高的"三乡"人才，并将其充实到村干部队伍中。

第二，强力推进特殊人才引进制度。因才而异全面落实和完善融资贷款、配套设施建设补助、税费减免、用地、子女入学等多项扶持政策，消除特殊人才后顾之忧，激发其入乡工作热情和积极性。

第三，实行下乡包村干部职称评审直通车制度。在资源型城市全面推行乡村人才职称改革政策，县级及以上企事业单位专业人员主动下乡从事专业技术工作三年及以上者，年度考核合格及以上者即可提前一年申报高一级职称，突出贡献者可直接晋升高一级职称[312]。

第四，建立本土培养与按需引进相结合的人才引入机制。由资源型城市的市农业农村局联合林业局等其他相关部门制定新型职业农民认定、扶持以及乡土人才培育工作，定期开展新型职业农民培训、特色农业种养培训以及乡村民宿管理与服务技能培训活动培育本土人才；资助立志入乡创业的涉农专业大学生、研究生，约定其毕业后返乡工作或创业。

五 乡村"合作社型企业"制度

中国农村集体经济是一种社会主义生产方式，当前全国百强村都是集体经济所有制，随着我国农业、农村改革的不断深入，集体经济越发显现出强劲的力量。农村合作社带动经济发展的模式被认为是一种重要的集体经济模式[313]，它由村组织牵头成立或引进合作社，农户本着自愿的原则参与入股或入社劳动获得盈利分红，对内可减少与农户的沟通成本和提供更高效快捷的劳动力，对外可形成统一整体，有利于生产要素集中、品牌化的建设等[314]。然而，调研中发现国内资源型城市乡村合作社发展良莠不齐：首先，其发展规模普遍较小且生产经营无序，大多数合作社仅停留在简单的、一般化的经营上，甚至部分村庄的农村合作社流于表面形式，社会福利增进有限；其次，村内合作社主要依托村干部和能人建立起来，多数合作社经营过程中的招商引资、政府资源对接都是通过村干部进行的，体现出强烈的个体依赖，村干部集经济决策权与行政领导权于一身，村庄经营的可持续性还会受制于现有村干部的连任与否，而农户股份太低或是基本没有；最后，合作社人员素质普遍较低，合作社作为一个市场主体已经融入市场，要在市场中参与竞争，必须要有高素质人才进行运作和管理，资源型城市村内留守人员大多缺乏创新思维和领导能力，案例村村集体经济发展薄弱。基于上述问题，结合我国资源型城市乡村地区农业劳动生产率偏低、土地产出率不高、缺乏市场竞争力等问题以及乡村合作社发展实际，开展制度创新：村庄通过股份合作制改革成立新的农村合作组织，并借助其特殊法人资格与矿区企业联合成立"合作社型企业"，通过市场化运营实现村庄集体资产的增值。其特征包括三个方面。

第一,"合作社型企业"需由村级合作组织全资设立或控股设立。从股权关系来看,村合作组织的股权份额在"合作社型企业"中占大头,使得村庄享有绝对的控制权。

第二,"合作社型企业"的管理层一般由村集体的领导班子成员兼任。村"两委"作为村民利益的代理人,其任职取决于村民的民主选举,由其兼任"社企"的管理层,体现了"合作社型企业"内人事安排上的控制权。

第三,推行"专业人做专业事"的企业运行机制。村集体承担政策处理的角色,主要任务是保障项目发展;企业则承担合作社运营的角色,为村庄和村庄中其他主体的运营提供服务与指导。"合作社型企业"的经营与发展不是由某一或某几个人支配,而是由近似于现代企业制度中的专业团队来管理,实现由"能人治社"向"制度治社"的转变。同时,"合作社型企业"制度,不应单纯强调社员的经济收入,而是在提升社员经济收入的同时,统筹考虑村庄就业、养老、企业发展、生态环境等整体性因素。因地制宜借鉴陕西宝鸡东岭村"村企合一、以企带村、共同发展"的管理模式[315],在当前集体所有制不能触动的根本前提下,只有探索和创新集体经济的有效实现形式,总结其内在机制才能真正推动农村集体经济的复兴。

六 "资源产业反哺农业"式乡村振兴基金融资与管理制度

国内既有的乡村振兴基金融资制度可分为两类:一类是由公益性组织通过各类社会捐款发起的,如民政部主导成立的中国北京东方美丽乡村发展基金会等;另一类是由国企、创投机构等非公益性组织,依照中—省—市有关乡村振兴的政策法规负责发起的,地方政府亦可拨付一定的财政资金参与成立此类基金,如中民投联合中原银行等成立的乡村振兴发展基金、广药集团投资建立的海南省乡村振兴发展基金以及浙江省乡村振兴投资基金、常州市乡村振兴战略发展基金、广州增城乡村振兴产业基金、"刺柠吉"十亿乡村振兴基金、宜宾五粮液乡村振兴发展基金等。这些基金主要用于建设乡村基础及公共服务设施项目、农业产业化项目、特色小镇建设项目、生态项目、教育项目等,它们在加快地方乡村振兴战略落地、推进城乡融合发展方面做出了一定的贡献。上述乡村振兴基金的监管则主要由政府会同相关行业部门、基金审计和监察部门通过事前、事中、事后三重监管体系,以定期和非定期等方式开展。

受水资源污染、水资源短缺,以及采空塌陷等地质灾害和城乡社会差距拉大等多重外源性胁迫,加上内生动力不足等内源性作用力的双重制约,我国资源型城市 SARD 整体水平不高。加之现行体制下资源价格管治、资源开发生态环境补偿费率过低、央企资源产业集团异地纳税此类资源开发制度失灵等多重原因,导致多数资源型城市乡村振兴基金严重不足。据此,建议借鉴山西长治、临汾等资源型城市"以矿补农"的城乡统筹发展模式[142,219],因地制宜申请成立"资源产业反哺农业"式乡村振兴基金,上报中国证券投资基金协会审核和备案后,结合各市实际情况制定融资与管理制度,制度创新内容如下。

第一,融资制度方面。充分考虑资源型城市在新中国独立工业体系建设和我国城市化等方面做出的突出贡献,以及现行体制下资源型城市特别是衰退型城市和成熟型城市自身发展资本积累少、缺乏进行经济结构调整的能力等实际情况,建议由政府财政和资源型企业分类、分批、分比例补贴成立资源型城市乡村振兴专项基金,即构建严格遵照国家相关法规,以生态效益和经济效益共赢为行动纲领,政府财政资金引领,资源型企业特别是中央矿企以及地方国营矿企作为主要参与方,商业银行、基金管理公司和投资机构等作为协助参与方,以社会资本为重要支撑力的融资制度。政府财政资金引领是指充分发挥中央财政财力性转移支付资金以及省—市—县配套专项资金对资源型城市农业与农村可持续发展的引导作用;资源型企业特别是中央矿企以及地方国营矿企作为主要参与方是指面向各资源型城市中央资源型企业、地方国营资源型企业、乡镇矿企等因城而异征收"资源产业反哺农业"专项经费(经费以资源开发环境税按量计提 + 30% 的企业增值税计提两种方式收取,以 30% 的增值税计提是因为以榆林市为例,市—县两级政府仅能保留 17.5% 的增值税,剩余 82.5% 的增值税上划给中—省[266]。该经费专项用于发展资源型城市乡村地区,特别是矿区乡村的生态环境修复整治、特色农业和生态农业发展以及乡村基础、公共服务建设等)。随后由省市政府审批并委托资源型企业或农业产业化龙头企业特别是资源型企业必须依照企业社会责任报告,担负 CSR 开展联户带村致富行动,带头企业应结合资源型城市乡村资源禀赋优势，因地制宜分村、分批、分阶段施策推进乡村振兴，也建议中—省两级政府有偿激励国有企业，特别是国有农业企业、国有涉农类上市公司全力参与资源型城市乡村振兴；将商业银行、基金管理公司和投资机构等作为协助参与方是指中—省—市，特别是省—市政府还应出台各类优惠政策鼓励商业银行和投资机构等协助参与资源型城市乡村振兴；以社会资本为重要支撑力是指资源型城市乡村振兴基金后续融资可按《社会资本投资农业农村指引（2021年）》，持续引导社会资本有序、有效投入，因村制宜充分发挥其市场化和专业化优势。

首期资源型城市乡村振兴基金（主要用于矿区生态修复整治）的财政资金注入可按如下方式分类分比例执行：其一，衰退型城市（衰退型城市的定类需重新由其所在省自然资源厅矿产资源保护监督处牵头，在评估其资源储量条件、开发利用情况的基础上严格鉴定，再经国家自然资源部审批通过后方能照此类方式注资）中—省—市—县四级财政拨付比例依次为45%、5%、2.5%、5‰。筹集剩余47%的资金时，能鉴定矿产开发环保责任主体的，由环保责任主体联合出资30%，剩余资金以农业产业化龙头企业参与＋撬动社会资本的方式融资；无法鉴定环保责任主体的，全部以农业产业化龙头企业参与＋撬动社会资本的方式融资。其二，成熟型城市（其鉴定流程参照衰退型城市定类执行）中—省—市—县四级财政拨付比例依次为40%、5%、2.5%、5‰，剩余52%的资金以资源型企业为主要参与方（首次出资比为30%）、农业产业化龙头企业协同参与＋撬动社会资本的方式融资。其三，成长型城市（其鉴定流程参照衰退型城市定类执行）中—省—市—县四级财政拨付比例依次为35%、5%、2.5%、5‰，剩余57%的资金以资源型企业为主要参与方（首次出资比为30%）、农业产业化龙头企业协同参与＋撬动社会资本的方式融资。其四，再生型城市（其鉴定流程参照衰退型城市定类执行）中—省—市—县四级财政拨付比例依次为30%、5%、2.5%、5‰，筹集其余62%的资金时，能鉴定矿产开发环保责任主体的，由环保责任主体联合出资30%，剩余资金以农业产业化龙头企业参与＋撬动社会资本的方式融资；无法鉴定环保责任主体的，全部以农业产业化龙头企业参与＋撬动社会资本的方式融资。

第二，管理制度方面。融资管理需由资源型城市所在省—市—县三级财政厅（财政局）、审计厅（审计局）、农业农村厅（农业农村局）、农业农村局、投资促进局、乡村振兴局等多个行业部门共同参与基金运营管理；除政府行业相关部门协同管理外，尚需由政府委托专业的第三方审计机构以及村民监督审核组（由村民监督委员会部分成员＋村内推选村民组成）共同负责乡村振兴基金的管理和审计，每季度开展一次乡村振兴基金的账目收支审计，负责全程监察经费拨款和使用情况；与此同时，资源型城市乡村振兴基金还需建立最严格的违规追究责任制，一旦发现违规挪用或侵占基金的，轻者通报批勒令其按期补偿损失，严重者依法追究其法律责任。

第三，申请与使用制度方面。借鉴欧盟国家乡村发展政策相关规定[316]，结合资源型城市乡村地区实际，制定资源型城市"资源产业反哺农业"式乡村振兴基金申请与使用制度。首先，申请对象必须是本地组织主持制定的村庄空间规划、产业发展规划、旅游规划等，规划必须在符合我国资源型城市乡村地区水土气资源配置的基础上，同时符合因地制宜促进乡村产业结构调整升级以切实提高本地农业竞争力、强化土地整治与生态修复以改善乡村生活空间、基于"在地性"理念促成乡村经济多样性以提高本地农户生活品质三项条件后方能获批；其次，获批后的乡村振兴基金在使用过程中必须综合考虑上述三项条件，并按强化土地整治与生态修复以改善乡村生活空间费用占比不低于30%、乡村产业结构调整和乡村多样性培育费用占比不低于20%、自下而上"领导＋"规划方式（地方社区驱动和地方社区各社会部门合作的"自下而上"式的规划方式）下制定的乡村规划制定费用占比不高于10%的比例投入使用；最后，基金项目资金使用及其成效由资源型城市所在省的农业农村厅主管部门委托涉农类科研院所专家组成的第三方开展评估。

七　乡村基础设施融资与运维制度

乡村基础设施是农业生产和农民生活的基础保障，也是加快乡村地区基础设施建设和长效管护提升乡村人居环境、实现城乡基础设施互联互通、加快乡村振兴进程的关键所在[317]。我国资源型城市以及典型案例区的多数乡村地区存在农村公路建设标准偏低、农村公路养护不到位、农业有效灌溉率不高等问题。此外，实际走访发现，资源型城市乡村特别是山西大同、忻州市以及甘肃白银、陇南市等中西地区资源型城市多数乡村地区存在动力电和集中供水系统等基础设施设备陈旧、老化，通村硬化路设计标准较低，难以满足产业壮大发展需求，亟待扩容加固等问题。可见，基础设施建设质量不高、运维管护不到位、建设融资机制不够健全、管理机制不够完善等短板问题已经成为制约资源型城市 SARD 的瓶颈问题。据此，建议开展如下制度创新。

第一，完善乡村基础设施建设资金投入制度。建议从"资源产业反哺农业"式乡村振兴基金中列支专项金用于乡村基础设施建设、运营和管护，而且地方矿企还应严格遵照企业社会责任报告内对矿区村庄发展的承诺的责任，持续投入资金完善乡村基础设施建设和运维。其余不足部分可分类实行省市统筹，县级主导，以 PPP 模式引导和鼓励社会资本、村集体经济组织、本地农户照"谁投资、谁拥有、谁受益、谁负责"的原则，积极投资修建公路、供电、供水、污水垃圾处理、电信、物流等基础设施；此外，亦可采取出让农村公路、物流园的冠名权、广告权等方式筹资建设和养护乡村基础设施。

第二，分类完善乡村基础设施运维制度。对无收益的农村公路等非经营性基础设施实施以政府为主体，鼓励社会资本和民间资本参与的运维模式；对供电、电信、物流等经营性为主的基础设施，实行政企合作为主的运维模式；介于两者之间的供水、污水处理等农村准经营性基础设施，实行企业参与为主的运维模式。

第三，创新乡村基础设施长效管护制度。实行省—市—区（县）补贴，县交通运输局负全责的乡村基础设施管护制度。由县交通管理局联合镇（乡）政府委托村"两委"设立公益性基础设施管护岗位，优先吸纳本村低收入农户，负责村庄基础设施的日常巡查、小修、保洁等工作；县交通运输局主管部门联合镇政府相关部门定期开展管护人员的培训、指导，村"两委"负责考核基础设施管护人员工作情况，并实行"一年一任"的动态管理制度。

第三节 本章小结

本章针对资源型城市乡村地区农业劳动生产率较低、农业土地产出率普遍不高、生态环境问题突出以及乡村内源发展动力不足等实际情况，建议在我国资源型城市因地制宜创新性实行多功能农业发展制度、社区支持农业发展制度、农药化肥减量替代长效保障制度、农业重点项目名录式专项监管考核制度、地票流转与交易制度、农村集体经营性建设用地入市制度，以及矿区环境监测与修复整治制度、村干部选拔任用及其考核制度、行政体系权责改良制度、人才下乡激励制度、"合作社型企业"制度、"资源产业反哺农业"式乡村振兴基金融资与管理制度、乡村基础设施融资运维等制度，以期因地制宜提升资源型城市乡村地区 SARD 水平，助推其乡村振兴进程。

第六章

结论与展望

第一节 主要结论

综上所述，可得出如下主要结论。

第一，综观相关研究，国内资源型城市 SARD 多数是贴近 SARD 主题的相关研究，直接聚焦 SARD 理念开展的相关研究并不多见。鉴于《登博斯宣言》所提出的 SARD 理念强调乡村发展的公平性、持续性和共同性原则，特别是其中的持续性原则是促成乡村经济社会、生态系统良性循环的关键。故建议国内政学两界继续倡导 SARD 理念，联动、协同地理学、管理学、社会学、经济学、环境学、生态学、地质学、农学、法学、食品科学等多学科理论和方法，以期助推我国资源型城市 SARD 进程。

第二，借助资源型城市矿产开发、乡村概念、城乡接合部等概念首次界定了"矿区乡村"概念。认为"矿区乡村"是指位于矿产资源分布区范围内，由多个行政边界清晰的村庄组成的乡村地区，其"三生空间"受矿产开发直接或间接影响较大，是一个"三农""四矿"问题伴生的典型乡村地区。矿区乡村所包含的村庄即为矿区村庄，按村内有无煤矿开采，可将矿区村庄分为受矿产开发直接影响型村庄和受矿产开发间接影响型村庄。

第三，面向国内资源型城市构建了一套基于地级市数据、可开展多时空尺度分析的资源型城市农业农村可持续发展的评价指标体系，其涵括农业、农村 2 个维度，共计 28 项评价指标。量化结果表明，由于 SARD 评价指标体系综合评判各资源型城市 SAD 和 SRD 发展状况，且指标体系偏向生态保育与农业绿色发展，故 2008—2019 年我国资源型城市 SARD 水平整体低下，且在波动变化中趋于弱增；SAD 和 SRD 两个准则层变化与 SARD 变化保持同步且 SRD 值总体高于 SAD 值；资源型城市 SARD 水平城际差异较为明显，SARD 高值和较高值资源型城市在空间呈分散分布且其占比极低，而近 90% 的资源型城市 SARD 值处于较低和低值水平。比较而言，注重生态保育和农业绿色发展的资源型城市 SARD 相对偏高。

第四，基于 DPSIR 概念模型首次构建了资源型城市典型案例区村域尺度包含 5 个维度、32 项指标的矿区村庄 SARD 评价指标体系。评价结果显示，典型案例区村域尺度 SARD 水平整体偏低，且两极化现象极为严重；表征案例村"三生空间"功能间相互作用的压力、影响、状态子系统水平较弱，表征村域尺度 SARD 的"三农"发展动力的驱动力层得分相对较高而响应层得分过低，表明目前案例村 SARD 发展现状条件差且其发展内生动力极弱。

第五，虽然粗放式煤矿开发对案例村 SARD 的效应总体为负，但生态修复整治可有效提升矿区村庄 SARD；国有权属煤矿提供的生态补偿金对矿区村庄 SARD 有一定的促进效应，而无煤矿且非镇政府所在地以及乡镇煤矿所在村庄因缺乏有效的生态整治措施导致村庄 SARD 得分偏低；制约典型案例村 SARD 的障碍因子依次为村干部受教育程度、矿产开发生态环境补偿、单位耕地面积产值、村庄每万人中农业技术人员数以及农业有效灌溉率等；SARD 水平越低，村庄 SARD 障碍因子的趋同性越明显，且该趋同性与村内煤矿企业类型无相关性，表明粗放式的资源开发对村庄 SARD 的影响具有广泛的负外部性。

第六，基于 NEDT-ANT 的综合分析结果显示，我国多数资源型城市位于全国重要生态系统保护和修复重大工程建设范围内，水土资源配置优势不突出，且多数城市位于全国可持续农业发展分区中的适度发展区和保护发展区内。因此，建议在我国资源型城市乡村地区因地制宜推进特色农业、生态农业、有机农业、基塘农业等体现"在地性"理念、富有多功能性的特色农业产业化融合发展模式，并据此构建地方现代农业生产体系，提升农业效益和市场竞争，助推地方 SARD 进程。切忌罔顾实际一味偏好规模，集中连片推进大规模农业。

第七，依据影响资源型城市乡村地区 SARD 的内外源行动者、"三农"问题特征、"三生空间"表征，可将资源型城市乡村地区的演变划分为资源开发前期、粗放式资源开发期、转型发展期、可持续发展期等四个阶段，说明资源型城市乡村地区 SARD 行动者网络具有动态变化性和过程性，不同资源开发期组建的行动者网络差异较大，其内外源行动者、"三生空间"表征及"三农"问题特征也不尽相同。比较而言，粗放式资源开发期及其过渡期是资源型城市乡村地区农户内生动力较弱、生态环境问题最突出、矿乡矛盾最剧烈、网络异议最多的时期。

第八，借助 NEDT-ANT 耦合视角建构了粗放式资源开发期及其过渡期资源型城市以镇政府为关键行动者、以村"两委"为核心行动者，"自下而上""自上而下"双结合式粗放式资源开发期及其过渡期矿区乡村 SARD 行动者网络。并结合市域、村域尺度 SARD 测评结果探析了基于"和谐共生"理念修复矿山生态环境、基于"在地性"理念振兴矿区乡村特色产业、基于"以人为本"理念提升乡村人居环境、基于"一体化"理念均等化配套乡村设施、基于"三治合一"理念完善乡村治理体系等形成资源型城市 SARD 协调机制的实现路径。

第九，经综合考虑粗放式资源开发期及其过渡期资源型城市矿区乡村多重外源性胁迫以及多项内源性障碍因素，探究了基于创新视角的矿区乡村多功能农业发展制度、社区支持农业发展制度、农药化肥减量替代长效保障制度、农业重点项目名录式专项监管考核制度、地票流转与交易制度、农村集体经营性建设用地入市制度，以及矿区环境监测与修复整治制度、村干部选拔任用及其考核制度、行政体系权责改良制度、人才下乡激励制度、"合作社型企业"制度、"资源产业反哺农业"式乡村振兴基金融资与管理制度、乡村基础设施融资与运维等制度，以期因地制宜提升资源型城市乡村地区 SARD 水平，助推其乡村振兴进程。

第二节　存在不足与展望

本书研究内容涉及学科较多、研究面较广，属于经济地理学、区域经济学、社会学等多学科的交叉研究。尽管笔者在理论方面力求全面、系统地探析资源型城市 SARD 协调机制，面向问题导向尽可能创新性地探究资源型城市 SARD 制度创新；在实践层面力求在分市域、村域两类空间尺度开展的资源型城市 SARD 量化研究方面尽可能地全面、科学，但是囿于笔者学养、时间和精力，本研究尚存诸多不足之处，不免挂一漏万，甚至因学科差异，导致研究思维有所偏差，在此恳请各位专家指正。

书中针对 8 个案例村的研究仅止于单年份数据，后期课题组将赴神府煤田针对 8 个案例村开展长期跟踪研究，以期揭示典型矿区村庄更长时序的 SARD 动态变化。

囿于数据的可得性，书中按照国家农业农村部开始登记农产品地理标志的起始时间选定 2008 年为资源型城市的市域尺度 SARD 评价起始年份，后续拟梳理 2008 年前国家工商总局和国家质量监督检验检疫总局评价体系下的农产品地理标志名称，尽可能延长资源型城市市域层面 SARD 评价指标体系研究时序，以期更全面地反映我国资源型城市 SARD 演变特征。

需进一步研究的方向如下。

第一，后续研究中，资源型城市乡村地区 SARD 研究尚需扩大调查样本，可在典型案例区选取神木、府谷两县市其他矿区村庄以及不涉及煤矿开发的村庄，全面开展高强度能源开发、气候变化、水资源短缺等多重胁迫下村庄 SARD 态势的纵横向对比，并在耦合 NEDT-ANT 全面识别促成矿区乡村 SARD 的核心要素的基础上，继续探究其可能的制度创新。

第二，多尺度下资源型城市农业与农村多功能性的耦合研究。在我国，资源型城市 SARD 研究应在关注多功能农业、恢复力等视角下农业多功能性研究基础上，进一步开展农村多功能性研究及两者耦合关系的研究。通过在县域、市域、省域、流域等不同尺度，测度资源型城市 SARD 水平，刻画其时空格局演化并识别制约两者多功能性发挥的障碍因素，针对性地提出相应优化策略。

第三，基于典型案例的资源型城市矿村共建协调机制与制度创新探究。国内现有的矿山企业社会责任（CSR）报告中社会责任里的履行内容多从对股东的责任、对员工的责任、对客户的责任、对社会的责任、对环境的责任五方面展开，针对矿村共建方面的责任内容缺失，故后续拟以神府煤田等典型矿区为例开展基于典型案例的矿村共建协调机制与制度创新研究。

第四，基于地理探测器的资源型城市 SARD 归因解释。后续研究可借助地理探测器分析影响国内资源型城市 SARD 的地理因子，并进行因子交互作用分析，为后续资源型城市分区域靶向对策的制定提供依据。

主要参考文献

［1］陈厚基:《SARD 研究提出的国际背景》,《世界农业》1995 年第 2 期。

［2］曾尊固、罗守贵:《可持续农业与农村发展研究述评》,《世界地理研究》2001 年第 10 卷第 4 期。

［3］王道龙、羊文超:《"可持续农业和农村发展"的内涵及其认识》,《农业现代化研究》1997 年第 18 卷第 6 期。

［4］羊文超:《可持续农业和农村发展试验区的实践——以湖南省娄底地区为例》,《中国人口·资源与环境》1997 年第 7 卷第 4 期。

［5］Douglass G K. Agricultural Sustainability in a Changing World Order ［M］. Colorado: Westview Press, 1984: 3 – 29.

［6］Balogun O L. Sustainable Agriculture and Food Crisis in Sub-Sahara Africa ［M］. Berlin: Springer Netherlands, 2011: 283 – 297.

［7］Brown B J, Hanson M E, Liverman D M, et al. Global sustainability: toward definition ［J］. Environmental Management, 1987, 11 (6): 713 – 719.

［8］Bjørkhaug H, Knickel K. Rethinking the links between farm modernization, rural development and resilience ［J］. Journal of Rural Studies, 2018, (59): 194 – 196.

［9］Akgün A A, Baycan T, Nijkamp P. Rethinking on sustainable rural development ［J］. European Planning Studies, 2015, 23 (4): 678 – 692.

［10］温铁军:《"三农问题":世纪末的反思》,《读书》1999 年第 12 期。

［11］吴传钧:《中国农业与农村经济可持续发展问题:不同类型地

区实证研究》，中国环境科学出版社 2001 年版。

［12］刘彦随：《中国新时代城乡融合与乡村振兴》，《地理学报》2018 年第 3 卷第 4 期。

［13］彭澎：《论问题区域识别的基本前提与制度保障》，《江淮论坛》2009 年第 4 期。

［14］Chen, C M. CiteSpace Ⅱ: Detecting and visualizing emerging trends and transient patterns in scientific literature ［J］. Journal of the American Society for Information Science and Technology, 2006, 57 (3): 359 – 377.

［15］Godfray H C J, Beddington J R, Crute I R, et al. Food Security: The Challenge of Feeding 9 Billion People ［J］. Science, 2010, 327 (5967): 812 – 818.

［16］Tilman D, Balzer C, Hill J, et al. From the Cover: Global food demand and the sustainable intensification of agriculture ［J］. Proc Natl Acad Sci, 2011, 108 (50): 20260 – 20264.

［17］Foley J A, Ramankutty N, Brauman K A, et al. Solutions for a cultivated planet ［J］. Nature, 2011, 478 (7369): 337 – 342.

［18］Garnett T, Appleb M C, Balmford A. Sustainable Intensification in Agriculture: Premises and Policies ［J］. International Journal of Agricultural Sustainability. SCIENCE, 2013, 341 (6141): 33 – 34.

［19］Welcha R M, Grahamb R D. A new paradigm for world agriculture: meeting human needs Productive, sustainable, nutritious ［J］. Field Crops Research, 1999, 60 (1 – 2): 1 – 10.

［20］Alagendran S, Archunan G, Puspha N, et al. Nutritive value, sustainable agriculture and rural development: An integrated approach ［M］. Berlin: Sustainable Agriculture towards Food Security, Springer, 2017: 15 – 25.

［21］Rivera M, Knickel K, Rios I D L, et al. Rethinking the connections between agricultural change and rural prosperity: A discussion of insights derived from case studies in seven countries ［J］. Journal of Rural Studies, 2018, (59): 242 – 251.

[22] Knickel K, Redman M, Darnhofer I, et al. Between aspirations and reality: Making farming, food systems and rural areas more resilient, sustainable and equitable [J]. Journal of Rural Studies, 2018, (59): 197 – 210.

[23] Schouten M A H, Heide C M V D, Heijman W J M, et al. A resilience-based policy evaluation framework: Application to European rural development policies [J]. Ecological Economics, 2012, 81 (3): 165 – 175.

[24] Ankita R. Is Agrarian Resilience limited to Agriculture? Investigating the "farm" and "non-farm" processes of Agriculture Resilience in the rural [J]. Journal of Rural Studies, 2022, (93): 155 – 164.

[25] Liu Y S, Li Y H. Revitalize the world's countryside [J]. Nature, 2017, 548 (7667): 275 – 277.

[26] Yin X M, Chen J, Li J Z. Rural innovation system: Revitalize the countryside for a sustainable development [J]. Journal of Rural Studies, 2022, (93): 471 – 478.

[27] Gao J L, Liu Y S, Chen J L. China's initiatives towards rural land system reform [J]. Land Use Policy, 2020, 94 (104567): 1 – 4.

[28] Claret C, Metzger M J, Kettunen M, et al. Understanding the integration of ecosystem services and natural capital in Scottish policy [J]. Environmental Science and Policy, 2018, (88): 32 – 38.

[29] Scoones I. Sustainable Rural Livelihoods: A framework for analysis, IDS working paper [J]. Brighton: Institute of Development Studies, 1998, (72): 1 – 22.

[30] Bebbington, A. Capitals and Capabilities: A framework for analyzing peasant viability, rural livelihoods and poverty [J]. World Development, 1999, 27 (12): 2021 – 2044.

[31] Ellis, F. Rural livelihoods and diversity in developing countries [M]. New York: Oxford University Press, 2000, 15 – 21.

[32] Hashemi N, Ghaffary G. A proposed sustainable rural development Index (SRDI): lessons from Hajij village, Iran [J]. Tourism Management, 2017, (59): 130 – 138.

[33] Gao J, Wu B H. Revitalizing traditional villages through rural tourism: A case study of Yuanjia Village, Shaanxi Province, China [J]. Tourism Management, 2017, (63): 223-233.

[34] Chen C, Michael W, Chen J L. Globalization, state intervention, local action and rural locality reconstitution-A case study from rural China [J]. Habitat International, 2019, (93): 1-12.

[35] 陈诚:《全球化背景下国家乡村政策演变与乡村地方重组及其不确定性的理论分析》,《地理科学》2020年第40卷第4期。

[36] 屠爽爽、龙花楼:《乡村聚落空间重构的理论解析》,《地理科学》2020年第40卷第4期。

[37] Tian Y S, Kong X S, Liu Y L. Combining weighted daily life circles and land suitability for rural settlement reconstruction [J]. Habitat International, 2018, (76): 1-9.

[38] Kong X S, Liu D F, Tian YS et al. Multi-objective spatial reconstruction of rural settlements considering intervillage social connections [J]. Journal of Rural Studies, 2021, (84): 254-264.

[39] Chambers R. The origins and practice of participatory rural appraisal [J]. World Development, 1994, 22 (7): 953-969.

[40] Mukherjee N. Participatory Rural Appraisal and Questionnaire Survey (Comparative field experience and methodological innovations) [M]. New Delhi, India: Concept Publishing Co., 1995: 1-163.

[41] Wezel A, Bellon S, Doré T, et al. Agroecology as a science, a movement and a practice. A review [J]. Agronomy for Sustainable Development, 2009, 29 (4): 503-515.

[42] Finnegan E. Cultivating Faith: The Relationship between Islam and Sustainable Agriculture in Rural Communities of American Muslims [M]. Berlin: Springer, 2011: 53-62.

[43] Schwartz H J, Feldkamp C R, Bungenstab D J. Energy Efficiency, Methane Output, Required Carbon Sequestration Area and Water Productivity in Extensive and Semi-intensive Beef Production in South America-A Comparison of Ecological Currencies [M]. Berlin: Springer, 2011: 257-267.

[44] Cheng H, Dong S C, Li F J, et al. A circular economy system for breaking the development dilemma of 'ecological Fragility-Economic poverty' vicious circle: A CEEPS-SD analysis [J]. Journal of Cleaner Production, 2019, (212): 381-392.

[45] Navabakhsh M, Tamiz R. Influences of rural industries on sustainable social and environmental developments [J]. International Journal of Environmental Science and Technology, 2013, (10): 191-198.

[46] Burandt A, Mölders T. Nature-gender relations within a social-ecological perspective on European multifunctional agriculture: the case of agro biodiversity [J]. Agriculture and Human Values, 2017, 34 (4): 955-967.

[47] Kathryn S, Julie P, Chris C. From "sustainable rural communities" to "social sustainability": giving voice to diversity in Mangakahia Valley, New Zealand [J]. Journal of Rural Studies, 2000, 16 (4): 433-446.

[48] Pretty J, Toulmin C, Williams S. Sustainable intensification in African agriculture [J]. International journal of agricultural sustainability, 2011, 9 (1): 5-24.

[49] Balezentis T, Ribasauskiene E, Morkunas M, et al. Young farmers' support under the Common Agricultural Policy and sustainability of rural regions: Evidence from Lithuania [J]. Land Use Policy, 2020, 94 (104542): 1-9.

[50] Cochrane W W. Curse of American Agricultural Abundance: A Sustainable Solution [M]. Lincoln: University of Nebraska Press, 2003: 256-257.

[51] Spataru A, Faggian R, Docking A. Principles of multifunctional agriculture for supporting agriculture in metropolitan peri-urban areas: The case of Greater Melbourne, Australia [J]. Journal of Rural Studies, 2020, (74): 34-44.

[52] Casini L, Lombardi G V. Multifunctionality Concepts: A Critical Assessment of the Framework Approaches [M]. Berlin: Springer Berlin Heidelberg, 2009: 35-52.

[53] Renting H, Rossing W A H, Groot J C J, et al. Exploring multifunctional agriculture. A review of conceptual approaches and prospects for an integrative transitional framework [J]. Journal of Environmental Management, 2009, 90 (S2): S112 - S123.

[54] Evans N. Multifunctional agriculture: a transition theory perspective [J]. Journal of Rural Studies, 2010, 26 (1): 81 - 82.

[55] Moon W. Conceptualising multifunctional agriculture from a global perspective: Implications for governing agricultural trade in the post-Doha Round era [J]. Land Use Policy, 2015, (49): 252 - 263.

[56] Walford N. Multifunctional agriculture: a new paradigm for European agriculture and rural development [J]. Land Use Policy, 2005, 22 (4): 387 - 387.

[57] Holmes J. Impulses towards a multifunctional transition in rural Australia: Gaps in the research agenda [J]. Journal of Rural Studies, 2006, 22 (2): 142 - 160.

[58] Branca G, Hissa H, Benez M C, et al. Capturing synergies between rural development and agricultural mitigation in Brazil [J]. Land Use Policy, 2013, 30 (1): 507 - 518.

[59] Yu M, Yang Y J, Chen F, et al. Response of agricultural multifunctionality to farmland loss under rapidly urbanizing processes in Yangtze River Delta, China [J]. Science of the Total Environment, 2019, (666): 1 - 11.

[60] Cannarella C, Piccioni V. Traditiovations: Creating innovation from the past and antique techniques for rural areas [J]. Technovation, 2011, 31 (12): 689 - 699.

[61] Walker D H, Sinclair F L, Thapa B. Incorporation of indigenous knowledge and perspectives in agroforestry development [J]. Agroforestry Systems, 1995, 30 (1 - 2): 235 - 248.

[62] Rodenburg J, Zwart S J, Kiepe P, et al. Sustainable rice production in African inland valleys: Seizing regional potentials through local approaches [J]. Agricultural Systems, 2014, (123): 1 - 11.

[63] Maroun M R, Rovere E L L. Ethanol and food production by family smallholdings in rural Brazil: Economic and socio-environmental analyses of micro distilleries in the State of Rio Grande do Sul [J]. Biomass and Bioenergy, 2014, (63): 140-155.

[64] Gobattoni F, Pelorosso R, Leone A, et al. Sustainable rural development: The role of traditional activities in Central Italy [J]. Land Use Policy, 2015, (48): 412-427.

[65] Pandolfini E, Bemposta A C, Sbardella M, et al. Well-being, Landscape and Sustainability of Communication [J]. Agriculture & Agricultural Science Procedia, 2016, (8): 602-608.

[66] Scott K, Rowe F, Pollock V. Creating the good life? A wellbeing perspective on cultural value in rural development [J]. Journal of Rural Studies, 2018, (59): 173-182.

[67] Wilson G A. The spatiality of multifunctional agriculture: A human geography perspective [J]. Geoforum, 2009, 40 (2): 269-280.

[68] Lange A, Piorr A, Siebert R, et al. Spatial differentiation of farm diversification: How rural attractiveness and vicinity to cities determine farm households' response to the CAP [J]. Land Use Policy, 2013, (31): 136-144.

[69] Adjei O W, Kosoe E A, Forkuor D. Facts behind the myth of conservative rurality: major determinants of rural farmers' innovation adoption decisions for sustainable agriculture [J]. Geojournal, 2017, 82 (5): 1051-1066.

[70] Ragkos A, Abraham E M, Papadopoulou A, et al. Effects of European Union agricultural policies on the sustainability of grazingland use in a typical Greek rural area [J]. Land Use Policy, 2017, (66): 196-204.

[71] Escribano M, Díaz-Caro C, Mesias F J. A participative approach to develop sustainability indicators for dehesa agroforestry farms [J]. Science of the Total Environment, 2018, (640-641): 89-97.

[72] Roest K D, Ferrari P, Knickel K. Specialisation and economies of scale or diversification and economies of scope? Assessing different agricultural

development pathways [J]. Journal of Rural Studies, 2018, (59): 222 - 231.

[73] Varela-Ortega C, Blanco-Gutiérrez I, Swartz C H, et al. Balancing groundwater conservation and rural livelihoods under water and climate uncertainties: An integrated hydro-economic modeling framework [J]. Global Environmental Change, 2011, 21 (2): 604 - 619.

[74] Todorova S, Ikova J. Multifunctional Agriculture: Social and Ecological Impacts on the Organic Farms in Bulgaria [J]. Procedia Economics & Finance, 2014, (9): 310 - 320.

[75] Plieninger T, Hartel T, Martínlópez B, et al. Wood-pastures of Europe: Geographic coverage, social-ecological values, conservation management, and policy implications [J]. Biological Conservation, 2015, (190): 70 - 79.

[76] Stojcheskaa A M, Kotevskaa A, Bogdanov N, et al. How do farmers respond to rural development policy challenges? Evidence from Macedonia, Serbia and Bosnia and Herzegovina [J]. Land Use Policy, 2016, (59): 71 - 83.

[77] Harp A, Sachs C. Public agricultural researchers: Reactions to organic, low input and sustainable agriculture [J]. Agriculture and Human Values. 1992, 9 (4): 58 - 63.

[78] Grudens-Schuck N, Allen W, Hargrove T M, et al. Renovating dependency and self-reliance for participatory sustainable development [J]. Agriculture & Human Values, 2003, 20 (1): 53 - 64.

[79] Leakey R B, Tchoundjeu Z, Schreckenberg K, et al. Agroforestry Tree Products (AFTPs): Targeting Poverty Reduction and Enhanced Livelihoods [J]. International Journal of Agricultural Sustainability, 2005, 3 (1): 1 - 23.

[80] Baig M B, Straquadine G S. Sustainable Agriculture and Rural Development in the Kingdom of Saudi Arabia: Implications for Agricultural Extension and Education [M]. Berlin: Springer Netherlands, 2014, 101 - 116.

[81] Santiago-Freijanes J J, Mosquera-Losada M R, Rois-Díaz M, et

al. Global and European policies to foster agricultural sustainability: agroforestry [J]. Agroforestry Systems, 2021, (95): 775-790.

[82] Favilli E, Rossi A, Brunori G. Food networks: collective action and local development. The roles of organic farming as boundary object [J]. Organic Agriculture, 2015, 5 (3): 235-243.

[83] Morén-Alegret R, Fatorić S, Wladyka D, et al. Challenges in achieving sustainability in Iberian rural areas and small towns: Exploring immigrant stakeholders' perceptions in Alentejo, Portugal, and Empordà, Spain [J]. Journal of Rural Studies, 2018, (64): 253-266.

[84] Li Y H, Westlund H, Zheng X Y, et al. Bottom-up initiatives and revival in the face of rural decline: Case studies from China and Sweden [J]. Journal of Rural Studies, 2016, (47): 506-513.

[85] Ku B K, Kan K. Social work and sustainable rural development: The practice of social economy in China [J]. International Journal of Social Welfare, 2020, 29 (4): 346-355.

[86] Koopmans M E, Rogge E, Mettepenningen E, et al. The role of multi-actor governance in aligning farm modernization and sustainable rural development [J]. Journal of Rural Studies, 2018, (59): 252-262.

[87] 蔡运龙:《农业与农村可持续发展的地理学研究》,《地球科学进展》1999年第87卷第6期。

[88] Machintosh W A. Economic Factors in Canadian History [J]. Canadian Historical Review, 1923, 4 (1): 12-25.

[89] Bottge R. Company Towns versus Company Camps in Developing Alaska's Mineral Resource [R]. U. S. Dept. of the Interior, Bureau of Mines, 1986: 1-19.

[90] Parker P. Queensland Coal Towns: Infrastructure Policy, Cost and Tax [R]. Australian National University, Centre for Resource and Environmental Studies, 1986: 30.

[91] Lucas R A. Minetown, Milltown, Railtown: Life in Canadian Communities of Single Industry [M]. Toronto: University of Toronto Press, 1971: 410-423.

[92] Friedman A, Matthiasson J S, Chow W S, et al. Occasional Papers [R]. Series 5, no. 1. Winnipeg, Man. Center for Settlement Studies, University of Manitoba, 1970: 51 – 70.

[93] Siemens L B, Peach J W, Weber S M. Aspects of Interdisciplinary Research in Resource Frontier Communities [R]. Papers Presented to the Canadian Council for Research in Education Conference, Ottawa, March 9 – 11, 197, Occasional Papers, Series 5, no. 5. Winnipeg, Man. Center for Settlement Studies, University of Manitoba, 1970: 45 – 75.

[94] Ross D P, Usher P J. From the Roots Up: Economic Development as if Community Mattered [M]. New York: Bootstrap Press, 1986: 55 – 68.

[95] Sharpe R. Informal Work and Its Development Role in the West [J]. Progress in Human Geography, 1988, (12): 315 – 316.

[96] Sorensen T, Epps R. The Role of Tourism in the Economic Transformation of the Central West Queensland Economy [J]. Australian Geographer, 2003, 34 (1): 73 – 89.

[97] Tanya B, Hayter R, Barnes T J. Resource Town Restructuring, Youth and Changing Labour Market Expectations: The Case of Grade 12 Students in Powell River, BC [J]. BC Studies, 2003, (103): 75 – 103.

[98] Markey S, Halseth G, Manson D. The Struggle to Compete: From Comparative to Competitive Advantage in Northern British Columbia. [J]. International Planning Studies, 2006, 11 (1): 19 – 39.

[99] McMahon G, Remy F. Large Mines and the Community: Socioeconomic and Environment-al Effects in Latin America, Canada, and Spain [M]. Washington, DC: IDRC and World Bank:, 2001: 3 – 18.

[100] Lockie S, Franettovich M, Petkova-Timmer V, et al. Coal Mining and the Resource Community Cycle: A Longitudinal Assessment of the Social Impacts of the Coppabella Coal Mine [J]. Environmental Impact Assessment Review, 2009, 29 (5): 330 – 339.

[101] Stedman R C, Parkins J R, Beckley V. Resource Dependence and Community Well-being in Rural Canada [J]. Rural Sociology, 2004, 69 (2): 213 – 234.

[102] Dempsey K. A Man's Town: Inequality between Women and Men in Rural Australia [M]. Oxford University Press: London, 1992: 290 – 315.

[103] Sharma S, Rees S. Consideration of the Determinants of Women's Mental Health in Remote Australian Mining Towns [J]. Australian Journal of Rural Health, 2007, 15 (1): 1 – 7.

[104] Heisler K, Markey S. Scales of Benefit: Political Leverage in the Negotiation of Corporate Social Responsibility in Mineral Exploration and Mining in Rural British Columbia, Canada [J]. Society & Natural Resources, 2013, 26 (4): 386 – 401.

[105] Mayes, R. A social licence to operate: corporate social responsibility, local communities and the constitution of global production networks [J]. Global Networks, 2015, 15 (S1): 109 – 128.

[106] Que S, Awuah-Offei K, Wang L, et al. Individual preferences for mineral resource development: Perspectives from an urban population in the United States [J]. Journal of Cleaner Production, 2018, 189 (10): 30 – 39.

[107] Zachrisson A, Camill B, Thellbro C et al. Participatory comprehensive planning to handle competing land-use priorities in the sparsely populated rural context [J] Science Direct. 2021, (88): 1 – 13.

[108] 沈镭：《我国资源型城市转型的理论与案例研究》，《中国科学院研究生院》（地理科学与资源研究所），2005 年。

[109] Wagner V, Estair. Law's rurality: Land use law and the shaping of people-place relations in rural Ontario [J]. Journal of Rural Studies, 2016, (47): 311 – 325.

[110] van, der, Plank, Walsh B, Behrens P et al. The expected impacts of mining: Stakeholder perceptions of a proposed mineral sands mine in rural Australia. [J]. Resources Policy, 2016, (48): 129 – 136.

[111] Hilson G, Christopher J. Hilson, Sandra Pardie. Improving awareness of mercury pollution in small-scale gold mining communities: Challenges and ways forward in rural Ghana [J]. Environmental Research, 2007, 103 (2): 275 – 287.

[112] Bisht A, Gerber J F. Ecological distribution conflicts (EDCs) over mineral extraction in India: An overview [J]. The Extractive Industries and Society, 2017, (4): 548 – 563.

[113] Mkodzongi G, Spiegel S. Artisanal Gold Mining and Farming: Livelihood Linkages and Labour Dynamics after Land Reforms in Zimbabwe [J]. Journal of Development Studies, 2018, 55 (10): 2145 – 2161.

[114] Brottem L V, Ba L. Gendered livelihoods and land tenure: The case of artisanal gold miners in Mali, West Africa [J]. Geoforum, 2019, (105): 54 – 62.

[115] Wegenast T, Beck J, Coomes O T. Mining, rural livelihoods and food security: A disaggregated analysis of sub-Saharan Africa [J]. World Development, 2020, (130): 1049 21.

[116] Maconachiea R, Binnsb T. 'Farming miners' or 'mining farmers'? Diamond mining and rural development in post-conflict Sierra Leone [J]. Rural Studies, 2007, 23 (3): 367 – 380.

[117] Maconachiea R, Binns T. Beyond the resource curses? Diamond mining, development and post-conflict reconstruction in Sierra Leone [J]. Applied Geography, 2007, 32 (1): 104 – 115.

[118] Hota P, Behera B. Extraction of mineral resources and regional development outcomes: Empirical evidence from Odisha, India [J]. The Extractive Industries and Society, 2019, (6): 267 – 278.

[119] Hinojosa, L. Riqueza Mineral Y Pobreza En Los Andes [J]. The European Journal of Development Research, 2011, (23): 488 – 504.

[120] 刘慧芳、毕如田、王国芳:《村庄压煤区土地综合整治技术优化体系及实证》,《中国农业资源与区划》2019 年第 40 卷第 8 期。

[121] Ott T. Finding the interface between mining, people, and biodiversity: a case study at Richards Bay Minerals [J]. Journal of the Southern African Institute of Mining and Metallurgy, 2017, 117 (1): 1 – 5.

[122] Spiegel, Samuel J. Rural place-making, globalization and the extractive sector: Insights from gold mining areas in Kratie and Ratanakiri, Cambodia [J]. Journal of Rural Studies, 2014, (36): 300 – 310.

[123] Ghazia J M, Hamdollahib M, Moazzen M. Geotourism of mining sites in Iran: An opportunity for sustainable rural development [J]. International Journal of Geoheritage and Parks, 2021. 9 (1): 129 – 142.

[124] Dube N, Moyo F, Sithole M, et al. Institutional exclusion and the tragedy of the commons: Artisanal mining in Matabeleland South Province, Zimbabwe [J]. The Extractive Industries and Society, 2016, (3): 1084 – 1094.

[125] Rickman D S, Wang H. Whither the American west economy? Natural amenities, mineral resources and nonmetropolitan county growth [J]. The Annals of Regional Science, 2020, 65 (3): 673 – 701.

[126] Weng L F, Boedhihartono A K, Dirks P, et al. Mineral industries, growth corridors and agricultural development in Africa [J]. Global Food Security, 2013, 2 (3): 195 – 202.

[127] Haanyika C M. Rural electrification in Zambia: A policy and institutional analysis [J]. Energy Policy, 2008, 36 (3): 1044 – 1058.

[128] Malley Z J U, Taeb M, Matsumoto T. Agricultural productivity and environmental insecurity in the Usangu plain, Tanzania: policy implications for sustainability of agriculture [J]. Environment Development & Sustainability, 2009, 11 (1): 175 – 195.

[129] 蒋楚麟:《西部地区矿业企业的社会责任探索》,《贵州社会科学》2010 年第 9 期。

[130] 邓丽军:《贵州喀斯特地区矿业社区可持续发展研究》,《湖南农业科学》2010 年第 8 期。

[131] 张晓海:《山东省矿区新农村建设模式与实证研究》,《中国矿业大学》,2013 年。

[132] 胡兴定:《基于人居环境的采矿复垦区"三生"空间优化研究》,《中国地质大学》,2016 年。

[133] 褚涵:《徐州煤矿区村庄内生发展研究》,《中国矿业大学》,2014 年。

[134] 王建军:《辽西北矿区乡村治理机制研究》,《汕头大学》,2010 年。

[135] 高源：《平朔矿区土地利用冲突测度与"三生空间"优化研究》，《中国地质大学》，2021年。

[136] 刘东洋：《矿区农户生计脆弱性评价及优化策略研究》，《东华理工大学》，2021年。

[137] 陆南嘉：《田园综合体导向下土壤修复区规划设计探究》，《山东科技大学》，2020年。

[138] 张译心：《鸡西市采煤沉陷区再利用适宜性评价及规划策略》，《哈尔滨工业大学》，2020年。

[139] 王回茴、李汉廷、谢苗苗等：《资源型城市工矿用地系统修复的生态安全格局构建》，《自然资源学报》2020年第35卷第1期。

[140] 姜雪纯：《资源枯竭型地区乡村振兴路径研究》，《苏州科技大学》，2019年。

[141] 冉玉兰：《曲靖市矿产资源开发矿村共建机制研究》，《南京农业大学》，2015年。

[142] 颜坤林：《我国矿产资源开发的利益分配机制研究》，《石河子大学》，2008年。

[143] 许琳：《矿产资源富集地区却为何民生贫困？》，《西南交通大学》，2015年。

[144] 王建军：《辽西北矿区乡村治理机制研究》，《汕头大学》，2010年。

[145] 赵康杰：《资源型地区农村可持续发展的制度创新研究》，《山西财经大学》，2012年。

[146] 董江爱、霍小霞：《矿权与乡村治理》，《社会主义研究》2012年第4期。

[147] 郭青霞、白中科、吉谦等：《大型露天矿区农村生态经济系统重建模式研究——以平朔矿为例》，《生态经济》2006年第5期。

[148] 张米尔、武春友：《资源型城市产业转型障碍与对策研究》，《经济理论与经济管理》2001年第2期。

[149] 刘云刚：《中国资源型城市的职能分类与演化特征》，《地理研究》2009年第28卷第1期。

[150] 孙淼、丁四保：《我国资源型城市衰退的体制原因分析》，《经

济地理》2005年第25卷第2期。

［151］国家计委宏观经济研究院课题组：《我国资源型城市的界定与分类》，《宏观经济研究》2002年第11期。

［152］张米尔、孔令伟：《资源型城市产业转型的模式选择》，《西安交通大学学报》（社会科学版）2003年第1期。

［153］柳泽、周文生、姚涵：《国外资源型城市发展与转型研究综述》，《中国人口·资源与环境》2011年第21卷第11期。

［154］刘剑平：《我国资源型城市转型与可持续发展研究》，中南大学，2007年。

［155］John, H, Bradbury, et al. Winding down in a Quebec mining town: a case study of Schefferville［J］. Canadian Geographer / Le Géographe canadien, 1983, 27 (2): 128 – 144.

［156］张米尔：《西部资源型城市的产业转型研究》，《中国软科学》2001年第8期。

［157］Bates J. Gendered Spaces of industrial restructuring in resource peripheries: The case of the Corner Brook Region, Newfoundland［J］. Journal of Economic&Social Geography, 2006, 97 (2): 126 – 137.

［158］刘晓琼、张瑜洋、赵新正等：《可持续农业和农村发展研究进展与展望——基于1990—2020年WoS核心合集的文献计量分析》，《人文地理》2021年第36卷第2期。

［159］董江爱、李利宏：《资源型农村的治理困境及出路分析——以山西省为例》，《中国行政管理》2013年第1期。

［160］刘倩、孙世芳、张国春：《资源型农村的可持续发展问题及对策研究——以河北省平山县温塘镇北马冢村为例》，《调研世界》2010年第7期。

［161］胡振琪、李晶、赵艳玲：《矿产与粮食复合主产区环境质量和粮食安全的问题、成因与对策》，《科技导报》2006年第3期。

［162］蒲春玲、孟梅、王华丽：《塔里木盆地矿—农复合区矿产资源利用补偿调控机制研究》，中国大地出版社2011年版。

［163］蒲春玲、王华丽、王承武：《矿—农复合区资源补偿调控机制构建分析——以塔里木盆地为例》，《技术经济与管理研究》2012年第

10 期。

［164］曹银贵：《典型矿农城复合区土地利用格局演化与管理对策》，中国地质大学，2015 年。

［165］蒲春玲、刘志有、胡赛等：《西部"矿农复合区"非自愿移民搬迁障碍因子研究——基于新疆典型县市的调查分析》，《干旱区资源与环境》2017 年第 31 卷第 1 期。

［166］郭焕成：《乡村地理学的性质与任务》，《经济地理》1988 年第 2 期。

［167］陆继霞、Anna Lora-Wainwright：《铅锌矿开发对矿区农户可持续生计的影响》，《贵州社会科学》2014 年第 8 期。

［168］李平：《新中国矿业发展历程》，［EB/OL］. https：//www. cnmn. com. cn/ShowNewsl. aspx？id = 301166，2014 - 10 - 20。

［169］梁丹妮：《我国矿产资源开发整合效果评价研究》，中国地质大学，2012 年。

［170］钱庆高：《矿乡关系矛盾分析及对策建议》，《煤炭科技》2012 年第 4 期。

［171］曹根榕、顾朝林、张乔扬：《基于 POI 数据的中心城区"三生空间"识别及格局分析——以上海市中心城区为例》，《城市规划学刊》2019 年第 2 期。

［172］罗慧、霍有光、胡彦华等：《可持续发展理论综述》，《西北农林科技大学学报》（社会科学版）2004 年第 1 期。

［173］牛文元：《可持续发展理论的内涵认知——纪念联合国里约环发大会 20 周年》，《中国人口·资源与环境》2012 年第 22 卷第 5 期。

［174］Pribadi D O, Zasada I, Müller K, et al. Multifunctional adaption of farmers as response to urban growth in the Jabodetabek Metropolitan Area, Indonesia［J］. Journal of Rural. Studies, 2017, (55)：100 - 111.

［175］OECD. Multifunctionality：Towards an Analytical Framework. Paris：OECD, 2001.

［176］O'Connor, D, Renting, H, Kinsella, J, et al. Driving rural development：policy and practice in seven EU countries［R］. European Perspectives on Rural Development, 2006.

［177］ Renting H, Rossing WA H, Groot J C J et al. Exploring multifunctional agriculture. A review of conceptual approaches and prospects for an integrative transitional framework［J］. Journal of Environmental Management, 2009, (90): 112-123.

［178］ Marsden T, Sonnino R. Rural development and the regional state: Denying multifunctional agriculture in the UK. Journal of Rural Studies, 2008, (24): 422-431.

［179］ Holmes J. Impulses towards a multifunctional transition in rural Australia: Gaps in the research agenda［J］. Journal of Rural Studies, 2006, 22 (2): 142-160.

［180］ Wilson G A. The spatiality of multifunctional agriculture: A human geography perspective［J］. Geoforum, 2009, 40 (2): 269-280.

［181］ 刘彦随、刘玉、陈玉福：《中国地域多功能性评价及其决策机制》，《地理学报》2011年第66卷第10期。

［182］ 房艳刚、刘继生：《基于多功能理论的中国乡村发展多元化探讨——超越"现代化"发展范式》，《地理学报》2015年第70卷第2期。

［183］ 刘玉、刘彦随：《乡村地域多功能的研究进展与展望》，《中国人口·资源与环境》2012年第22卷第10期。

［184］ Hill B, Blandford D. Where the US and EU rural development money goes［J］. RePEc 2008, 7 (1): 28-29.

［185］ Holmes J. The multifunctional transition in Australia's Tropical Savannas: the emergence of consumption, protection and indigenous values. Geographical Research, 2010, 48 (3): 265-280.

［186］ 鹤见和子、胡天民：《"内发型发展"的理论与实践》，《江苏社联通讯》1989年第3期。

［187］ 方化：《内源式发展视角下中国农村反贫困研究》，中共中央党校，2018年。

［188］ Emilio Galdeano-Gómez, José A. Aznar-Sánchez, Juan C. Pérez-Mesa. The comple-xity of theories on rural development in Europe: An analysis of the paradigmatic case of Almería (South-east Spain)［J］. Sociologia Ruralis, 2011, 51 (1). 51-78.

［189］李嘉诚：《行动者网络理论应用于乡村发展之研究：以九份聚落1895—1945年发展为例》，《台湾地理学报》2005年第39期。

［190］Callon M. Some elements of a sociology of translation: Domestication of the scallops and the fishermen of St Brieuc Bay［J］. Sociological Review, 1984, 32（1S）: 196 – 233.

［191］Jenkins T N. Putting postmodernity into practice: endogenous development and the role of traditional cultures in the rural development of marginal regions［J］. 2000, 34（3）: 301 – 313.

［192］Lowe P, Murdoch J, Ward N. Networks in rural development: beyondexogenous and endo-genous models［J］. Agricultura Y Sociedad, 1997,（33）: 23 – 24.

［193］王敏、马纯莉、朱竑：《"互联网+"时代下的乡村地方品牌建构——以从化市良口镇三村为例》，《经济地理》2017年第37卷第1期。

［194］张环宙、周永广、魏蕙雅等：《基于行动者网络理论的乡村旅游内生式发展的实证研究——以浙江浦江仙华山村为例》，《旅游学刊》2008年第2期。

［195］谭少华、高银宝、杨林川等：《基于行动者网络的农村人居环境综合整治研究——以重庆市垫江县毕桥片区为例》，《规划师》2019年第35卷第19期。

［196］刘彦随、冯德显：《陕北绥德县可持续农业与农村经济发展评价》，《陕西师范大学学报》（自然科学版）2001年第1期。

［197］Boggia A, Rocchi L, Paolotti L, et al. Assessing Rural Sustainable Development potentialities using a Dominance-based Rough Set Approach［J］. Journal of Environ-mental Management, 2014, 144（1）: 160 – 167.

［198］Chen Yangfen, Liu Yansui1. Rural Development Evaluation from Territorial Function Angle: a Case of Shandong Province［J］. Journal of Northeast Agricultural University（English Edition）, 2011, 18（1）: 67 – 74.

［199］Liu X Q, Liu Y S, Rui Y, et al. Evaluation of sustainable agriculture and rural development in agro-pastoral ecotone under climate change: A comparative study of three villages in the Shenfu coalfield, China［J］. Journal of Rural Studies, 2022, 93: 504 – 512.

［200］罗守贵、曾尊固、王伟伦等:《常熟市可持续农业与农村发展系统评价及其规划》,《地理科学》2000年第5期。

［201］谈存峰、王生林:《甘肃省 SARD 评价指标体系初探》,《甘肃农业大学学报》2005年第3期。

［202］王松林、郝晋珉:《区域农业—农村可持续发展评价体系的建立与应用》,《中国农业大学学报》2001年第5期。

［203］王晔立:《陇中黄土高原农业与农村可持续发展研究》,《农业现代化研究》2010年第31卷第1期。

［204］Dwyer J, Ward N, Lowe P, et al. European rural development under the Common Agricultural Policy's 'Second Pillar': institutional conservatism and innovation［J］. Regional Studies, 2007, 41 (7): 873 – 888.

［205］Stobbelaar D J, Groot J, Makowski D, et al. Multifunctional agriculture from farm diagnosis to farm design and institutional innovation［J］. Journal of Environmental Management, 2009, 90 (S2): S109 – S111.

［206］Yang Z, Cai J, Sliuzas R. Agro-tourism enterprises as a form of multi-functional urban agriculture for peri-urban development in China［J］. Habitat International, 2010, 34 (4): 374 – 385.

［207］Guirado C, Valldeperas N, Tulla A F, et al. Social farming in Catalonia: Rural local development, employment opportunities and empowerment for people at risk of social exclusion［J］. Journal of Rural Studies. 2017, 56, 180 – 197.

［208］Palmisano G O, Govindan K, Boggia A, et al. Local Action Groups and Rural Sustainable Development. A spatial multiple criteria approach for efficient territorial planning［J］. Land Use Policy, 2016, (59): 12 – 26.

［209］Marshall A. Sustaining sustainable agriculture: The rise and fall of the Fund for Rural America［J］. Agriculture and Human Values, 2000, 17 (3): 267 – 277.

［210］Tu S S, Long H L. Rural restructuring in China: Theory, approaches and research prospect [J]. Journal of Geographical Sciences, 2017, 27 (10): 1169 – 1184.

[211] Xi J C, Zhao M F, Ge Q S, et al. Changes in land use of a village driven by over 25 years of tourism: The case of Gougezhuang village, China [J]. Land Use Policy, 2014, (40): 119 – 130.

[212] 马彦琳:《干旱区绿洲可持续农业与农村经济发展机制与模式研究——以新疆吐鲁番地区为例》,《地理科学》2000年第20卷第6期。

[213] Takeuchi K, Namiki Y, Tanaka H. Designing eco-villages for revitalizing Japanese rural areas [J]. Ecological Engineering, 1998, 11 (1): 177 – 197.

[214] 罗守贵、曾尊固、王伟伦:《苏南地区可持续农业与农村发展模式探索》,《地理研究》2001年第2期。

[215] NEDTelcu A, Tătaru A, Subi J, et al. The Local Action Group, Local development model based on community. Case study-LGA "Land of vineyards and wine" Vrancea [J]. Procedia Economics & Finance, 2015, (22): 706 – 715.

[216] 刘彦随、龙花楼、陈玉福:《"东部沿海地区新农村建设模式与可持续发展途径研究"进展》,《地理研究》2011年第30卷第2期。

[217] 丁秀吟、吴彩珠、林森田:《农地重划制度调整方案之评选》,《台湾土地研究》2009年第12卷第2期。

[218] Fischer J, Hartel T, Kuemmerle T. Conservation policy in traditional farming landscapes [J]. Conservation Letters, 2012, 5 (3): 167 – 175.

[219] Yin R, Liu C, Zhao M, et al. The implementation and impacts of China's largest payment for ecosystem services program as revealed by longitudinal household data [J]. Land Use Policy, 2014, (40): 45 – 55.

[220] 王永生、刘彦随:《中国乡村生态环境污染现状及重构策略》,《地理科学进展》2018年第37卷第5期。

[221] 刘彦随、刘玉、翟荣新:《中国农村空心化的地理学研究与整治实践》,《地理学报》2009年第64卷第10期。

[222] 陈玉福、孙虎、刘彦随：《中国典型农区空心村综合整治模式》，《地理学报》2010年第65卷第6期。

[223] Hatfield J L, Antle J, Garrett K A, et al. Indicators of climate change in agricultural systems [J]. Climatic Change, 2020, (163): 1719–1732.

[224] Shilong P, Philippe C, Yao H, et al. The impacts of climate change on water resources and agriculture in China [J]. Nature, 2010, 467 (7311): 43–51.

[225] Soltani A, Angelsen A, Eid T, et al. Poverty, sustainability, and household livelihood strategies in Zagros, Iran [J]. Ecological Economics, 2012, (79): 60–70.

[226] Sirohi S. CDM: Is it a 'win-win' strategy for rural poverty alleviation in India? [J]. Climatic Change, 2007, 84 (1): 91–110.

[227] 张复明：《资源型区域面临的发展难题及其破解思路》，《中国软科学》2011年第6期。

[228] 赵康杰：《资源型区域多维贫富差距及其治理——基于包容性增长视角》，《当代经济管理》2015年第37卷第4期。

[229] 龙花楼、李裕瑞、刘彦随：《中国空心化村庄演化特征及其动力机制》，《地理学报》2009年第64卷第10期。

[230] 王莲芬、许树柏：《层次分析方法引论》，中国人民大学出版社1990年版。

[231] 陈佑淋、余珮珩、白少云等：《面向SDGs的村镇可持续发展质量评估：以杞麓湖流域为例》，《中国农业资源与区划》2020年第41卷第6期。

[232] 薛静静、沈镭、刘立涛等：《中国能源供给安全综合评价及障碍因素分析》，《地理研究》2014年第33卷第5期。

[233] 芮旸、杨华、杨坤：《陕西省黄河流域农业高质量发展的时空演化特征及影响机理》，《中国农业大学学报》2021年第26卷第5期。

[234] 杨华：《黄河流域农业高质量发展水平的时空格局与影响因素》，西北大学，2021年。

[235] 何杰、金晓斌、梁鑫源等：《城乡融合背景下淮海经济区乡村

发展潜力——以苏北地区为例》，《自然资源学报》2020年第35卷第8期。

［236］胡志强：《创新驱动转型升级 低碳引领绿色发展》，http：//old.aqxx.org/Item/136660.aspx，2016－09－30。

［237］汤建影、周德群：《1990—1999年中国矿业城市发展轨迹及其分析》，《中国矿业大学学报》2003年第32卷第1期。

［238］榆林市政协：《榆林市现代特色农业发展情况调研报告》，http：//www.ylzx.gov.cn/show.php? id＝6936&cid＝32，2018－09－04。

［239］Svarstada H., Petersenb LK, Rothmanc D., et al. Discursive biases of the environmental research framework DPSIR ［J］. Land Use Policy, 2008, 25（1）：116－125.

［240］Karageorgis AP, Skourtos MS, Kapsimalis, V et al. An integrated approach to watershed management within the DPSIR framework：Axios River catchment and Thermaikos Gulf ［J］. Regional Environmental Change, 2005, 5（2－3）：138－160.

［241］Mattas C, Voudouris K, A Panagopoulos. Integrated Groundwater Resources Manage-ment Using the DPSIR Approach in a GIS Environment Context：A Case Study from the Gallikos River Basin, North Greece ［J］. Water, 2014, 6（4）：1043－1068.

［242］于伯华、吕昌河：《基于DPSIR模型的农业土地资源持续利用评价》，《农业工程学报》2008年第24卷第9期。

［243］于伯华、吕昌河：《基于DPSIR概念模型的农业可持续发展宏观分析》，《中国人口·资源与环境》2004年第14卷第5期。

［244］Zhou Shudong, Felix Mueller, Benjamin Burkhard. Assessing Agricultural Sustainable Development Based on the DPSIR Approach：Case Study in Jiangsu, China ［J］. Journal of Integrative Agriculture, 2013, 12（7）：1292－1299.

［245］康鹏、陈卫平、王美娥：《基于生态系统服务的生态风险评价研究进展》，《生态学报》2016年第36卷第5期。

［246］林勇、樊景凤、温泉等：《生态红线划分的理论和技术》，《生态学报》2016年第36卷第5期。

[247] Haberla H, Gaubea V, Díaz-Delgadob, R. et al. Towards an integrated model of socioeconomic biodiversity drivers, pressures and impacts. A feasibility study based on three European long-term socio-ecological research platforms [J]. Ecological Economics, 2009, 68 (6): 1797-181.

[248] 张建清、张岚、王嵩等:《基于 DPSIR-DEA 模型的区域可持续发展效率测度及分析》,《中国人口·资源与环境》2017 年第 27 卷第 11 期。

[249] 周政达、王辰星、付晓等:《基于 DPSIR 模型的国家大型煤电基地生态效应评估指标体系》,《生态学报》2014 年第 34 卷第 11 期。

[250] 戈大专、龙花楼、杨忍:《中国耕地利用转型格局及驱动因素研究——基于人均耕地面积视角》,《资源科学》2018 年第 40 卷第 2 期。

[251] 陈百明、周小萍:《全国及区域性人均耕地阈值的探讨》,《自然资源学报》2002 年第 5 期。

[252] 杨怡:《农业经营户生产要素投入决策研究》,南京农业大学,2013 年。

[253] 冯红燕:《农户耕地抛荒的驱动因素研究》,浙江大学,2011 年。

[254] 沈绍梅:《西部贫困山区农地抛荒问题研究》,首都经济贸易大学,2017 年。

[255] Malone T W, Crowston K. The interdisciplinary study of coordination [J]. Acm Computing Surveys, 1994, 26 (1): 87-119.

[256] 赫伯特·A. 西蒙:《管理行为》,机械工业出版社 2013 年版。

[257] 周三多:《管理学》,(第五版),高等教育出版社 2018 年版。

[258] 梁谦刚:《人口外流! 东北三省净减少超千万! 这座小城流失最严重……》[EB/OL]. https://m.thepaper.cn/baijiahao_14782213, 2021-10-04。

[259] 于红:《防范化解资源环境风险财政对策研究》,财政部财政科学研究所,2014 年。

[260] 汤建影、周德群:《1990—1999 年中国矿业城市发展轨迹及其分析》,《中国矿业大学学报》2003 年第 32 卷第 1 期。

[261] 尹开国、刘小芹、陈华东:《基于内生性的企业社会责任与财

务绩效关系研究——来自中国上市公司的经验证据》，《中国软科学》2014年第6期。

[262] 宋文飞、李国平、韩先锋等：《"双重扭曲"下的税收偏离与矿产资源地贫困》，《经济评论》2013年第2期。

[263] 周宏春、江晓军：《习近平生态文明思想的主要来源、组成部分与实践指引》，《中国人口·资源与环境》2019年第29卷第1期。

[264] 哈布瓦赫：《论集体记忆》，上海人民出版社2002年版。

[265] 罗时玮：《当建筑与时间做朋友：近二十年的台湾在地建筑论述》，《建筑学报》2013年第4期。

[266] 张帆：《深度贫困地区的"在地性"脱贫模式探析——以新疆生产建设兵团T师市为例》，《南京社会科学》2020年第10期。

[267] 李金路：《中国城市居住区环境建设中的"以人为本"》，《中国园林》1999年第6期。

[268] 苏敬媛：《从治理到乡村治理：乡村治理理论的提出、内涵及模式》，《经济与社会发展》2010年第8卷第9期。

[269] 赵晓峰、马锐：《乡村治理的理论创新及其实践探索——"落实乡村振兴战略，推进乡村治理体制机制创新"研讨会综述》，《中国农村经济》2019年第2期。

[270] 邰艳丽、何春昊：《乡村建设视角下的乡村治理模式研究》，《西部人居环境学刊》2021年第36卷第1期。

[271] 张生玲、李跃、酒二科等：《路径依赖、市场进入与资源型城市转型》，《经济理论与经济管理》2016年第2期。

[272] 杨继瑞、黄潇、张松：《资源型城市转型：重生、困境与路径》，《经济理论与经济管理》2011年第12期。

[273] 徐康宁、王剑：《自然资源丰裕程度与经济发展水平关系的研究》，《经济研究》2006年第1期。

[274] 张晓山：《创新农业基本经营制度　发展现代农业》，《农业经济问题》2006年第8期。

[275] 林毅夫：《制度、技术与中国农业发展》，上海人民出版社2014年版。

[276] 拉坦：《诱致性制度变迁理论》，三联书店1991年版。

[277] 叶敬忠:《中国乡村振兴调研报告(2018~2019)》(上),社会科学文献出版社 2019 年版。

[278] 刘剑平:《我国资源型城市转型与可持续发展研究》,中南大学,2007 年。

[279] 彭建、刘志聪、刘焱序:《农业多功能性评价研究进展》,《中国农业资源与区划》2014 年第 35 卷第 6 期。

[280] 石嫣:《全球范围的社区支持农业(CSA)》,《中国农业信息》2013 年第 13 期。

[281] Ostrom, M. R. "Community Supported Agriculture as an agent of changes: Is it working?" In C. C. Hinrichs and T. A. Lyson, eds. Remakingthe North American Food System: Strategies forSustainability [M]. Lincoln, NE: University of Ne-braska Press, 2007: 99 – 120.

[282] Pole, A, Gray, M. Farming alone? What's up with the "C" in Community Supported Agriculture, Agriculture and Human Values, 2013, 30 (1): 85 – 100.

[283] 谢彦明、赵娟、张连刚等:《社区支持农业下生产者高劳动投入的困境及经济学解析——以张家农户为例》,《新疆农垦经济》2022 年第 4 期。

[284] 石嫣、程存旺、雷鹏等:《生态型都市农业发展与城市中等收入群体兴起相关性分析——基于"小毛驴市民农园"社区支持农业(CSA)运作的参与式研究》,《贵州社会科学》2011 年第 2 期。

[285] 陈卫平:《社区支持农业情境下生产者建立消费者食品信任的策略——以四川安龙村高家农户为例》,《中国农村经济》2013 年第 2 期。

[286] 王启、张辉、廖桂堂等:《四川省主要农业投入品时空变化特征及影响因素》,《生态与农村环境学报》2018 年第 34 卷第 8 期。

[287] 李俊:《安徽粮食主产区化学药肥减量替代长效保障机制研究》,安徽农业大学,2019 年。

[288] 诸培新、苏敏、颜杰:《转入农地经营规模及稳定性对农户化肥投入的影响——以江苏四县(市)水稻生产为例》,《南京农业大学学报》(社会科学版)2017 年第 17 卷第 4 期。

［289］纪龙、徐春春、李凤博等：《农地经营对水稻化肥减量投入的影响》，《资源科学》2018 年第 40 卷第 12 期。

［290］沈雪明：《财政支农体制改革背景下农业项目管理的现状与对策》，《中国农业会计》2020 年第 7 期。

［291］张雪：《当前农业项目及资金监管中存在的问题及建议》，《知识经济》2019 年第 24 期。

［292］刘锐：《城乡统筹视阈下的地票制度完善研究》，《西北农林科技大学学报》（社会科学版）2016 年第 16 卷第 5 期。

［293］郭欢欢、郑财贵、牛德利等：《地票制度研究综述》，《国土资源科技管理》2013 年第 30 卷第 5 期。

［294］王英、佘雅文：《重庆地票交易制度与运行问题研究》，《建筑经济》2011 年第 12 期。

［295］敬丹：《地票交易阶段风险及对策研究》，重庆大学，2017 年。

［296］熊欢：《基于博弈论的地票交易收益分配机制研究》，重庆大学，2014 年。

［297］于佳秋：《农村集体经营性建设用地入市改革：回顾与展望》，《新疆农垦经济》2021 年第 10 期。

［298］马玉龙：《浅析新时期矿区环境保护的重要性》，《科技创新与应用》2014 年第 32 期。

［299］蔡守秋：《中国环境监测机制的历史、现状和改革》，《宏观质量研究》2013 年第 1 卷第 2 期。

［300］舒旻：《论环境监测制度构建中的部门职责分工及其依据》，《环境保护》2011 年第 12 期。

［301］张帆：《我国行政管理体制若干问题的思考》，《经济视角（中旬）》2011 年第 4 期。

［302］张琳、杨毅：《论行政体制的优化与政府行政能力的提升》，《湖北省行政管理学会——2004 年年会论文集》，2004 年。

［303］李文彬：《我国行政管理体制改革的理论进展与路径选择——一个综述》，《经济与管理评论》2015 年第 31 卷第 3 期。

［304］李宜春：《多治融合：农村社会治理体制创新初探》，《长江大学学报》（社会科学版）2020 年第 43 卷第 4 期。

[305] 汪浩：《乡村振兴战略背景下清廉乡村制度建设研究——以浙江湖州为例》，《湖州师范学院学报》2018 年第 40 卷第 11 期。

[306] 王欣瑞、周伟：《乡村振兴战略下村干部存在问题及对策》，《山东农业工程学院学报》2020 年第 37 卷第 12 期。

[307] 姜道奎、柏群：《当前我国农村干部素质的现状及提升途径》，《青岛农业大学学报》（社会科学版）2009 年第 21 卷第 1 期。

[308] 李新建：《企业薪酬管理》，南开大学出版社 2003 年版。

[309] 王凤龙：《新时期村干部素质建设研究》，湖南大学，2010 年。

[310] 王文强：《以体制机制创新推进乡村人才振兴的几点思考》，《农村经济》2019 年第 10 期。

[311] 余盛美、刘崇健：《激励乡土人才返乡创业有效途径的探讨》，《农村经济与科技》2019 年第 30 卷第 22 期。

[312] 刘洪银：《构建人才返乡下乡的有效机制论析》，《中州学刊》2021 年第 4 期。

[313] 冯蕾：《中国农村集体经济实现形式研究》，吉林大学，2014 年。

[314] 潘嘉玮：《论合作社的法律定位及制度重构》，《学术研究》2008 年第 5 期。

[315] 谢玮：《中国西部第一村东岭：从贫困村到千亿"商业帝国"的蜕变》，《中国经济周刊》2020 年第 11 期。

[316] 叶齐茂：《发达国家乡村建设考察与政策研究》，中国建筑工业出版社 2008 年版。

[317] 张军：《乡村价值定位与乡村振兴》，《中国农村经济》2018 年第 1 期。

附 录

附录1 地级资源型城市农业农村社会经济统计指标

2019年度我国地级资源型城市农业农村社会经济统计指标

所属地区	序号	城市名称	农业人口：万人	农业增加值与工业增加值之比：/	农村居民可支配人均：元	城乡居民收入比：/	农业劳动生产率：元/人	人均水资源拥有量：m³/人	绿色食品数量：个	人均耕地面积：公顷/人	农产品地理标志数量：个	国家级农业科技园区数量：个	国家重点农业龙头企业数量：个
东北地区（21）辽宁、吉林和黑龙江	1	阜新市	74.9	1	14849	2	34596.6	403.2	5	0.61	4	2	3
	2	抚顺市	63.5	0.2	15596	2.2	18441.1	1204.6	7	0.29	6	0	5
	3	本溪市	31.2	0.2	16970	2.1	33064.2	1533.7	5	0.22	5	0	2
	4	鞍山市	93.1	0.2	17759	2.1	19977.4	596.7	5	0.26	4	1	5

续表

所属地区	序号	城市名称	农业人口：万人	农业增加值与工业增加值之比：/	农村居民可支配人均：元	城乡居民收入比：/	农业劳动生产率：元/人	人均水资源拥有量：m³/人	绿色食品数量：个	人均耕地面积：公顷/人	农产品地理标志数量：个	国家级农业科技园区数量：个	国家重点农业龙头企业数量：个
东北地区（21）辽宁、吉林和黑龙江	5	盘锦市	34.8	0.2	18890	2.2	50746.3	287.7	2	0.45	2	0	3
	6	葫芦岛市	179.2	0.5	13721	2.3	14257.8	476.4	2	0.13	2	0	1
	7	松原市	184.8	0.3	12802	2.2	19360.8	590.8	0	0.62	0	1	3
	8	吉林市*	193.5	0.2	14883	2	16135.3	3143.2	5	0.35	4	0	6
	9	辽源市	58.4	0.1	14467	2	12956	1289	0	0.36	0	0	2
	10	通化市	103.9	0.5	13497	2.1	13624.5	1886.1	5	0.3	5	1	12
	11	白山市*	30.1	0.1	12093	2.1	32765.7	5616.6	4	0.24	3	1	2
	12	延边朝鲜族自治州	63.4	0.4	12520	2.2	16003.8	567.5	1	0.6	1	1	5
	13	黑河市*	65.2	2.7	16734	1.8	71303.7	13795.1	11	2.02	9	1	1
	14	大庆市	128.3	0.1	17368	2.5	34941.5	878.7	13	0.61	9	1	7
	15	伊春市*	20.6	2	16188	1.6	92860.9	16275.9	7	1.17	7	0	1
	16	鹤岗市	18.3	0.3	16466	1.5	102950.8	8436.5	8	1.19	6	0	3
	17	双鸭山市	48.7	0.6	16235	1.7	69979.5	6361.1	11	0.52	8	0	2

续表

所属地区	序号	城市名称	农业人口：万人	农业增加值与工业增加值之比：/	农村居民可支配人：元	城乡居民收入比：/	农业劳动生产率：元/人	人均水资源拥有量：m³/人	绿色食品数量：个	人均耕地面积：公顷/人	农产品地理标志数量：个	国家级农业科技园区数量：个	国家重点农业龙头企业数量：个
东北地区（21）辽宁、吉林和黑龙江	18	七台河市	29.3	0.4	14340	1.8	22707.1	3027.2	5	0.66	5	0	3
	19	鸡西市	57	1.8	19700	1.3	63210.5	5549	7	0.86	4	0	4
	20	牡丹江市*	99.4	1.6	20045	1.7	32666	5507.2	26	0.68	21	0	3
	21	大兴安岭地区*	4.4	4.7	14378	1.8	237938.3	23990.6	5	3.29	4	0	0
东部地区（19）北京、天津、河北、上海、江苏、浙江、山东、福建、广东、海南、莱芜市于2019年1月并入济南市	22	徐州市	293.7	0.3	19873	1.8	40232.9	387.7	9	0.21	4	1	9
	23	宿迁市	192.1	0.1	18121	1.7	28907.2	342.3	25	0.23	12	1	8
	24	湖州市	108.6	0.1	34803	1.7	20862.4	1698.4	10	0.14	6	1	5
	25	南平市	114.3	0.5	17385	2	48884.8	14062.1	3	0.21	3	0	7
	26	三明市	101.3	0.3	18312	2.1	50660.6	10782.6	8	0.19	8	0	4
	27	龙岩市	110.9	0.3	18859	2.1	45395.3	8422.3	10	0.15	7	0	5
	28	韶关市	163.9	0.5	16940	1.9	14236	7292.8	7	0.08	7	0	2

续表

所属地区	序号	城市名称	农业人口：万人	农业增加值与工业增加值之比：/	农村居民可支配人均收入：元	城乡居民收入比：/	农业劳动生产率：元/人	人均水资源拥有量：m³/人	绿色食品数量：个	人均耕地面积：公顷/人	农产品地理标志数量：个	国家级农业科技园区数量：个	国家重点农业龙头企业数量：个
	29	云浮市	145.3	0.7	16646	1.6	20262.5	2675.6	11	0.07	5	0	1
东部地区（19）北京、天津、上海、河北、江苏、浙江、福建、山东、海南、广东、莱芜，莱芜市于2019年1月并入济南市	30	张家口市	184.1	1.2	12973	2.6	23819.1	334.4	9	0.51	7	0	5
	31	承德市	244.4	1.6	12101	2.7	18662	415.2	18	0.17	17	2	8
	32	唐山市	284.2	0.2	19316	2.2	30631.9	207.8	24	0.2	14	1	6
	33	邢台市	366.8	0.4	13985	2.2	13454.9	75.4	5	0.19	5	0	8
	34	邯郸市	399.7	0.3	17193	2	15849.1	73.6	11	0.17	9	1	9
	35	东营市	67.1	0.1	19013	2.7	42025.5	352.3	30	0.34	40	1	5
	36	淄博市	131.3	0.1	19916	2.3	20934.3	311.9	12	0.16	9	0	3
	37	临沂市	504	0.3	14979	2.5	15075.8	430.1	29	0.16	29	1	7
	38	枣庄市	160.5	0.3	16747	2	18954	251.7	11	0.15	11	0	4
	39	济宁市	336.8	0.4	17644	2.1	28275.1	127.5	2	0.18	1	1	6
	40	泰安市	214.1	0.5	18621	2	25861.3	146.9	0	0.17	0	1	5

续表

所属地区	序号	城市名称	农业人口:万人	农业增加值与工业增加值之比:/	农村居民可支配人均:元	城乡居民收入比:/	农业劳动生产率:元/人	人均水资源拥有量:m³/人	绿色食品数量:个	人均耕地面积:公顷/人	农产品地理标志数量:个	国家级农业科技园区数量:个	国家重点农业龙头企业数量:个
	41	宿州市	319.4	0.6	14369	2.4	17376.7	312.8	11	0.18	10	1	7
	42	淮北市	77.5	0.2	14052	2.5	15538.1	211.5	6	0.22	5	1	2
	43	亳州市	304.1	0.5	14102	2.3	14128.8	279.1	4	0.2	3	1	8
	44	淮南市	122	0.3	14250	2.5	18413	222.3	17	0.28	13	1	3
	45	滁州市	188.5	0.2	14487	2.4	23457.6	414.3	14	0.38	14	1	5
中部地区(37)山西、安徽、江西、河南、湖北和湖南	46	马鞍山市	72.9	0.1	23473	2.1	22394.9	443	28	0.24	23	1	4
	47	铜陵市	70.3	0.1	15791	2.5	12037	849.5	15	0.14	13	0	1
	48	池州市	66.9	0.3	16099	2.1	21878.5	3599.3	26	0.21	26	1	1
	49	宣城市	116.2	0.3	17542	2.3	22527.7	3643	30	0.21	27	1	8
	50	三门峡市	96.4	0.2	15645	2.1	25472.8	764.5	16	0.18	15	0	3
	51	洛阳市	283	0.1	14973	2.6	16493.4	404.6	2	0.15	2	0	2
	52	焦作市	140.6	0.1	19374	1.8	19946.5	217.5	1	0.14	1	1	8
	53	鹤壁市	63.1	0.1	18275	1.8	19186.6	107.7	3	0.17	2	1	4
	54	濮阳市	192.1	0.2	13894	2.4	13781.7	78.3	3	0.15	3	1	3
	55	平顶山市	223.8	0.2	14587	2.3	14748.4	364.6	14	0.15	13	0	2

续表

所属地区	序号	城市名称	农业人口：万人	农业增加值与工业增加值之比：/	农村居民可支配人均收入：元	城乡居民收入比：/	农业劳动生产率：元/人	人均水资源拥有量：m³/人	绿色食品数量：个	人均耕地面积：公顷/人	农产品地理标志数量：个	国家级农业科技园区数量：个	国家重点农业龙头企业数量：个
	56	南阳市	524.3	0.4	15167	2.2	19306	195	4	0.17	2	1	8
	57	鄂州市	35.7	0.2	19313	1.8	48486.3	768.8	1	0.13	1	0	1
	58	黄石市	89	0.1	16516	2.3	19994.1	938.4	5	0.11	2	1	1
	59	景德镇市	53.7	0.2	17984	2.2	19586.9	3343.6	4	0.16	2	0	1
	60	新余市	35.7	0.2	19481	2.1	30474.7	3528.6	10	0.16	4	1	2
中部地区（37）山西、安徽、江西、河南、湖北和湖南	61	萍乡市	58.2	0.2	19536	2	18720.7	3348.3	1	0.11	1	1	4
	62	赣州市	421.6	0.3	11941	2.9	14421.4	5292.4	3	0.1	0	1	8
	63	宜春市	272.3	0.3	16362	2.1	18578.5	4183.9	7	0.18	5	2	8
	64	大同市	119.1	0.2	10725	3	9922.4	276.9	25	0.42	19	0	3
	65	朔州市	75.8	0.2	14717	2.4	14610.4	413.6	14	0.52	12	0	3
	66	阳泉市	43.3	0	15390	2.2	4701	226.5	26	0.18	23	0	0
	67	长治市	156.9	0.1	15151	2.3	6087.8	316.8	3	0.18	3	0	5
	68	晋城市	92.3	0.1	14809	2.3	9621.4	523.6	6	0.22	5	0	3
	69	忻州市	149.8	0.2	9183	3.3	9286.7	694.9	2	0.34	2	0	1
	70	晋中市	146.3	0.2	14720	2.4	12054.7	372.9	12	0.14	8	1	5

续表

所属地区	序号	城市名称	农业人口：万人	农业增加值与工业增加值之比：/	农村居民可支配人：元	城乡居民收入比：/	农业劳动生产率：元/人	人均水资源拥有量：m³/人	绿色食品数量：个	人均耕地面积：公顷/人	农产品地理标志数量：个	国家级农业科技园区数量：个	国家重点农业龙头企业数量：个
中部地区(37)山西、安徽、江西、河南、湖北和湖南	71	临汾市	209.4	0.2	12809	2.6	8954.2	202.3	12	0.18	9	0	2
	72	运城市	262	0.6	11997	2.6	17327.1	182.6	1	0.19	1	1	7
	73	吕梁市	187.9	0.1	9963	2.9	6563	482.4	2	0.22	0	1	6
	74	衡阳市	329	0.5	19874	1.8	20262.1	1781	7	0.12	3	1	5
	75	郴州市	209	0.3	16339	2.1	19946.4	3178	6	0.14	3	1	4
	76	邵阳市	374	0.8	13055	2.3	15224	3100.9	9	0.12	2	1	5
	77	娄底市	200	0.3	12928	2.5	16661.8	2416.2	2	0.1	1	0	2
西部地区(48)内蒙古、广西、重庆、四川、贵州、云南、西藏、陕西、甘肃、青海、宁夏和新疆	78	百色市	230.4	0.6	12195	3.1	16410.6	5877	17	0.19	16	1	1
	79	河池市	218.3	1	10141	2.9	14019.3	8232	29	0.17	24	0	2
	80	贺州市	110.8	0.9	12737	2.6	19435.2	6984	10	0.15	10	1	2
	81	广元市	141.2	0.5	13127	2.6	19260.8	3570.1	12	0.25	12	0	3
	82	南充市	323.6	0.7	15027	2.2	20275.8	1060.6	7	0.16	7	0	1
	83	广安市	184.5	0.7	16445	2.2	17981	978.5	7	0.17	7	1	1
	84	自贡市	134.1	0.2	17277	2.1	24169.4	606.8	2	0.16	1	0	2
	85	泸州市	207.8	0.3	16531	2.3	17187.7	1806.5	2	0.2	2	0	2

续表

所属地区	序号	城市名称	农业人口：万人	农业增加值与工业增加值之比：/	农村居民人均可支配收入：元	城乡居民收入比：/	农业劳动生产率：元/人	人均水资源拥有量：m³/人	绿色食品数量：个	人均耕地面积：公顷/人	农产品地理标志数量：个	国家级农业科技园区数量：个	国家重点农业龙头企业数量：个
西部地区(48)内蒙古、重庆、四川、贵州、云南、西藏、陕西、甘肃、青海、宁夏和新疆	86	攀枝花市	40.3	0.2	18352	2.3	34733.7	2436.6	2	0.19	2	0	1
	87	达州市	303.5	0.8	15504	2.2	18170.9	1870.4	4	0.18	4	0	4
	88	雅安市	79.6	0.6	14586	2.4	24308.1	1123.7	5	0.13	4	1	2
	89	阿坝藏族羌族自治州	55.7	0.7	14252	2.5	20667.4	49666.8	11	0.15	11	0	1
	90	凉山彝族自治州	309.8	0.8	13907	2.4	19373.3	6367.7	1	0.19	1	0	2
	91	包头市	46.6	0.1	19174	2.6	36666.2	239.9	2	0.91	2	0	1
	92	乌海市	2.7	0	20296	2.2	33656.6	49.5	8	0.32	8	0	0
	93	赤峰市	211.7	0.8	12620	2.7	25862.2	598	10	0.67	10	0	0
	94	呼伦贝尔	68.3	1.1	16420	2.2	68074.2	10224.1	15	1.94	14	0	0
	95	鄂尔多斯市	52	0.1	20075	2.5	40062.7	1259.3	9	0.8	9	1	0
	96	六盘水市	129.5	0.3	11043	3	20111.1	1731	14	0.24	11	1	1

续表

所属地区	序号	城市名称	农业人口：万人	农业增加值与工业增加值之比：/	农村居民可支配人均：元	城乡居民收入比：/	农业劳动生产率：元/人	人均水资源拥有量：m³/人	绿色食品数量：个	人均耕地面积：公顷/人	农产品地理标志数量：个	国家级农业科技园区数量：个	国家重点农业龙头企业数量：个
西部地区（48）内蒙古、广西、重庆、四川、贵州、云南、西藏、陕西、甘肃、青海、宁夏和新疆	97	安顺市	113.5	0.7	10896	3	23588.4	2716	28	0.26	27	1	4
	98	毕节市	374	1	10364	3.1	12754.7	2051	10	0.26	10	1	4
	99	黔南布依族苗族自治州	165.2	0.6	11911	2.9	23539.1	5282.9	17	0.21	12	0	0
	100	黔西南布依族苗族自治州	147.1	0.7	10532	3.2	30671.2	3596.7	12	0.21	11	0	1
	101	曲靖市	311.1	0.6	13697	2.7	22924.1	1733	16	0.27	9	0	4
	102	保山市	161.7	1	12499	2.8	19878	4741	26	0.1	13	1	4
	103	昭通市	365.3	0.7	10555	2.8	8125.3	1955	8	0.1	6	0	2
	104	丽江市*	76	0.8	11475	3.1	14686.2	4892	1	0.17	1	0	3
	105	普洱市	146.9	1.4	11502	2.7	22096.9	5687.8	21	0.19	18	0	2
	106	临沧市	144.4	1.7	11907	2.5	22365.4	3647	30	0.18	31	0	2

附　录 / 255

续表

所属地区	序号	城市名称	农业人口：万人	农业增加值与工业增加值之比：/	农村居民可支配人：元	城乡居民收入比：/	农业劳动生产率：元/人	人均水资源拥有量：m³/人	绿色食品数量：个	人均耕地面积：公顷/人	农产品地理标志数量：个	国家级农业科技园区数量：个	国家重点农业龙头企业数量：个
	107	楚雄彝族自治州	147.3	0.8	12015	3.1	25324.9	1482	14	0.02	12	2	3
西部地区（48）内蒙古、广西、重庆、四川、贵州、云南、西藏、陕西、甘肃、青海、宁夏和新疆	108	延安市	81	0.2	11876	2.9	32212	407.9	2	0.32	2	0	1
	109	铜川市	26.5	0.2	10229	3.2	18248.7	291	5	0.27	3	1	0
	110	渭南市	261.8	0.5	12775	2.6	22062	187.2	11	0.18	11	0	2
	111	咸阳市	208.5	0.4	11918	3	25495.2	123.3	13	0.15	11	0	0
	112	宝鸡市	172	0.2	13094	2.6	18463.4	942.8	5	0.17	5	0	0
	113	榆林市	138.5	0.1	13226	2.6	31739.7	616.2	14	0.57	13	0	1
	114	金昌市	13.3	0.1	15719	2.6	39085.9	323	7	0.84	7	0	0
	115	白银市	84.6	0.6	9927	3.2	18140.1	105.1	10	0.61	10	1	0
	116	武威市	103.5	3.1	12566	2.4	24161.8	842.7	7	0.43	6	0	0
	117	张掖市	63.7	2.5	14944	1.8	34940.4	2702.8	8	0.56	5	0	1
	118	庆阳市	136.9	0.3	9686	3.3	10660.3	326.9	12	0.51	12	0	1

续表

所属地区	序号	城市名称	农业人口:万人	农业增加值与工业增加值之比:/	农村居民可支配人均收入:元	城乡居民收入比:/	农业劳动生产率:元/人	人均水资源拥有量:m³/人	绿色食品数量:个	人均耕地面积:公顷/人	农产品地理标志数量:个	国家级农业科技园区数量:个	国家重点农业龙头企业数量:个
西部地区（48）内蒙古、广西、重庆、四川、贵州、云南、西藏、陕西、甘肃、青海、宁夏和新疆	119	平凉市	123.3	1	9083	3.3	13158	407	7	0.33	3	0	0
	120	陇南市	172.3	0.9	7734	3.3	7824.8	3066.1	14	0.32	12	0	0
	121	海西蒙古族藏族自治州	14.5	0.1	15052	2.3	40270.9	22383.3	9	0.34	7	1	0
	122	石嘴山市	19.9	0.1	15164	2.2	29368.4	148.4	3	0.46	3	0	0
	123	克拉玛依市	0.4	0	27996	1.6	300272.7	87	1	16.8	1	0	0
	124	巴音郭楞蒙古自治州	56.6	0.3	17930	1.9	46235.1	11447.8	13	0.67	12	0	0
	125	阿勒泰地区	39.9	0.5	13464	2.4	25701.4	16774.8	7	0.71	7	0	0

注：带 * 的城市表示森林工业城市。

附录 2 典型案例城市矿产资源储量

榆林市矿产资源储量

矿产资源	单位	储量
煤储量	（亿吨）	2720
#已探明		1460
天然气	（亿立方米）	41800
#已探明		11800
石油	（亿吨）	6
#已探明		3.6
岩盐	（亿吨）	60000
#已探明		8857
湖盐探明量	（万吨）	1794
高岭土探明量	（万吨）	37386.7
铝矾土	（万吨）	10000
#已探明		1063
石炭盐探明量	（万吨）	2233
石英砂探明量	（万吨）	759.64

附录3　资源型城市SARD访谈提纲及问卷

1. 县农业农村工作分管负责人访谈提纲

（1）请您介绍贵县是如何部署矿区乡村生态环境修复整治工作的？乡村生态环境修复整治专项资金主要来源包括哪些？县里采取了哪些措施养护修复矿区农业生态系统？目前全县生态环境整治修复工作中面临的主要问题和困难有哪些？

（2）请您从如下几方面，介绍资源开发对贵县的影响：

资源开发对贵县经济发展贡献有哪些？给地方环境造成的主要负面影响有哪些？矿企处理与再利用工业"三废"的措施有哪些？矿企对占用、破坏的耕地有哪些修复措施？矿企在带动周边农村发展方面采取了哪些措施？您认为应该如何解决地方政府—矿企—农户冲突？

（3）产业兴旺是乡村振兴的基础，请您结合实际工作，谈谈贵县在推进乡村产业振兴方面有些具体举措？镇村落实情况如何？目前各镇乡村特色产业发展现状如何？

（4）请您介绍贵县多功能农业（即该类农业除具有提供农产品的经济功能外，还兼具生态功能、社会功能、社会功能和文化功能等其他功能）发展现状如何？

（5）请您介绍贵县在创建"中国特色农产品优势区""省级特色农产品优势区"方面的工作情况？

（6）请您介绍贵县在培育家庭农场、职业农民等新型经营主体等方面的工作开展情况如何？您对此有何看法？

（7）请您介绍贵县在农业投入品（农药、化肥等）减量使用方面的工作成效及面临的主要问题？

（8）请您结合实际工作，谈谈贵县在健全农业社会化服务体系方面做了哪些工作？成效如何？面临的主要困难和问题有哪些？

（9）请您介绍一下，乡村振兴战略实施以来，贵县在推进乡村振兴战略过程中有哪些工作亮点？

（10）请您结合实际工作，谈谈贵县出台了哪些人才振兴配套措施？

"头雁"工程、培育后备干部等工作在镇村落实情况如何?您觉得工作成效如何?目前村干部队伍建设中还存在哪些问题?

(11)请您结合实际工作,谈谈贵县乡村振兴资金投入镇村的工作是如何安排的?您对此有何看法?

(12)请您结合实际工作,谈谈贵县在乡村振兴用地需求方面出台了哪些政策?具体落实情况如何?您对此有何看法?

(13)请您介绍一下,贵县在乡村振兴过程中基础设施和公共服务设施建设方面的工作进展情况如何?您的建议是?

(14)请您结合实际工作,谈谈贵县在乡村振兴过程中乡村治理和乡村文化振兴工作方面的开展情况?

(15)请您结合实际工作,谈谈贵县在实施乡村振兴战略过程中还有哪些需要关注的问题?您的建议是?

2. 典型案例区村干部谈问卷

您好!我们是**大学**学院的学生,正在开展矿区农业与农村可持续发展现状及对策的调研。感谢您在百忙之中抽出时间配合我们,您的问卷信息将会严格保密,感谢您对我们的支持!(收支等数据需填上年度数据)(*为解释说明内容)

采访时间_____年_____月_____日;地点:_____市_____县(市)_____乡/镇_____村;年龄_____;现任职务_____;受教育程度_____;本村干部平均受教育程度_____;本人联系方式_____

一 调研村基本情况

1. 本村距离县城_____里;本村距离乡镇政府驻地_____里。

2. 本村总人口_____人,总户数_____户,劳动力适龄人口(16~60岁)_____人,其中常年在外(半年及以上)劳动力_____人;常年留守人口_____人;本村高中以上文化程度有_____人,村民平均受教育程度_____年。

3. 本村村民就业情况:从事种植业_____人,从事养殖业_____人;进城务工人数_____(比率_____%);县城务工_____人,省内务工_____人,省外务工_____人。

4. 本村人均纯收入为_____元/人；户均收入_____万元，户均支出_____万元，村民主要收入来源：_____（可多选，按重要性先后顺序填写）。①农业；②以农业为主的兼业；③以非农产业为主的兼业；④非农产业。

5. 本村农产品商品率_____%，主要类型及其单价：_____；_____；_____；_____。本村主要作物①：_____，产量_____斤/亩，投入_____元/亩，收入_____元/亩；主要作物②_____，产量_____斤/亩，投入_____元/亩，收入_____元/亩；主要作物③_____，产量_____斤/亩，投入_____元/亩，收入_____元/亩。本村养殖业情况：类型：_____；规模_____；前年年收入_____元/人。

6. 请您介绍本村其他产业情况发展情况_____。

7. 本村土地资源状况：村庄土地面积_____亩，耕地面积_____亩，人均耕地面积_____人/亩，目前弃耕的耕地面积_____亩；林地面积_____亩，森林覆盖率_____%，草地面积_____亩；其他土地类型_____亩。

8. 本年度本村农业总产值_____万元，农业土地产出率_____万元/亩（*农林牧渔业总产值/年末常用耕地面积）；生产性投入_____万元；非农产业产值_____万元。本村村民来自政府的政策性补贴项目及金额：①粮食直补：_____元/亩；②医保_____元/人；③社保_____元/人；④其他：_____元/人。

9. 本村卫生室情况：有□ 无□；具体数量_____个，占地面积_____；医护人员数量_____人，其中乡级以上医生_____名；村庄休闲娱乐用地的面积为_____m²；设幼儿园_____处，小学_____处。

10. 本村是否开展了农村集体资产产权制度改革，是□否□；具体情况如何？

11. 村庄道路硬化覆盖率为_____%，自来水普及率为_____%，互联网覆盖率_____%，设垃圾收集点_____处。

二 调研村资源环境承载情况

12. 当年本村年生产耗水_____吨/亩，生活耗水_____吨/户，总耗水量_____吨。

13. 本村农业生产用水保障程度：_____。①能够满足需求；②基本满足需求；③缺乏；④非常缺乏。

14. 您对本村水质条件感到_____。①非常满意；②满意；③还可以；④不满意；⑤很不满意。

15. 本村农用化肥平均施用量_____公斤/亩，农药平均施用量_____公斤/亩，地膜平均使用量_____公斤/亩，本村主要的污染类型有_____；当年污染治理总投资_____万元。

16. 本村户均用电量_____千瓦，总用电量_____千瓦；全村机械耕种的面积为_____亩，农机用油量_____公斤。

17. 本村可更新能源使用情况：有□无□；具体类型：_____，年节能_____千瓦。

18. 本村上年度年农地遭受主要自然灾害的类型是_____，受灾面积_____亩；前年底水土流失面积为_____亩，上年年底水土流失面积为_____亩，水土流失治理率为_____%。

19. 本村是否有煤矿开发活动，若有，是哪种权属的煤矿：_____。①国有重点；②国有地方；③乡镇煤矿。

这些煤矿具体权属和名称分别为：_____
_____。

20. 煤矿开发是否给村民分红：是□否□；具体数额_____万元/人；煤矿企业吸纳本村劳动力_____人，相关从业人员的人均收入约为_____元/年。

21. 本村矿业用地共计_____亩，是否形成采煤塌陷区：是□（共_____亩）否□。

三 调研村集体经济与农业发展支撑情况

22. 当年本村集体收入_____万元，支出总计_____万元，其中科技投入_____万元，环境保护支出_____万元，水利设施_____万元，公共服务设施_____万元。

23. 本村是否有农民合作社？有□ 无□。若有，共_____人、_____户参加，主要类型及其名称_____，人均收入_____元/年。

24. 本村是否有集体工业？有□无□。若有，主要生产＿＿＿＿＿＿，共有＿＿＿＿＿人＿＿＿＿＿户参加，人均收入＿＿＿＿＿元。

25. 本村大型农业机械装备＿＿＿＿＿台；农技人员＿＿＿＿＿人，占农业从业人员比重为＿＿＿＿＿％。

26. 当年全村有效灌溉面积为＿＿＿＿＿亩，输水方式为：□普通渠道；□防渗渠道；□管道。主要灌溉方式是＿＿＿＿＿，村内是否推广节水灌溉推广技术？是□否□。若有，节水灌溉的面积为＿＿＿＿＿亩，主要措施有哪些？

＿＿＿＿＿＿＿＿＿＿＿＿＿＿＿＿＿＿＿＿＿＿＿＿＿＿＿＿＿＿＿＿。

四 调研村农业与农村可持续发展面临问题

27. 您认为本村农业发展不景气的主要原因有：（可多选，按重要性先后顺序填写）＿＿＿＿＿①缺乏产业支撑；②缺乏产业发展带头人；③种田比较效益偏低；④基础设施薄弱；⑤气候变化的加剧和极端天气发生频率的增加；⑥村民观念和文化知识落后，农业科技投入不足；⑦土地流转困难；⑧其他＿＿＿＿＿＿＿＿＿＿＿＿。您的建议是：＿＿＿＿＿＿＿＿＿

＿＿＿＿＿＿＿＿＿＿＿＿＿＿＿＿＿＿＿＿＿＿＿＿＿＿＿＿＿＿＿＿。

28. 本村是否存在"空心化"现象？是□否□。若有您认为本村"空心化"的主要原因有哪些？（可多选，按重要性先后顺序填写）＿＿＿＿＿＿①快速城镇化和工业化导致的劳动力外流；②种地比较效益偏低；③子女就学及相关人口外流；④现行土地、房屋产权交易障碍；⑤煤炭开采引发的环境污染和地质灾害；⑥其他＿＿＿＿＿＿＿＿＿＿＿＿。您的建议是：

＿＿＿＿＿＿＿＿＿＿＿＿＿＿＿＿＿＿＿＿＿＿＿＿＿＿＿＿＿＿＿＿。

29. 根据您个人了解的相关信息，您认为目前的乡村振兴政策应在哪些方面做出改进？（可多选）①基础设施；②教育；③医疗卫生；④生态环境；⑤就业岗位；⑥农村危房改造；⑦其他。

30. 您认为本村土地流转和确权中存在的主要问题有哪些？您的建议是：

＿＿＿＿＿＿＿＿＿＿＿＿＿＿＿＿＿＿＿＿＿＿＿＿＿＿＿＿＿＿＿＿

＿＿＿＿＿＿＿＿＿＿＿＿＿＿＿＿＿＿＿＿＿＿＿＿＿＿＿＿＿＿＿＿。

31. 您认为应该如何让本村从矿产开发中收益？

＿＿＿＿＿＿＿＿＿＿＿＿＿＿＿＿＿＿＿＿＿＿＿＿＿＿＿＿＿＿＿＿

_____。

32. 您对本村产业发展的设想和建议有哪些？

_____

_____。

33. 您认为目前本村农业、农村发展存在哪些矛盾和问题？您的建议是：

_____

_____。

3. 典型案例区农户调研问卷

您好！我们是＊＊大学＊＊学院的学生，正在开展矿区农业发展和农户生计现状调研。感谢您在百忙之中抽出时间配合我们，您的问卷信息将会严格保密，感谢支持！（收支等数据均需填写上年度数据）（斜体为调研员评级内容，＊为解释说明内容）

调研时间：_____年_____月_____日；家庭地址：_____市/县_____乡/镇_____村；受访人姓名：_____；性别：男/女；年龄_____；联系方式：_____。

一　家庭基本信息

1. 户主年龄_____，文化程度_____，健康状况_____，家庭成员数_____，具有劳动能力_____人；其中配偶：年龄_____，文化程度_____；儿女数_____；小学_____，初中_____，高中_____，大学_____；老人_____人，年龄_____；常住人口_____人；常年外出打工_____人。

2. 您家饮水来源_____；有无自备水井：有□ 无□。

3. 您家现居住房屋类型_____，宅基地总面积_____，建房时间_____，人均住房面积_____ m²，建筑结构为□土坯房 □土瓦房 □砖瓦房 □砖混房 □其他；您家是否购买了商品房：是□ 否□；面积_____ m²；总价_____万元；地点：_____；购房原因_____。

二　农户生计状况

4. 您家有耕地_____亩（含流转）：承包土地_____亩，其中（坝地_____亩；梯田_____亩；水田_____亩；坡地_____亩），主要耕作方式：_____；耕地是否流转：是□ 否□；若有，转出土地约_____亩，用途_____，转入土地约_____亩，用途_____；您家有无弃耕抛荒：有□ 无□；若有，_____亩。

5. 您家主要作物①：_____种植面积_____亩，产量_____，市场价格_____；主要作物②：_____，种植面积_____亩，产量_____，市场价格_____；主要作物③：_____种植面积_____亩，产量_____，市场价格_____；本村大规模能源开发始于_____年；大规模能源开发前您家种植业收入_____元/年，开发以来种植业收入_____元/年。

◆ 近年是否打算变更作物种类：是□ 否□；拟变更种类：_____。

◆ 是否养殖牲畜：是□ 否□；牲畜种类与数量：_____；养殖收入：_____元/年；养殖中主要的困难：_____。

6. 您家2019年总收入_____元（2019年人均收入_____元）：其中种粮_____；经济作物收入_____；畜牧业收入_____；退耕补助_____；与能源开发的收入类型及其数量_____；其他收入：经商_____，企业_____，打工_____，贷款_____，救济款_____，亲戚帮助_____，收礼_____；其中非农业收入_____，占比_____；非农收入主要来源：_____。

7. 2019年您家总支出_____元：食物_____（自家粮油需折合成现金_____）元/年；生产（工具、化肥、种子）_____元/年；医疗_____元/年；行礼_____元/年；教育_____元/年；穿衣_____元/年；若用自来水，水费_____元/年；电费_____元/年，电话费_____，购买家电_____元；丧葬费_____元/年；修缮房屋_____元，燃料支出（煤炭等）_____元/年；其他_____；年食物支出占总支出的_____%。

8. 你是否需要农业实用技术培训：是□ 否□；
希望接受的培训内容包括_____。

三 气候变化感知与适应

9. 您认为气候变化对农业生产造成的主要影响有：＿＿＿＿＿＿
＿＿＿＿＿＿＿＿＿＿＿＿＿。

◆ 您认为气候变化对粮食生产的影响是否严重？＿＿＿＿＿。
（□非常严重；□比较严重；□一般；□不太严重；□很不严重；□无影响）

◆ 您认为未来气候进一步变化的可能特征是：＿＿＿＿＿＿可能性有多大？＿＿＿＿＿＿。
（□肯定能；□有可能；□一般；□不太可能；□肯定不能；□不知道）

◆ 农户气候变化认知度总体评级：＿＿＿＿＿＿。（1—10 分）

10. 您家采用的其他气候变化策略有：＿＿＿＿＿＿＿＿＿＿＿。

11. 耕地是否灌溉：是□ 否□；灌溉方式：＿＿＿＿＿＿；取水方式：＿＿＿＿＿＿。

12. 是否使用机械动力：是□ 否□。
①机械种类：＿＿＿＿＿＿＿＿＿＿；拥有或租用：拥有□ 租用□。
②拥有机械：机械名称＿＿＿＿＿＿；机械数量：＿＿＿＿＿＿；机械花费：＿＿＿＿＿元/年。
③租用机械：机械名称＿＿＿＿＿＿；机械数量：＿＿＿＿＿＿；机械花费：＿＿＿＿＿元/年。

◆ 对机械使用技术的掌握情况评级：＿＿＿＿＿＿。（1—10 分）

13. 是否使用塑料薄膜：是□ 否□；塑料薄膜使用费用：＿＿＿＿＿元/年；塑料薄膜政府补贴：＿＿＿＿＿元/年。

◆ 塑料薄膜应用面积变化是否大测度：＿＿＿＿＿＿。
（□非常大；□比较大；□一般；□比较小；□非常小；□无变化）

14. 是否使用温室大棚：是□ 否□；温室大棚使用费用：＿＿＿＿＿元/年；温室大棚政府补贴：＿＿＿＿＿元/年；温室大棚应用面积变化是否大测度：＿＿＿＿＿＿。（□非常大；□比较大；□一般；□比较小；□非常小；□无变化）

15. 是否施用化肥：是□ 否□；化肥种类：＿＿＿＿＿＿；施肥频率：＿＿＿＿＿＿；施肥量＿＿＿＿＿＿公斤/年；化肥施加费用＿＿＿＿＿＿元/

年；降化肥施用量变化是否大测度：_____。

（□非常大；□比较大；□一般；□比较小；□非常小；□无变化）

16. 耕地是否喷洒农药：是□ 否□ 。
  - ◆ 农药种类及费用：_____；
  - ◆ 农药喷洒方式：_____；
  - ◆ 农药喷洒费用：_____元/年；农药政府补贴：_____元/年。

17. 气候变化的适应策略：（打√）
  - ◆ 扩张性：□开垦新地；□增加灌溉；□增加农药化肥投入；□修建围栏；□打井。
  - ◆ 调整型：□作物品种改良；□调整农作物结构；□调整农时。
  - ◆ 收缩型：□退耕还林； □减少灌溉； □弃耕撂荒等。

农户气候变化多样化指数：_____。（1—10分）

四　村庄生产生活满意度

18. 本村生产生活满意度调查打分表：

本村生产生活满意度调查打分表

		⑤非常满意	④比较满意	③一般	②不满意	①非常不满意
生产情况	耕地肥力					
	化肥、农药施用效果					
	农膜保湿增温效果					
	购买生产资料便利程度					
生产情况	农业生产投入成本					
	生产和流通性道路					
	农地灌溉便利程度					
	作物销售价格					
	作物销售途径					
	政策扶持情况					
	村干部带动措施					

续表

		⑤非常满意	④比较满意	③一般	②不满意	①非常不满意
生活条件	家庭居住条件					
	村内道路情况					
	对外交通联系					
	水电供应情况					
	村庄医疗设施					
	村庄教育设施					
	村庄休闲设施					
	人居环境建设总体满意度（包括自然环境、居住环境、配套设施等）					
生态环境	村庄空气环境					
	村庄水环境					
	村庄土壤环境					
	村庄声环境					
	退耕还林措施					
	土地复垦措施					

注：表中满意度分五个级别，由高到低得分依次为 5、4、3、2、1 分。

五 村庄农业与农村可持续发展问题和建议

19. 您希望的农业规模化经营方式是：_____①建立专业合作组织；②耕地适度规模经营；③购置大型农机具；④生产服务社会化（由政府、行业协会等提供产前、产中、产后服务）；其他_____。

20. 您认为本村农业发展不景气的主要原因有：（可多选，请按重要性先后顺序填写）_____①缺乏产业支撑；②种植业比较效益偏低；③缺乏产业发展带头人；④基础设施薄弱；⑤气候变化的加剧和极端天气发生频率的增加；⑥村民观念和文化知识落后，农业科技投入不足；⑦土地流转困难；⑧其他_____您的建议是：_____。

21. 本村是否存在"空心化"现象？是□ 否□。若有，您认为造成本村"空心化"的主要原因有哪些？（可多选，按重要性先后顺序填写）

_____①快速城镇化和工业化导致的劳动力外流；②种田比较效益偏低；③子女就学及相关人口外流；④现行土地、房屋产权交易障碍；⑤煤炭开采引发的环境污染和地质灾害；⑥其他_____；您的建议：_____
_____。

22. 您认为应该如何振兴本村经济？
_____。

六 政府相关补贴政策

23. 您家补贴情况

◆ 住房：_____（是否搬迁户？是□ 否□）。

◆ 医疗：_____；
（是□ 否□购买大病保险，医疗保险名称_____；额度_____元/年）。

◆ 教育：_____；
（是□ 否□享受助学金，多少钱_____元/年）。

24. 您是否应用"互联网+农业"相关技术？是□ 否□；应用具体情况：_____。

25. 您家是否购买农业保险：是□ 否□；保额_____；保险名称_____。

附录 4 资源型城市中国特色农产品优势区名单

资源型城市中国特色农产品优势区名单

序号	所在省市	特色农产品优势区名称
1	辽宁省鞍山市	鞍山南果梨中国特色农产品优势区（第二批）
2	辽宁省盘锦市	盘山河蟹中国特色农产品优势区（第三批）
3	吉林省松原市	查干湖淡水有机鱼中国特色农产品优势区（第三批）
4	吉林省吉林市	桦甸黄牛中国特色农产品优势区（第四批）
5	吉林省吉林市	蛟河黑木耳中国特色农产品优势区（第四批）
6	吉林省通化市	通化蓝莓中国特色农产品优势区（第三批）
7	吉林省通化市	集安山葡萄中国特色农产品优势区（第四批）
8	吉林省白山市	抚松人参中国特色农产品优势区（第一批）
9	吉林省白山市	抚松人参中国特色农产品优势区（第一批）
10	吉林省延边朝鲜族自治州	汪清黑木耳中国特色农产品优势区（第一批）
11	吉林省延边朝鲜族自治州	长白山桑黄中国特色农产品优势区（第三批）
12	黑龙江省伊春市	伊春黑木耳中国特色农产品优势区（第三批）
13	黑龙江省鸡西市	虎林椴树蜜中国特色农产品优势区（第三批）
14	黑龙江大兴安岭地区	大兴安岭黑山猪中国特色农产品优势区（第一批）
15	江苏省徐州市	邳州银杏中国特色农产品优势区（第一批）

续表

序号	所在省市	特色农产品优势区名称
16	河北省张家口市	怀来葡萄中国特色农产品优势区（第二批）
17	河北省承德市	平泉香菇中国特色农产品优势区（第一批）
18	河北省承德市	兴隆山楂中国特色农产品优势区（第三批）
19	河北省承德市	隆化肉牛中国特色农产品优势区（第二批）
20	河北省承德市	宽城板栗中国特色农产品优势区（第四批）
21	河北省唐山市	迁西板栗中国特色农产品优势区（第一批）
22	河北省唐山市	遵化香菇中国特色农产品优势区（第二批）
23	河北省邢台市	富岗苹果中国特色农产品优势区（第四批）
24	河北省邢台市	巨鹿金银花中国特色农产品优势区（第三批）
25	河北省邢台市	邢台酸枣中国特色农产品优势区（第四批）
26	河北省邯郸市	鸡泽辣椒中国特色农产品优势区（第一批）
27	河北省邯郸市	涉县核桃中国特色农产品优势区（第二批）
28	浙江省湖州市	安吉白茶中国特色农产品优势区（第四批）
29	浙江省湖州市	安吉冬笋中国特色农产品优势区（第一批）
30	福建省南平市	建瓯笋竹中国特色农产品优势区（第一批）
32	福建省南平市	武夷岩茶中国特色农产品优势区（第一批）
33	福建省龙岩市	福建百香果中国特色农产品优势区（第四批）
34	山东省淄博市	沂源苹果中国特色农产品优势区（第二批）

续表

序号	所在省市	特色农产品优势区名称
35	山东省临沂市	平邑金银花中国特色农产品优势区（第四批）
36	山东省济宁市	金乡大蒜中国特色农产品优势区（第一批）
37	山东省济宁市	汶上芦花鸡中国特色农产品优势区（第二批）
38	山东省泰安市	肥城桃中国特色农产品优势区（第三批）
39	广东省韶关市	仁化贡柑中国特色农产品优势区（第三批）
40	山西省大同市	大同黄花中国特色农产品优势区（第二批）
41	山西省朔州市	右玉羊中国特色农产品优势区（第四批）
42	山西省长治市	上党中药材中国特色农产品优势区（第一批）
43	山西省长治市	沁州黄小米中国特色农产品优势区（第二批）
44	山西省忻州市	忻州杂粮中国特色农产品优势区（第三批）
45	山西省临汾市	吉县苹果中国特色农产品优势区（第二批）
46	山西省临汾市	隰县玉露香梨中国特色农产品优势区（第三批）
47	山西省运城市	安泽连翘中国特色农产品优势区（第三批）
48	山西省运城市	临猗苹果中国特色农产品优势区（第二批）
49	山西省运城市	绛县山楂中国特色农产品优势区（第四批）
50	山西省吕梁市	岚县马铃薯中国特色农产品优势区（第四批）
51	江西省赣州市	赣南脐橙中国特色农产品优势区（第一批）
52	江西省宜春市	樟树中药材中国特色农产品优势区（第四批）

续表

序号	所在省市	特色农产品优势区名称
53	安徽省宿州市	砀山酥梨中国特色农产品优势区（第二批）
54	安徽省亳州市	亳州中药材中国特色农产品优势区（第一批）
55	安徽省滁州市	南谯区、琅琊区滁菊中国特色农产品优势区（第三批）
56	安徽省滁州市	天长龙岗芡实中国特色农产品优势区（第四批）
57	安徽省池州市	青阳县九华黄精中国特色农产品优势区（第三批）
58	安徽省宣城市	宁国山核桃中国特色农产品优势区（第四批）
59	河南省洛阳市	汝阳香菇中国特色农产品优势区（第三批）
60	河南省焦作市	怀药中国特色农产品优势区（第一批）
61	河南省南阳市	西峡猕猴桃中国特色农产品优势区（第三批）
62	湖南省衡阳市	衡阳油茶中国特色农产品优势区（第二批）
63	湖南省郴州市	汝城朝天椒中国特色农产品优势区（第二批）
64	湖南省邵阳市	邵阳油茶中国特色农产品优势区（第一批）
65	湖南省邵阳市	邵东玉竹中国特色农产品优势区（第四批）
66	广西省百色市	田东县百色芒果中国特色农产品优势区（第一批）
67	广西省百色市	田阳县百色番茄中国特色农产品优势区（第三批）
68	广西省河池市	宜州桑蚕茧中国特色农产品优势区（第二批）
69	云南省保山市	槟榔江水牛中国特色农产品优势区（第一批）
70	云南省昭通市	彝良天麻中国特色农产品优势区（第四批）

续表

序号	所在省市	特色农产品优势区名称
71	云南省丽江市	华坪芒果中国特色农产品优势区（第二批）
72	云南省临沧市	临沧普洱茶中国特色农产品优势区（第一批）
73	云南省临沧市	临沧坚果中国特色农产品优势区（第四批）
74	云南省楚雄彝族自治州	元谋蔬菜中国特色农产品优势区（第一批）
75	四川省广元市	苍溪猕猴桃中国特色农产品优势区（第一批）
76	四川省广元市	朝天核桃中国特色农产品优势区（第三批）
77	四川省广安市	广安区广安龙安柚中国特色农产品优势区（第二批）
78	四川省泸州市	合江荔枝中国特色农产品优势区（第二批）
79	四川省攀枝花市	市攀枝花芒果中国特色农产品优势区（第一批）
80	四川省达州市	渠县黄花中国特色农产品优势区（第四批）
81	四川省雅安市	蒙顶山茶中国特色农产品优势区（第四批）
82	四川省凉山彝族自治州	凉山桑蚕茧中国特色农产品优势区（第三批）
83	四川省凉山彝族自治州	会理石榴中国特色农产品优势区（第四批）
84	贵州省六盘水市	盘州刺梨中国特色农产品优势区（第三批）
85	贵州省六盘水市	水城红心猕猴桃中国特色农产品优势区（第四批）
86	贵州省毕节市	织金竹荪中国特色农产品优势区（第三批）
87	贵州省毕节市	威宁洋芋中国特色农产品优势区（第三批）
88	贵州省黔南布依族苗族自治州	都匀毛尖中国特色农产品优势区（第二批）

续表

序号	所在省市	特色农产品优势区名称
89	贵州省黔西南布依族苗族自治州	兴仁薏仁米中国特色农产品优势区（第一批）
90	内蒙古自治区赤峰市	赤峰小米中国特色农产品优势区（第二批）
91	内蒙古自治区	呼伦贝尔草原羊中国特色农产品优势区（第三批）
92	内蒙古自治区	北极蓝莓中国特色农产品优势区（第四批）
93	陕西省延安市	洛川苹果中国特色农产品优势区（第一批）
94	陕西省渭南市	大荔冬枣中国特色农产品优势区（第一批）
95	陕西省渭南市	富平奶山羊中国特色农产品优势区（第二批）
96	陕西省渭南市	韩城花椒中国特色农产品优势区（第三批）
97	陕西省渭南市	澄城樱桃中国特色农产品优势区（第四批）
98	陕西省宝鸡市	眉县猕猴桃中国特色农产品优势区（第三批）
99	陕西省榆林市	定边县、靖边县榆林马铃薯中国特色农产品优势区（第四批）
100	陕西省榆林市	佳县油枣中国特色农产品优势区（第四批）
101	甘肃省平凉市	静宁苹果中国特色农产品优势区（第二批）
102	甘肃省陇南市	武都花椒中国特色农产品优势区（第二批）
103	青海省海西蒙古族藏族自治州	柴达木枸杞中国特色农产品优势区（第二批）
104	青海省海西蒙古族藏族自治州	青乌兰茶卡羊中国特色农产品优势区（第四批）
105	新疆维吾尔自治区巴音郭楞蒙古自治州	库尔勒香梨中国特色农产品优势区（第一批）
106	新疆维吾尔自治区巴音郭楞蒙古自治州	若羌红枣中国特色农产品优势区（第二批）

注：上述数据来自中华人民共和国农业农村部网站中国特色农产品优势区认定通知。

附录5　与资源型城市 SARD 相关的部分文件和规划名称

1. 《全国资源型城市可持续发展规划（2013—2020年）》
2. 《全国重要生态系统保护和修复重大工程总体规划（2021—2035年）》
3. 《全国主体功能区规划》
4. 《特色农产品区域布局规划（2013—2020年）》
5. 《中国特色农产品优势区管理办法（试行）》
6. 《全国农业可持续发展规划（2015—2030年）》
7. 《"十四五"推进农业农村现代化规划》
8. 《国家乡村振兴战略规划（2018—2022年）》
9. 《全国乡村产业发展规划（2020—2025年）》
10. 《中华人民共和国国民经济和社会发展第十四个五年规划和2035年远景目标纲要》
11. 《党的十九大报告全文〈关于进一步做好国家级田园综合体建设试点工作的通知〉》
12. 《生态县、生态市、生态省建设指标（修订稿）（2007）》
13. 《2021年重点强农惠农政策》
14. 《农业绿色发展技术导则》
15. 《农业资源与生态环境保护工程规划（2016—2020年）》
16. 《农村人居环境整治提升五年行动方案（2021—2025年）》
17. 《关于推动农村人居环境标准体系建设的指导意见》
18. 《关于加强和改进乡村治理的指导意见》
19. 《推进资源型地区高质量发展"十四五"实施方案》
20. 《"十四五"特殊类型地区振兴发展规划》
21. 《"十四五"支持老工业城市和资源型城市产业转型升级示范区高质量发展实施方案》
22. 《关于支持老工业城市和资源型城市产业转型升级的实施意见》

23.《关于支持现代农业发展若干政策（试行）》
24.《关于推动脱贫地区特色产业可持续发展的指导意见》
......